La démocratie participative :
enjeux et réalités

Sous la direction de
Gilles LEBRETON

La démocratie participative :
enjeux et réalités

(France, Brésil, Chine, Suisse, Union européenne)

© L'Harmattan, 2013
5-7, rue de l'Ecole-Polytechnique, 75005 Paris

http://www.librairieharmattan.com
diffusion.harmattan@wanadoo.fr
harmattan1@wanadoo.fr

ISBN : 978-2-336-00719-9
EAN : 978233600719-9

Ouverture

« S'il y avait un peuple de dieux, il se gouvernerait démocratiquement ». Cette célèbre phrase de Jean-Jacques Rousseau scelle le destin de la démocratie directe, jugée trop exigeante pour pouvoir être pratiquée ici-bas.

Sauf dans de tout petits États, comme certains cantons suisses, il est en effet impossible pour le peuple de se rassembler régulièrement afin de voter les lois. C'est pourquoi les démocraties modernes et contemporaines se sont partout résignées à adopter le régime représentatif.

Contesté depuis son origine, le modèle de la démocratie représentative est cependant en crise depuis 1945. L'élévation des niveaux d'éducation dans un nombre croissant de pays, favorisant la prise de conscience des enjeux politiques, engendre une contestation de plus en plus vive des prérogatives des gouvernants. Les représentants sont souvent accusés de capter la souveraineté du peuple à leur profit, et de se constituer en caste oligarchique. Dans le meilleur des cas, on leur reproche de se couper des réalités, de ne pas tenir assez compte des aspirations de leurs électeurs.

C'est pour répondre à ces critiques que le concept de « démocratie participative » a été forgé. Il décrit la tentative, expérimentée dans beaucoup d'États, de trouver une voie médiane entre la démocratie représentative et la démocratie directe. Ses modes d'expression sont très divers, empruntant tantôt des chemins classiques comme le référendum ou la pétition, tantôt des routes nouvelles comme la cyberdémocratie ou la participation du peuple à l'élaboration des décisions publiques.

La démocratie participative est-elle vraiment cette voie médiane qu'elle prétend être, ou n'est-elle qu'un leurre destiné à redorer le blason de la démocratie représentative ? Quel bilan peut-on dresser de l'étendue et de l'efficacité de ses réalisations ? C'est pour répondre à ces questions que l'Université du Havre et l'Université Unifor de Fortaleza ont organisé un colloque, dont le présent ouvrage est issu, dans les locaux de la Faculté des Affaires internationales, les 9 et 10 novembre 2011. Le choix a été fait de mettre l'accent sur la France et sur le Brésil, avec un rappel inévitable du modèle suisse, une interrogation sur la situation dans le droit de l'Union européenne, et une ouverture plus inédite – signe des temps – sur le cas de la Chine.

Gilles Lebreton

PREMIÈRE PARTIE

La démocratie participative
dans les Constitutions

La démocratie participative dans la révision constitutionnelle française du 23 juillet 2008

par Fabien Bottini,
maître de conférences à l'Université du Havre

Le 31 octobre 2011, Georges Papandreou, le chef du gouvernement grec, faisait part de son intention de soumettre à référendum l'accord de Bruxelles adopté la semaine précédente par les membres de la zone Euro sur la dette de son pays[1]. Il répondait ainsi aux aspirations d'une partie importante de sa population et à l'appel lancé le 9 octobre 2011 par les indignés franco-grecs en faveur d'une « démocratie réelle ». Si l'opposition disait en France comprendre cette décision, Christian Estrosi, le député-maire UMP de Nice « déplor[ait] » publiquement une solution « totalement irresponsable »[2] tandis que les gouvernants européens et le FMI se disaient « consternés »[3] par cette annonce. Cette levée de boucliers conduisait à la démission du premier ministre grec après que son ministre des finances eut promis des élections législatives anticipées en lieu et place du référendum annoncé[4]. Ce rebondissement rappelait ainsi toute l'ambiguïté du concept de démocratie participative. Car si l'expression renvoie à des mécanismes permettant d'associer ou de substituer les citoyens aux représentants dans la prise de décision publique[5], force est

---

[1] *Le Monde* 2.11.2011.
[2] *Le Monde* 3.11.2011.
[3] *Le Monde* 2.11.2011.
[4] *Le Monde* 5.11.2011.
[5] En ce sens, v. Bacqué M.-H et a. (dir.), *Gestion de proximité et démocratie participative*, La Découverte 2005 ; Robbe F. (dir.), *La démocratie*

de constater qu'un clivage existe entre les partisans d'une telle évolution et leurs opposants.

En France, cette opposition, visible à l'article 3 de la Constitution du 4 octobre 1958 (3 C.), existait déjà dans la Déclaration du 26 août 1789. En affirmant le « droit » de « tous les citoyens (...) de concourir personnellement, ou par leurs représentants à » la » formation » de la loi, son article 6 laissait en suspens la part respective devant être réservée aux uns et aux autres. Or, cette question a inspiré deux courants dans la tradition républicaine dont l'affrontement s'est toujours fait sentir en période de crise, comme le montrent les événements de 1962 et 1934.

Si le premier courant conduisait en 1962 le général de Gaulle à laisser aux électeurs le soin de trancher eux-mêmes le désaccord qui l'opposait aux parlementaires sur l'opportunité d'introduire l'élection du chef de l'État au suffrage universel, le second amenait le président du Sénat Gaston Monnerville à subordonner la survie du régime républicain au maintien du caractère essentiellement représentatif des institutions[6]. De même, le premier inspirait en 1934 une minorité « révisionniste » voyant le « recours aux procédés de démocratie semi-directe » comme « la solution » à l'instabilité ministérielle pendant que le second animait une majorité conservatrice faisant de la simple rationalisation des relations Exécutif / Législatif le remède à la crise de l'État[7].

Tandis que le premier se prévaut d'événements tels que le vote parlementaire à l'origine de la loi constitutionnelle du 10 juillet 1940 et du régime de Vichy pour justifier la remise en cause du monopole décisionnel des représentants[8], le second s'appuie sur les excès de la Terreur ou les coups d'État bonapartistes des 18 brumaire an VIII et 2 décembre 1851 pour légitimer la mise à l'écart des citoyens. Alors que le premier croit en l'existence d'un citoyen éclairé capable de transcender ses

---

participative, L'Harmattan 2007 ; Blondiaux L., *Le nouvel esprit de la démocratie*, Seuil 2008.
[6] Cf. leurs allocutions respectives *in L'année politique*, PUF 1963. 675 et 682.
[7] Gicquel J., *La réforme de l'État*, PUF 1965. 12.
[8] Capitant R., *Écrits constitutionnels*, CNRS 1982. 255 et 276.

intérêts propres, le second ne jure que par une élite politique jugée seule à même de déterminer ce que préconise l'intérêt général[9]. Tandis que le premier dénonce la démocratie élective (ou représentative) comme une « mystification »[10] et conditionne le « retour »[11] de l'État républicain à une démocratie plus effective, le second qualifie d'« artifice de démocratie »[12] conduisant au « plébiscite napoléonien »[13] les mécanismes de démocratie semi-directe tels que le référendum et fait du système représentatif la condition de la stabilité du régime.

Si le second courant l'a globalement emporté à partir du Directoire jusqu'à la chute de la IIIe République, le premier[14], prépondérant en 1793 et sous le Consulat, a connu un regain d'influence à partir de la Libération. Les atrocités commises pendant la guerre de 39-45 ont alors mis au grand jour l'« escroquerie intellectuelle »[15] contre laquelle des auteurs tels que Jean-Jacques Rousseau[16] ou Hans Kelsen[17] avaient vainement mis en garde. À ceux qui avaient nié toute incompatibilité de nature entre le système représentatif et le principe démocratique, l'expérience avait opposé la réalité du pouvoir : refermée sur elle-même, la « logique

---

[9] Cf., d'un côté, de Gaulle C., « Première allocution télévisée… », *op. cit.*, p. 675 et Rousseau J.-J., *Du Contrat social*, Numilog 2001. 200-201; et, d'un autre côté, Sieyès É.-J. in *Archives parlementaires*, 1re série, t. VIII, p. 592 et Montesquieu, *De l'Esprit des lois*, t. 1, Gallimard 1995. 99-100.
[10] Carré de Malberg R., *La loi, expression de la volonté générale*, Sirey 1931. 216.
[11] Chirac C., *Une nouvelle France*, t. 1, Nil 1994. 88.
[12] Polin R., *La République entre démocratie sociale et démocratie représentative*, PUF 1997. 171.
[13] Mitterrand F., *Le Coup d'État permanent*, Julliard 1984. 79.
[14] Les revendications en faveur d'une plus grande participation des citoyens aux affaires publiques existaient bien avant la Révolution. Sous l'Ancien régime, on contestait en effet au Roi le droit de prendre des décisions de portée générale *proprio motu* (de son propre mouvement) et individuelles, respectivement sans enquête de *commodo* et *incommodo* (sur l'avantage ou l'inconvénient) et l'audition préalable de leur destinataire (Weidenfeld K., *Histoire du droit administratif*, Economica 2010. 168-169).
[15] Burdeau G., « Préface » in Carré de Malberg R., *op. cit.*, p. IX. Cf. Ripert G., *Le régime démocratique et le droit civil moderne*, LGDJ 1948. 365 s. ; Capitant R., *op. cit.*
[16] *Op. cit.*, p. 177.
[17] *Théorie pure du droit*, Dalloz 1962. 395.

représentative »[18] conduit en pratique les gouvernants à usurper la souveraineté des gouvernés au détriment du bien commun. Le recours à l'élection et le caractère pyramidal de l'organisation étatique ne suffisant plus à légitimer l'action publique, l'idée s'est ainsi progressivement imposée au sortir de la Libération de la nécessité d'instaurer une nouvelle « démocratie économique et sociale »[19] associant davantage les individus à l'action des pouvoirs publics. Sur le plan constitutionnel, cette évolution s'est symboliquement trouvée concrétisée par la conciliation des théories de la souveraineté populaire et de la souveraineté nationale aux articles 3 des Constitutions de 1946 et 1958 avec l'affirmation d'une souveraineté nationale appartenant au peuple.

Dans les années 1970, la doctrine américaine a commencé à théoriser ce phénomène au travers du concept de démocratie participative[20]. Si la chose a précédé le mot, le procédé a continué d'être perçu comme le moyen « de réduire » en amont « les risques d'erreurs au niveau de la conception des politiques publiques » et d'» améliorer considérablement leur mise en œuvre »[21] en aval.

De la Libération jusque dans les années 1990, les manifestations de ce phénomène sont toutefois restées doublement limitées. D'une part, on y a eu essentiellement recours pour améliorer les relations de l'administration et des administrés puisqu'en droit constitutionnel les référendums des articles 89 et 11 C. n'ont été utilisés qu'une et huit fois entre 1958 et 2011[22]. D'autre part, au sein même de l'action administrative, la participation des administrés n'était véritablement possible que dans certains domaines jugés particulièrement sensibles, comme le droit de l'urbanisme, la protection de l'environnement ou la réglementation

---

[18] Bottini F., *La protection des décideurs publics face au droit pénal*, LGDJ 2008, n° 15.a.
[19] Vedel G., « Démocratie politique, démocratie économique, démocratie sociale », *Droit social* 1947, fasc. XXXI.
[20] Blondiaux L., *op. cit.*, p. 39.
[21] *Rapport de la Commission Coppens*, DF 2005. 26.
[22] Hamon F. et Troper M., *Droit constitutionnel*, LGDJ 2011, n° 567 s.

économique[23]. Les choses ont commencé à changer à la fin du XXe siècle. D'un point de vue horizontal, « la montée en puissance de » l'» aspiration » des citoyens à être davantage associés au processus décisionnel n'a « épargn[é] (...) aucun secteur de la vie publique »[24] tandis que, d'un point de vue vertical, il devenait nécessaire de généraliser leur participation à la production des normes supraréglementaires. C'est ainsi que la Commission Coppens proposait à l'article 11 de son avant-projet de Charte de l'environnement d'obliger « la loi » à « détermine[r] les formes de démocratie participative » devant permettre au public d'être associé à l'élaboration des politiques et décisions publiques ayant une incidence sur l'environnement »[25] avant que le *Pacte présidentiel* porté par Ségolène Royal lors de la campagne présidentielle de 2007 n'ambitionne d'aller plus loin. Dans la perspective d'une « République nouvelle », il proposait d'explorer « tous les outils de la démocratie participative » de façon à « rapprocher le citoyen de l'élu » en lui permettant d'être « consulté et associé aux décisions (...) dans toutes les collectivités publiques ». La candidate socialiste popularisait ainsi pour la première fois l'expression en la portant sur le devant de la scène et en obligeant ses contradicteurs à se positionner par rapport à elle. En réponse, le candidat Sarkozy suggérait l'instauration d'une « démocratie irréprochable »[26]. Conformément à cet engagement, il confiait une fois élu le soin de réfléchir aux réformes nécessaires à la modernisation et au rééquilibrage des institutions de la Ve République au Comité Balladur. Le 29 octobre 2007, ses membres lui remettaient un rapport[27] dont les conclusions servaient de support à la révision du 23 juillet 2008[28]. Si celle-ci modifie plus de la moitié du texte constitutionnel, seuls quatre articles concernent véritablement la

---

[23] Sur l'évolution du rôle de la puissance publique dans l'économie, v. *L'État interventionniste*, L'Harmattan 2011 (à paraître).
[24] Colson J.-P. et Idoux P., *Droit public économique*, LGDJ 2008, n° 242.
[25] *Rapport préc.*, p. 31.
[26] V. sa tribune dans *Le Monde* du 8.3.2007 et le discours d'Épinal du 12.7.2007.
[27] *Rapport sur la modernisation et le rééquilibrage des institutions de la Ve République*, DF 2007.
[28] L. const. 2008-724, *JO* 24.7.2008, texte 2.

participation des citoyens à l'action publique : les articles 11 et 69 relatifs à leurs droits de pétition, l'article 88-5 relatif à la ratification par référendum des traités d'adhésion communautaires auxquels on peut ajouter l'article 71-1 relatif au Défenseur des droits. Sans doute cette dernière disposition ne consacre-t-elle pas directement un droit d'action collectif aux électeurs, contrairement aux trois autres. Mais elle leur permet implicitement d'instrumentaliser la fonction tribunitienne de cette autorité administrative indépendante pour obliger les représentants à se conformer à leur volonté. C'est pourquoi on peut y voir un élément de démocratie participative. À l'inverse, le droit reconnu à chaque justiciable de saisir le CSM (art. 65.10 C.) ou de former une question prioritaire de constitutionnalité (art. 61-1 C.) procède de considérations qui y sont étrangères, du fait de sa dimension exclusivement individuelle.

Les divergences entre le projet socialiste d'une « République nouvelle » et la promesse présidentielle d'une « démocratie irréprochable » posent toutefois la question de la réception du concept en droit positif. La démocratie participative vise-t-elle dans la révision du 23 juillet 2008 à renforcer le pouvoir décisionnel des électeurs ou celui des représentants ?

Un examen attentif de la réforme révèle toute l'ambiguïté de l'expression. Si, en effet, la démocratie participative est perçue comme le moyen d'associer davantage les gouvernés à la prise de décision afin de remédier à la crise de légitimité du système représentatif (I), ce dernier semble constituer un obstacle à son effectivité, dès lors qu'il conduit à les priver de tout pouvoir décisionnel proprement dit au profit des gouvernants (II).

I. La démocratie participative comme remède à la crise de légitimité du système représentatif

Sous les régimes républicains qui se sont succédé de la Révolution jusque dans les années 1990, l'attachement de la majorité politique à la démocratie élective a été à l'origine de ce que Francis Hamon a appelé la « semi-désuétude »[29] des mécanismes de démocratie semi-directs. Car la logique représentative a conduit le constituant à limiter leur utilisation d'un point de vue « matériel » et « procédural »[30]. Malgré la rupture marquée par la Libération, il a en effet fallu attendre les années 1990 pour que les aspirations populaires à une démocratie plus directe ne permettent progressivement de lever ces obstacles. La révision de 2008 marque de prime abord une étape dans cette évolution puisqu'elle reconnaît un droit d'initiative aux citoyens (A) tout en étendant les cas de recours au référendum (B).

A. La consécration d'un pouvoir d'initiative des citoyens

L'idée d'un pouvoir d'initiative des citoyens n'est pas nouvelle. Déjà sous la Révolution, Condorcet – que Lucien Jaume présente comme le « premier théoricien du référendum »[31] – s'était prononcé « en faveur d'un référendum législatif (...) d'initiative populaire et du droit de pétition »[32]. La « Constitution de la démocratie »[33] du 24 juin 1793 avait repris l'idée, puisque son article 115 obligeait le Corps législatif à consulter les électeurs sur l'opportunité d'une modification de la Constitution, chaque fois que le dixième des assemblées primaires de la moitié des départements plus un en faisait la demande. Comme les Constitutions du 3 septembre 1791 (Titre 1er) et du 4 novembre 1848 (art. 8), elle reconnaissait en outre un droit de pétition aux citoyens (art. 32).

Ces dispositions mises à part, la prééminence du courant représentatif de la tradition républicaine conduisait toutefois globalement à affaiblir les capacités d'action du corps électoral

---

[29] « La nouvelle procédure de l'article 11 » in *La révision de 2008*, LGDJ 2011. 44.
[30] *Id.*
[31] « Les jacobins et l'opinion publique » in *Le modèle républicain*, PUF 1992. 63, note 2.
[32] Monera F., *L'idée de République et la jurisprudence du Conseil constitutionnel*, LGDJ 2004. 153.
[33] Gicquel J. et Gicquel J.-É., *Droit constitutionnel et institutions politique*, Montchrestien 2011. 436.

du Directoire jusqu'à la Libération. Le regain d'influence des principes démocratiques à cette date restait en outre relatif du fait de la résistance que lui opposaient les partisans du système électif. C'est ce qui explique que les cinq références faites à l'origine par la Constitution de la Ve République au procédé référendaire dans les articles 3 (modalités d'exercice de la souveraineté), 11 (référendum législatif), 53 et 86 (référendum local) et 89 (référendum constitutionnel) ne permettaient pas aux électeurs d'en prendre l'initiative. Il a ainsi fallu attendre les années 1990 pour que les aspirations à un pouvoir d'action des citoyens se concrétisent en droit constitutionnel.

Cette évolution était annoncée par la prise de position de nombreuses personnalités en sa faveur. L'idée était défendue sur la scène politique par les successeurs du président Pompidou. Valéry Giscard d'Estaing[34], François Mitterrand[35], Jacques Chirac[36] et Nicolas Sarkozy[37] ont en effet en commun d'avoir ouvert la voie à une réforme du droit positif en ce sens. Or les intéressés recevaient le soutien d'éminents juristes, à l'image de ceux ayant siégé aux Comités Balladur[38] ou Vedel[39]. Ce dernier proposait d'instaurer un « référendum d'initiative minoritaire » avant que la loi constitutionnelle du 28 mars 2003 ne reconnaisse à l'article 72-1 C. un droit de pétition aux électeurs d'une collectivité territoriale[40]. Loin d'être le résultat d'une gestation spontanée, la constitutionnalisation en 2008 du droit de pétition[41] jusqu'alors reconnu aux électeurs par l'ordonnance organique du 17 novembre 1958[42] et le règlement des assemblées[43] est ainsi le fruit d'une lente évolution. De prime abord, celle-ci leur permet désormais d'être à l'origine d'une réforme réglementaire ou législative de deux façons.

---

[34] *Deux Français sur trois*, Flammarion 1984. 143.
[35] *La lettre à tous les Français* 1988.
[36] Professions de foi électorales de 1993 et 1995.
[37] « Lettre de mission » *in Rapport du Comité Balladur, op. cit.*, p. 108.
[38] *Op. cit.*, p. 74, proposition n° 67.
[39] *JO* 16.2.1993. 2549, n° 38.
[40] *JO* 29.3.2003. 5568, art. 6.
[41] « Rapport de J.-J. Hyest », *Doc. S.* 2007-2008, n° 47, p. 66.
[42] *JO* 18.11.1958. 10335, art. 4.
[43] Avril P. et Gicquel J., *Droit parlementaire*, Montchrestien 2010, n° 472 s.

Ils peuvent tout d'abord agir d'office devant le Conseil économique, social et environnemental (CESE) ou, à défaut, devant le Défenseur des droits. Si le Comité Balladur s'était prononcé en faveur de cette dernière modalité[44], la première a été voulue par les parlementaires[45]. Mais toutes deux ont en commun de permettre aux citoyens d'être à l'origine d'une réforme textuelle. D'un côté, les articles 63.3 C. et 4-1 de l'ordonnance modifiée du 29 décembre 1958 portant loi organique du CESE[46] habilitent en effet 500 000 personnes majeures, de nationalité française ou résidant régulièrement en France, à saisir le Conseil, par voie de pétition écrite, de toute question à caractère économique, social ou environnemental. D'un autre côté, les articles 71-1.2 C. et 5 de la loi organique du 29 mars 2011 ouvrent à « toute personne s'estimant lésée par le fonctionnement » d'une – pour faire simple – autorité administrative la possibilité de s'adresser au Défenseur, dans des termes suffisamment larges pour rendre possible, en sus de l'action individuelle à laquelle avait pensé le comité Balladur, une action collective. Or le CESE comme le Défenseur se voient reconnaître la possibilité de proposer une réforme réglementaire ou législative sur la base de leur saisine. Explicite pour ce dernier[47], cette faculté n'en est pas moins réelle pour le premier, même si elle est plus implicite (art. 69.3 C.). Elle se double le concernant d'une obligation d'émettre un avis aux Premier ministre, président de chaque chambre et auteurs de la pétition dans le délai d'un an sur les suites à y donner qui est de nature à renforcer les capacités d'action du corps électoral (*idem*).

Ce dernier peut ensuite agir en renfort sur le fondement du nouvel article 11 C., en adressant une pétition aux assemblées pour appuyer une minorité de parlementaires. Cet article permet en effet désormais à un dixième des électeurs de soutenir la proposition d'un cinquième des membres du parlement de

---

[44] *Op. cit.*, p. 96, proposition n° 73.
[45] Renoux T., « Quelle place pour le CESE ? » *in La révision de 2008, op. cit.*, p. 379.
[46] LO 2010-704 du 28.6.2010, JO 29.6.2010, texte 1, art. 5.
[47] LO 2011-333, *op. cit.*, art. 32.

procéder à un référendum (al. 3). Le président de la République est alors obligé de l'organiser lorsque « la proposition (...) n'a pas été examinée par les deux assemblées dans un délai » déterminé (al. 5). Cet aspect de la réforme a fait l'objet d'un consensus au sein de la classe politique. Si ce dernier est attesté par le nombre d'amendements déposé en sa faveur[48] et la large majorité à laquelle il a été adopté – 113 voix contre 10[49] –, les parlementaires n'ont en outre pas voulu laisser sans réponse les pétitions qui n'atteindraient pas le seuil requis ou qui ne relèveraient pas du domaine de la loi. C'est la raison pour laquelle la Commission permanente compétente peut à tout instant demander au président de la chambre de la transmettre au Défenseur des droits, de façon à ce qu'il donne son avis sur l'opportunité d'y donner malgré tout suite en procédant à une modification « législative ou réglementaire »[50]. Les mêmes considérations ont conduit le président de l'Assemblée nationale, Bernard Accoyer, à se servir des pouvoirs qu'il tient de l'article 70 C. pour transmettre au CESE une pétition lancée par le collectif Autisme, sans attendre les 500 000 signatures.

Si le droit d'action d'office ou en soutien des citoyens semble pour ces raisons accréditer l'idée d'une avancée de la démocratie participative dans la réforme de 2008, cette impression se trouve confirmée par l'extension du champ du référendum.

B. L'extension du champ du référendum

L'article 53 de la Constitution du 24 juin 1793 permettait à un dixième des assemblées primaires de la moitié des départements plus un de s'opposer dans les quarante jours aux lois votées par le corps législatif. Seul un vote de l'ensemble des assemblées primaires pouvait alors donner force de loi au projet de la chambre. Si ces dispositions revenaient à donner aux citoyens le pouvoir de se prononcer par référendum sur n'importe quelle question, une telle faculté se trouvait remise en cause par la suite.

---

[48] Cités *in* Hamon F., *op. cit.*, p. 45.
[49] *JOAN Déb.* 22.5.2008. 2394.
[50] LO 2011-333, *op. cit.*, art. 32.

Le régime consulaire mis à part, la prééminence du courant représentatif conduisait à interdire aux gouvernants de recourir au procédé référendaire dans quelque domaine que ce soit de 1795 à la Libération. La tendance s'inversait toutefois progressivement à cette date. Non seulement les Constitutions de 1946 et 1958 autorisaient comme on l'a vu les pouvoirs institués à recourir au référendum (Const. 1946, art. 3.3 et 90.6 ; Const. 1958, art. 3, 11, 53, 86 et 89), mais le champ d'application de ce dernier se trouvait progressivement étendu. Réservé aux révisions constitutionnelles en 1946, son usage devenait possible en matière législative à partir de 1958 et conventionnel en 2005.

Sans doute l'article 11 C. limitait-il en 1958 son utilisation dans le domaine législatif aux questions portant sur l'organisation des pouvoirs publics et les traités conformes à la Constitution intéressant le fonctionnement des institutions. Mais François Mitterrand proposait le 12 juillet 1984 de l'amender pour rendre possible une consultation des électeurs sur les libertés publiques[51]. Bien qu'adoptée par le Conseil des ministres du 19 juillet et l'Assemblée nationale le 23 août de la même année, la réforme échouait, il est vrai, après avoir été rejetée par le Sénat en deuxième lecture le 5 septembre[52]. Mais la loi constitutionnelle du 4 août 1995 opérait une première extension en élargissant le champ d'application de l'article à la vie économique et sociale de la nation et aux services publics qui y concourent[53]. La révision de 2008 franchit une nouvelle étape en permettant d'y recourir sur toute question « environnementale » (art. 11.1 C.).

En matière conventionnelle, une loi constitutionnelle du 1er mars 2005 avait rendu obligatoire l'organisation d'un référendum pour les traités relatifs à l'élargissement communautaire dans un nouvel article 88-5 C.[54]. Or la révision de 2008 maintient cette obligation de principe. Une sorte d'effet

---

[51] « Projet de loi constitutionnel portant révision de l'article 11 », *Doc. S.* 1983-1984, n° 480.
[52] Gicquel J. et Gicquel J.-É., *op. cit.*, p. 517.
[53] *JO* 5.8.1995, p. 11744, art. 1er.
[54] *JO* 2.3.2005, texte 1, art. 2.

cliquet a en effet empêché le constituant de revenir sur cette concession à la démocratie directe. Malgré les aménagements qui y sont apportés (V. *infra*, II.B), la règle demeure ainsi la même : l'adhésion d'un nouvel État est normalement impossible sans l'accord exprès du corps électoral.

De prime abord, les avancées en faveur d'une plus grande participation des citoyens aux affaires de la cité semblent donc manifestes. À l'analyse toutefois, ces progrès doivent être nuancés. Car le courant représentatif de la tradition républicaine a conduit le constituant à encadrer l'usage de ces mécanismes d'une façon qui compromet l'effectivité du pouvoir décisionnel des électeurs.

II. Le système représentatif comme limite à l'effectivité de la démocratie participative

Si les aspirations en faveur d'un rôle accru des citoyens dans la prise de décision publique ont amené le constituant de 2008 à accroître leurs prérogatives, son attachement à la démocratie élective l'a dans le même temps conduit à limiter cette avancée. Déjà en 2005 il était entendu pour les membres de la Commission Coppens que le recours aux mécanismes participatifs ne devait « pas remettre en cause les principes de la démocratie représentative »[55]. En écho, le président Sarkozy assignait en 2007 comme « mission (...) principale » au Comité Balladur de « redéfinir » et de « rééquilibrer » les relations à l'intérieur de l'Exécutif et du pouvoir gouvernemental (Exécutif et Législatif) afin de permettre « une vie politique plus représentative »[56]. Il n'est dès lors pas étonnant que la révision de 2008 relativise le pouvoir d'action (A) et de décision (B) des citoyens.

A. La relativisation du pouvoir d'action des citoyens

Cette relativisation se déduit en premier lieu des limites procédurales qui accompagnent le droit de pétition du nouvel

---

[55] *Op. cit.*, p. 37.
[56] « Lettre de mission », *op. cit.*, p. 108.

article 11 C. Car, contrairement à la présentation qui en a été officiellement faite, ce dernier n'institue pas un référendum d'initiative populaire. S'il est vrai que la réforme reprend la recommandation du Comité Balladur d'instaurer le mécanisme proposé en 1993 par le Comité Vedel, ce dernier suggérait d'instituer, non pas une consultation dont l'initiative appartiendrait aux citoyens, mais un « référendum d'initiative minoritaire » (v. *supra*, I.A). Or la différence terminologique n'est pas anodine. Elle revient à réserver le déclenchement du procédé à une minorité de parlementaires : ceux de l'opposition avec le soutien éventuel de membres de la majorité et/ou des groupes minoritaires. Les citoyens ne sont appelés à intervenir que dans un second temps pour « soutenir » – c'est le terme choisi par le constituant – leur démarche. Aussi peut-on s'interroger : qu'est-ce qu'un référendum d'initiative populaire qui ne permet pas aux citoyens de prendre l'initiative d'un référendum ? S'il semble plus exact de parler de « référendum d'initiative partagée » comme le fait Francis Hamon[57], force est de constater avec lui que « l'obstacle » des signatures « n'est (...) pas négligeable »[58]. Car l'intervention des électeurs ne peut produire de conséquences que si un dixième des inscrits sur les listes électorales – soit « environ quatre millions cinq cent mille »[59] personnes – pétitionnent dans un délai relativement bref. Fixé à trois mois à compter de la déclaration de recevabilité de la proposition dans un projet de loi organique[60], ce laps de temps ne semble pas suffisant pour permettre un vrai débat public sur la question posée et une véritable sensibilisation des citoyens à ses enjeux. Le gouvernement ayant opposé une fin de non-recevoir[61] à une question parlementaire demandant un « assouplissement des conditions d'application »[62] des nouvelles dispositions

---

[57] *Op. cit.*, p. 45.
[58] *Id.*, p. 53.
[59] *Ibid.*
[60] « Projet de loi organique portant application de l'article 11 C. », *Doc. AN*, 13ᵉ législature, n° 3072, p. 5, art. 3.
[61] « Réponse de M. le ministre de l'intérieur à la question n° 112071 de J.-C. Mathis », *JOAN Q*. 6.9.2011. 9599.
[62] « Question n° 112071 de J.-C. Mathis », *JOAN Q*. 28.6.2011. 6787.

constitutionnelles, la réforme apparaît comme une nouvelle « mystification » ou « escroquerie intellectuelle » pour reprendre les mots précités de Raymond Carré de Malberg et Georges Burdeau. Une véritable avancée aurait en effet consisté à exclure le filtre parlementaire et à fixer un seuil moins élevé en exigeant par exemple 500 000 signatures comme le fait le référendum abrogatif italien[63].

La résistance du courant représentatif se déduit en second lieu des limites matérielles au droit d'initiative des citoyens.

D'un côté, ni le nouvel article 11, ni le nouvel article 69.3, ni le nouvel article 71-1 ne leur reconnaissent un droit de pétition absolu. Leurs revendications ne peuvent porter que sur des domaines déterminés. Comme on l'a vu (*supra* I, B), l'article 11 ne peut jouer qu'à propos de l'organisation des pouvoirs publics, des traités constitutionnels ayant des incidences sur le fonctionnement des institutions, de la vie économique, sociale et environnementale de la nation ou des services publics qui y concourent (al. 1er). Pour sa part, l'usage de l'article 69.3 C. est limité à « toute question à caractère économique, social et environnemental » aux termes du nouvel article 4-1 de l'ordonnance précitée portant loi organique du CESE. Quant au Défenseur des droits, il ne peut en principe être saisi qu'en cas de violation des droits et libertés commise « par les administrations de l'État, les collectivités territoriales, les établissements publics, ainsi que par tout organisme investi d'une mission de service public » (art. 71-1). Sans doute pourrait-on objecter que la généralité des termes employés permet aux citoyens de pétitionner dans un grand nombre de cas. Mais ils ne couvrent pour autant pas toutes les hypothèses. Car sinon quel serait l'intérêt du caractère limitatif de ces énumérations ? Il y a donc fort à parier que les difficultés d'interprétation qui ne manqueront pas de se poser dans la mise en œuvre de ces dispositions seront l'occasion pour les partisans d'une expression exclusivement médiatisée du corps électoral de restreindre davantage son pouvoir d'initiative.

---

[63] Cf. proposition n° 73 et Const. italienne du 1er.1.1948, art. 75.1 C.

D'un autre côté, la révision de 2008 interdit aux électeurs de se servir du droit de pétition de l'article 11 pour reprendre une proposition de loi rejetée moins de deux ans auparavant par référendum (art. 11.6), « abrog[er] une disposition législative promulguée depuis moins d'un an » (art. 11.3), ou modifier la Constitution (art. 11.4). La première limitation peut certes se comprendre dans la mesure où elle est destinée à respecter la volonté récente des citoyens. Mais les deux autres apparaissent plus étonnantes dès lors qu'elles reviennent au contraire à faire prévaloir la volonté des représentants. La dernière se déduit implicitement du contrôle exercé par le Conseil constitutionnel (art. 11.4 C.). Car s'il vise, côté pile, à assurer le respect des droits et libertés consacrés par la Constitution, il ne faut pas oublier, côté face, que son introduction avait été proposée en 1993 pour empêcher que l'article 11 ne soit utilisé pour « modifier la Constitution »[64]. Un véritable progrès démocratique aurait donc consisté à limiter l'interdiction aux pétitions visant à remettre en cause les droits fondamentaux.

La fin de non-recevoir opposée à une proposition de loi constitutionnelle socialiste allant en ce sens[65] montre que la plupart des représentants restent méfiants à l'égard du pouvoir d'initiative des citoyens. L'apport de la réforme de 2008 apparaît pour cette raison relatif. Son intérêt semble devoir d'autant plus être nuancé qu'un certain nombre de dispositions neutralisent le pouvoir décisionnel proprement dit des gouvernés.

B. La relativisation du pouvoir de décision des citoyens

Selon qu'on se rallie au courant de la tradition républicaine qui est favorable à une expression directe ou médiatisée de la volonté populaire, la démocratie participative peut être perçue comme un moyen de permettre aux citoyens de décider par eux-mêmes ou simplement de les associer au processus décisionnel.

---

[64] *Rapport Vedel*, op. cit., p. 2549, n° 37 ; Projet de loi préc., *Doc. AN*, 13ᵉ législature, n° 3072, p. 4.
[65] *Doc. AN*, 13ᵉ législature, n° 3328, p. 3.

Dans le premier cas, le concept n'a idéalement de sens qu'autant qu'il permet de passer d'une démocratie formelle à une démocratie réelle. Son invocation s'inscrit alors dans la lignée des objectifs que « constituants et conventionnels » s'étaient assignés en 1789 et 1793 lorsqu'ils avaient « cherché à instaurer un règne de la loi (...) prise en son sens matériel comme expression d'une volonté générale par son objet et par son origine (la volonté de la nation souveraine) »[66]. Car elle vise à conférer un véritable pouvoir de décision aux électeurs. Sans doute, la notion apparaîtrait-elle malheureuse. La « démocratie » étant « l'État dans lequel la norme est faite par ceux auxquels elle s'applique »[67], ses termes sont redondants. Mais son avènement marquerait l'ultime étape du projet démocratique qui consisterait d'un point de vue sémantique à passer de l'oxymore au pléonasme.

Dans le second cas, l'expression désigne plus prosaïquement un moyen de surmonter la crise du système représentatif. Simple remède à la désaffection croissante des urnes et au risque d'instabilité qu'elle fait peser sur les institutions, son intérêt réside dans sa capacité à renforcer la légitimité des décisions prises par les gouvernants en donnant aux gouvernés l'impression d'être à l'origine de choix dont le sens final, le plus souvent déjà arrêté, continue de leur échapper.

Alors que les aspirations populaires semblaient aller dans le sens de la première interprétation, le constituant a fait prévaloir la seconde en 2008 conformément à la volonté du chef de l'État de renforcer les pouvoirs du parlement plutôt que l'autorité de la loi. Comme en droit administratif, les procédés de démocratie participative mis en place par la révision « ne (...) donnent » en effet aux citoyens « aucune garantie qu'il (...) sera tenu compte »[68] de leur vote.

En matière réglementaire ou législative, une lecture combinée des articles 11 et 69.3 C., 4-1 et 7 et 32 des lois

---

[66] Redor M.-J., *De l'État légal à l'État de droit*, Economica 1992. 36.
[67] Cité *in* Colliard J.-C., « Le débat des projets de loi sur le texte adopté en commission » *in La révision de 2008, op. cit.*, p. 199.
[68] Truchet D., *Droit administratif*, PUF 2010. 151.

organiques précitées relatives au CESE et au Défenseur des droits permet effectivement aux autorités soit d'amender, soit d'enterrer l'initiative citoyenne.

Tout d'abord, rien n'oblige les gouvernants à entériner telles quelles les pétitions dont ils sont saisis s'ils décident d'y donner suite. D'une part, l'article 11.5 C. permet aux parlementaires de s'opposer au référendum en examinant la pétition dans un délai fixé par la future loi organique. Il n'y a guère que dans l'hypothèse peu probable où ils s'abstiennent d'agir dans ce laps de temps que le président de la République est obligé de soumettre en l'état la question au vote des citoyens. D'autre part, le droit de pétition de l'article 69.3 C. ne peut s'exercer que par un double filtre. Le premier est celui du CESE à qui il incombe de « passer de l'interpellation à l'élaboration d'une proposition construite par la confrontation des points de vue des différents groupes qui » le « composent »[69]. Le Conseil est ainsi habilité à reformuler la pétition une première fois alors même que sa composition essentiellement représentative[70] reste « étrangère à l'esprit d'une "démocratie participative" »[71] ainsi que le relève Yves Jégouzo. Le second filtre est celui du pouvoir gouvernemental à qui le CESE doit communiquer son avis dans le délai d'un an. Car cela donne à l'Exécutif et au Législatif la possibilité de reformuler à nouveau la pétition.

Ensuite, tout est au contraire fait pour la perdre dans les méandres institutionnels. Une initiative gênante amorcée devant le parlement sur le fondement de l'article 11.3 C. peut en effet potentiellement faire l'objet d'un examen par les deux assemblées avant d'être renvoyée pour avis au CESE sur la base de l'article 70 C. puis, le cas échéant, au Défenseur des droits en application des articles 7 et 32 de la loi précitée de 2011. Comme rien n'interdit de leur transmettre à nouveau la question par la suite, pour peu qu'un désaccord même minime les

---

[69] « Rapport de J.-L. Xarsmann », *Doc. AN*, 13e législature, n° 892, p. 461.
[70] LO 2010-704 du 28.6.2010, *JO* 29.6.2010, texte n° 1, art 7 : Le CESE comprend 140 représentants de la vie économique, 60 de la cohésion sociale et 60 de l'environnement.
[71] Jégouzo Y., « Le Conseil économique, social et environnemental : une renaissance ? », *AJDA* 2010. 1729.

oppose, la révision de 2008 a innové en inventant une sorte de « patate chaude constitutionnelle » qui permet aux autorités de se refiler une question sensible en donnant l'impression de la traiter sans jamais la trancher... Les chiffres livrés en 2011 par Thierry Renoux alimentent d'ailleurs la crainte d'un tel détournement des procédures. Il constatait qu'aucune des 276 pétitions reçues à l'Assemblée nationale au cours des cinq dernières législatures n'avait été soumise au vote de la chambre tandis que 101 d'entre elles avaient fait l'objet d'un renvoi au gouvernement ou... au médiateur de la République, l'ancêtre du Défenseur des droits[72].

En matière conventionnelle, les représentants peuvent de même décider de se passer de l'accord des citoyens. Sans doute l'article 88-5 reproduit-il la règle posée à l'article 89 C. pour les révisions constitutionnelles en maintenant l'alinéa 1er issu de la révision de 2005 selon lequel l'adhésion de tout nouvel État à l'UE doit être approuvée par référendum. Mais sa rédaction comporte désormais un alinéa 2 qui assortit cette règle de la même exception en permettant au Congrès du Parlement de se substituer aux électeurs. Or la pratique constitutionnelle suivie depuis 1958 tend à faire du principe l'exception et de l'exception le principe, dans la mesure où, sur les 24 révisions du texte suprême intervenues entre 1958 et 2011, 21 des 22 qui ont été menées sur le fondement de l'article 89 ont été approuvées par le Congrès du Parlement. De sorte qu'on peut imaginer avec Florence Chaltiel que la nouvelle rédaction de l'article 88-5 vise en réalité à empêcher les citoyens de se prononcer sur les questions d'élargissement[73]. Surtout le champ d'application de cet article est resté à dessein limité. Outre qu'il ne peut toujours jouer que pour l'avenir – afin de ne pas remettre en cause l'accord auparavant donné à la Bulgarie, la Roumanie et la Croatie –, le recours au référendum reste exclu pour les traités d'approfondissement de l'UE alors qu'ils sont les plus importants. Comme le résume Florence Chaltiel, ces derniers « continuent à faire l'objet d'une procédure de

---

[72] Renoux T., *op. cit.*, p. 381.
[73] « L'article 88-5 » *in La révision de 2008, op. cit.*, p. 456.

ratification ordinaire » alors que « les traités d'élargissement feront désormais l'objet d'une ratification renforcée »[74].

Sans doute le pouvoir de dernier mot des autorités s'explique-t-il en droit administratif par le souci d'éviter que la « tractation » ne « dégénère » en « compromission avec des intérêts par hypothèse plus particuliers » par le jeu d'un intense lobbying catégoriel, comme l'explique le professeur Charlier[75]. Il convient en effet de veiller à ce qu' « aucune section du peuple, aucun individu » ne puisse « s'attribuer l'exercice » de « la souveraineté » conformément à l'article 3.2 C. Mais il n'est pas certain que cette justification soit véritablement transposable en droit constitutionnel dès lors que ce dernier a pour spécificité de permettre à l'ensemble des citoyens de s'exprimer. En la transposant malgré tout, la réforme continue de subordonner la juridicité de la loi à la volonté des gouvernants. Le constat fait dans les années 1970 par le professeur Georges Burdeau selon lequel « le peuple ne peut s'exprimer que par représentation »[76] reste ainsi d'actualité, malgré les aspirations contraires des gouvernés.

* *
*

L'étude de la révision constitutionnelle de 2008 traduit un certain détournement de la notion de démocratie participative en droit positif.

Dans la pensée politique, celle-ci revêt une signification duale, dès lors que le néo-libéralisme en fait un moyen de promouvoir l'*empowerment* – « les capacités et l'autonomie des communautés »[77] locales – et la pensée démocratique une nouvelle étape du processus de démocratisation des régimes

---

[74] *Id.*, p. 455.
[75] Charlier R.-E., « Signification de l'intervention de l'État dans l'économie » in *Mél. Péquinot*, t. 1, CERAM 1984. 105.
[76] Burdeau G., *Le libéralisme*, Seuil 1979. 243.
[77] Jaglin S., « La participation au service du néolibéralisme ? » in *Gestion de proximité...*, *op. cit.*, p. 273.

représentatifs, après l'avènement des démocraties représentatives et semi-directes. Mais, au-delà de leurs divergences, libéraux et démocrates ont en commun d'y voir un moyen de lutter contre l'arbitraire des gouvernants. Or ceux-ci tendent à s'en servir, non pour accroître l'efficacité des contre-pouvoirs (perspective néo-libérale) ou renforcer le poids du corps électoral dans l'exercice de la souveraineté (perspective démocratique), mais pour préserver sinon renforcer leur monopole décisionnel.

Au lieu d'une démocratie libérale plus équilibrée ou d'une démocratie réelle plus effective, les gouvernés ont ainsi eu le droit à une opération de communication destinée à protéger le système représentatif et la « souveraineté » des représentants. Voilà sans doute pourquoi la loi organique nécessaire à la mise en œuvre du droit de pétition de l'article 11 n'est toujours pas adoptée trois ans après la réforme comme ont pu le regretter une proposition de résolution[78] et certaines questions parlementaires[79].

D'autres emprunts sont il est vrai faits aux pensées libérale et démocratique pour compenser la concentration des pouvoirs entre les mains des gouvernants et l'absence de véritable rôle décisionnel des gouvernés à l'échelle nationale. L'une tient au renforcement de la protection de la liberté individuelle[80]. C'est là la conséquence de la réception en droit français de la notion allemande de droits fondamentaux dérivée de l'idée d'État de droit[81]. Une autre se concrétise par une revalorisation de leur liberté-participation à l'échelle locale. Visible au travers de la constitutionnalisation d'un droit d'initiative populaire au sein des collectivités territoriales (art. 72-1 C. ; CGCT, LO 1112-1 s.), elle vise à associer les administrés-citoyens à la mise en œuvre de normes sur le sens desquelles ils n'ont pas prise à

---

[78] *Doc. AN*, 13ᵉ législature, n° 1895.
[79] « Question n° 78671 de P.-A. Muet », *JOAN Q*. 27.10.2009. 10060.
[80] Cf. CC 44 DC du 11.7.1971, Liberté d'association, *R.* 29 et Const. 4.10.1958, art. 61-1 et 72.4.
[81] Sur ce point, v. Bouveresse J., « Des droits. Quels droits ? » in *L'évolution des droits fondamentaux de la personne humaine en 1997 et 1998*, L'Harmattan 2000. 243.

l'échelle nationale. Toutes deux apparaissent toutefois relatives. La première parce qu'elle se fait le chantre d'une liberté-autonomie qui, tout en neutralisant le droit de résistance à l'oppression des citoyens (DDHC, art. 2) au profit d'une minorité assurée de ne pas être inquiétée en dehors des tribunaux[82], remet en cause leurs droits sociaux, comme l'a montré la crise de 2008 et ses conséquences. La seconde parce qu'elle joue sur l'ambiguïté du mot « participation » d'une façon contraire aux textes : dès lors que, d'après l'article 3 C., la souveraineté du peuple revêt un caractère national, on s'attendrait à ce que le droit positif oblige les pouvoirs publics à donner aux citoyens une capacité d'action et de décision à l'échelon étatique et qu'il se contente d'associer les administrés à l'élaboration des textes au niveau des territoires. Or c'est l'inverse qui tend à se produire.

Si on peut y voir une nouvelle conséquence du regain de tension qui a toujours existé en période de crise entre les deux courants au cœur de la tradition juridique française, la nouveauté vient de ce que les partisans d'une expression exclusivement médiatisée des citoyens tendent à l'emporter sur ceux de leur expression directe alors que ces derniers connaissaient une nouvelle influence depuis la Libération. La réforme de 2008 donne ainsi l'impression que nous sommes à la fin d'un cycle. Évolution ou involution ? Voilà la véritable question que pose l'étude de la démocratie participative en droit constitutionnel français.

---

[82] Sur cette question, v. notre article : « De la concorde à la discorde (ou du bon usage de la clémence en droit public) » *in La clémence et le droit*, Economica 2011. 167.

La participation populaire dans la constitution brésilienne de 1988

par Filomeno Moraes[1],
professeur en sciences politiques
à l'Université de Fortaleza au Brésil

« [...] Est-ce que la démocratie a un avenir? J'en réponds: cela dépend de notre cerveau. [...] Et il est évident, me semble-t-il, que notre cerveau est chaque fois plus petit, chaque fois plus limité, tandis que les problèmes sont devenus de plus en plus pléthoriques. Le pouvoir des idées a atteint son apogée, son point culminant, avec le siècle des Lumières. Je crois toujours en lui.[...], de sorte qu'il est juste de dire que je suis un résidu du siècle des Lumières. Mais nous sommes restés une poignée. [...] »

Giovanni Sartori, *Est-ce que la démocratie a un avenir?*

La Constitution Fédérale vient de fêter la vingt-troisième année de sa promulgation. Sans aucun doute, c'est le texte qui a inauguré le cycle vertueux le plus démocratique de toute l'histoire politico-constitutionnelle brésilienne. Et au-delà il se caractérise – après la Constitution de l'Empire et la première

---

[1] Docteur en droit de l'Université de São Paulo ; Master en Sciences Politiques de l'Institut Universitaire de Recherches de Rio de Janeiro ; Professeur-Libre en Sciences Politiques à l'Université de l'État du Ceará ; Professeur titulaire du Programme de Post-Graduation en Droit Constitutionnel / Maîtrise et Doctorat de l'Université de Fortaleza ; Éditeur en chef de *Penser – Revue d'Études Juridiques* (Université de Fortaleza) ; il a publié récemment l'ouvrage *Contrepoints : démocratie, république et constitution au Brésil* (Fortaleza : UFC Éditions, 2010) et la *Constitution économique brésilienne : histoire et politique* (Curitiba : Juruá, 2011).

Constitution républicaine, la Constitution de 1946 ayant été anéantie par le coup d'État militaire de 1964 – comme le plus durable.

Généralement, les constitutions ont tendance à ne pas avoir une vie longue (Lane, 1996), car, ici et ailleurs, elles sont soumises aux vicissitudes des faits et aux facteurs de «sentiment constitutionnel», c'est-à-dire à la conscience de la société qu'elles transcendent les antagonismes et intègrent les détenteurs et destinataires du pouvoir politique dans le cadre d'un ordre communautaire obligatoire (Loewenstein, 1976).

En ce qui concerne l'histoire politique brésilienne, en moins de deux cents ans d'existence de l'État national, on observe la fertilité de son terreau en matière d'assemblées constituantes, puisqu'on en a installé en 1823, 1890, 1933, 1946 et 1987. Des Constitutions sont nées de ces assemblées constituantes en 1891, 1934, 1946 et 1988. Il y en a eu d'autres pendant des régimes autocratiques : la Constitution de 1824, après que Pedro 1er a dissout l'assemblée constituante installée après l'Indépendance, première d'une série d'ordonnances constitutionnelles autoritaires; celle de 1937, autre manifestation de l'autoritarisme dans le processus constitutionnel ; celle de 1967, malgré son passage par le Congrès National, finalement improprement appelée Amendement Constitutionnel n°1 en 1969.

Consacrant dès le préambule l'idée motrice de l'État Démocratique et Social de Droit, la Constitution de 1988 vise à «garantir l'exercice des droits sociaux et individuels, la liberté, la sécurité, le bien-être, le développement, l'égalité et la justice comme valeurs suprêmes d'une société fraternelle, pluraliste et sans préjugés, fondée sur l'harmonie sociale et engagée, dans l'ordre interne et international, dans la solution des controverses». La souveraineté, la citoyenneté, la dignité humaine et les valeurs sociales du travail et de l'initiative privée ont été érigées comme les fondations d'un État Démocratique de Droit, en proclamant dans la Constitution brésilienne que le pouvoir émane du peuple, qui l'exerce par ses représentants élus ou directement (Moraes, 1996 et 2007).

Par ailleurs, la Constitution de la République a établi dans son art. 1er, V, le *pluralisme* en tant que fondement de la République Fédérative du Brésil, dégageant ainsi une nouvelle valeur par opposition à celles qui prévalaient pendant l'autoritarisme bureaucratique, notamment celles contenues dans la doctrine dite de sécurité nationale. Depuis 1988, avec l'inscription du pluralisme comme fondement de la société brésilienne, on a légitimé la différence et on a exorcisé les hégémonies, les suprématies et les prépondérances, en favorisant l'émergence de différentes forces politiques, avec pour corollaire qu'il est interdit d'interdire au nom d'une prétendue exclusivité de la vérité politique et idéologique.

La Constitution de 1988 peut être vue sous plusieurs angles importants, dont l'un découle de la dimension inédite que lui donne le principe démocratico-politique qu'elle consacre.

I. La manifestation du pouvoir constituant en 1987/1988

Les débats des assemblées constituantes représentent des contrepoids importants à la tentation de l'autoritarisme ; ils ont périodiquement marqué l'histoire politico-constitutionnelle brésilienne lorsque la conjoncture s'y prêtait. En son temps, cette assemblée de 1987 a été une arène privilégiée de la participation politique dans la société, dans la mesure où elle est parvenue à atteindre un niveau inégalé de réponse à la demande sociale. Il est à noter la déclaration de Raymundo Faoro (2007, p. 257 et 258), mise en lumière avant la Constitution de 1988, selon laquelle le pouvoir constituant n'a jamais réussi, dans ses quatre tentatives précédentes, à « battre l'appareil du pouvoir, fermement ancré au patrimonialisme d'État, même si ses efforts ont permis de hisser le drapeau de la lutte, en libérant les énergies partiellement mises en échec » (…) ; « toutes les étapes, certes insuffisantes, dans la voie de la liberté et de la démocratie, pendant près de 160 ans d'indépendance, ont été données par les assemblées constituantes, qui ont légué à la société civile, frustrée, les drapeaux de son émancipation ».

En s'inspirant du raisonnement de Raymundo Faoro, on peut affirmer que le texte constitutionnel de 1988 a pu venir au jour en raison de la manière particulière dont le pouvoir constituant a reflété l'effervescence de la société brésilienne. En fait, dans la décennie des années 80, surtout dans le sillage de la convocation du Congrès Constituant par l'Amendement Constitutionnel n° 26/1985, le Brésil a éprouvé l'un des moments les plus importants de l'activisme politique de la société civile, à un moment où il s'agissait de concrétiser le processus de changement politique qui avait commencé dans les années 70, suite à l'inflexion du régime militaire. Même Fernando Henrique Cardoso (2006, p. 14 et 15), qui, en tant que président de la République poursuivait la rationalité économique, l'alignement sur la mondialisation et la continuité du pouvoir, a dû reconnaître l'importance de l'effort constituant. À ce propos, il a dit que « la grande cause de ma génération n'a pas été la stabilisation de l'économie, ni le développement économique. C'était la démocratie» et que « l'histoire contemporaine de la politique brésilienne commence dans les années 1970, avec la lutte pour le retour de la démocratie ». Il conclut que « le résultat de ce bouillonnement de la société a été la convocation de l'Assemblée Nationale Constituante qui a été finalement élue en 1986 ».

Malgré les limitations contenues dans l'acte de convocation du Congrès constituant, selon Dalmo de Abreu Dallari (1999, p. 49 et 53), «le résultat de son travail était plus proche des aspirations des progressistes et démocrates que des préférences conservatrices des oligarques », parce qu'il a reçu « la plus grande influence du peuple dans son élaboration». Par ailleurs, « la mobilisation générale de la population au moment de l'Assemblée Constituante et son influence sur ses décisions ont été la garantie de leur contenu démocratique, très évident dans les principes explicitement ratifiés parmi les exigences constitutionnelles, ainsi que par le grand nombre d'articles liés aux droits humains et à leurs garanties ».

II. Le principe démocratico-politique dans la constitution de 1988 : représentation et participation

Même si on a changé le rôle et les fonctions des constitutions, elles restent, avant tout, des instruments de gouvernement afin de limiter, de restreindre et de permettre le contrôle de l'exercice du pouvoir politique. Une constitution est essentiellement un cadre de gouvernement. Comme le dit Giovanni Sartori (1996, p. 211), « sans une déclaration des droits, une constitution est encore une constitution, mais si elle ne fixe pas un cadre de gouvernement, elle n'est pas une constitution ». Ainsi, bien que les textes constitutionnels depuis l'exemple du Mexique, en 1917, jusqu'à celui du Brésil, en 1988, soient « chargés de programmation » (Canotilho, 2005, p. 104), la constitution comme « instrument de gouvernement » a toujours sa raison d'être.

La littérature spécialisée met l'accent sur les récents processus de transition politique en Amérique Latine, consolidés par les changements constitutionnels (Sustein, 1998), les constitutions jouant, par conséquent, un rôle essentiel dans la politique de ces pays. Ainsi, la Constitution brésilienne de 1988 est un moment primordial pour l'établissement des nouvelles institutions, notamment des systèmes électoraux, des partis et du gouvernement, en insistant sur l'importance de la dimension « procédurale », c'est-à-dire des règles régissant la prise de décision par les Pouvoirs Exécutif et Législatif.

Parmi ses principes innovants figure celui qui affirme que « tout pouvoir émane du peuple qui l'exerce par ses représentants élus ou *directement* » (souligné par nous). La Loi Fondamentale prévoit la possibilité de conjuguer la démocratie représentative avec la démocratie participative ou directe (Moisés, 1990; Benevides, 1991). Autrement dit, la production de décisions politiques découlant de représentants élus (conseillers, maires, députés d'État, gouverneurs, députés fédéraux, sénateurs et président) ou directement des électeurs, ouvre la perspective d'un modèle mixte de *démocratie semi-directe* (Moraes, 2010 et 2011). Dans cette optique, la Constitution Fédérale prévoit que « la souveraineté populaire s'exerce par le suffrage universel et au scrutin direct et secret, avec une valeur égale pour tous, et en vertu de la loi, par: I - plébiscite; II - référendum, III - initiative populaire » (art. 14).

En plus des mécanismes de participation législative, la Constitution a adopté plusieurs autres mécanismes de participation administrative[2] ou judiciaire[3], et s'est ouverte à l'inclusion, par des amendements constitutionnels, de nouveaux mécanismes.

Trois sont des mécanismes fondamentaux de la démocratie participative, établis par la Constitution de 1988, à savoir, l'initiative populaire, le plébiscite et le référendum. La Loi n° 9709 du 18 novembre 1998, qui « réglemente l'exécution des dispositions des incises I, II et III de l'art. 14 de la Constitution Fédérale », a déclaré que « le plébiscite et le référendum sont des requêtes faites au peuple pour qu'il décide dans une affaire d'une importance marquée, constitutionnelle, législative ou administrative ».

A. Initiative populaire

L'*initiative* est le mécanisme de démocratie directe qui consiste dans la présentation d'un thème ou d'un projet de loi à l'assemblée législative (dans le cas du Brésil, les Conseils Municipaux, les Assemblées Législatives et le Congrès National), pour qu'elle en délibère. La Constitution a adopté le mécanisme que la littérature spécialisée appelle *l'initiative formulée ou articulée*, fondé sur la possibilité pour un groupe d'électeurs de soumettre à l'assemblée législative un projet dans un texte en forme de loi. En traçant les grandes lignes de l'initiative populaire, la Constitution Fédérale, entre autres dispositions, dispose :

---

[2] Audience publique (art. 58, § 2°, II), collégiale publique (art. 89, VI, art. 194, VII ; art. 204, II; art. 206, VI ; art. 216, § 1°; art. 227, § 1°), la cogestion parapublique (art. 206, VI), la coopération des associations représentatives dans la planification municipale (art. 29, XII), la provocation d'une enquête civile (art. 129, § 1°), le contrôle externe des comptes municipaux (art. 31, § 3°), la notification aux cours des comptes (art. 74, § 2°) et les réclamations sur le service public (art. 37, § 3°, I à III).
[3] Mandat de sécurité collective (article 5°, LXX, et b), l'action populaire (art. 5°, LXXIII), l'action civile publique (art. 129, III), AdIn et ADC (art. 103, VII, VIII et IX), fonction de contester un mandat électif (article 14, § 10), communautés et organisations autochtones (art. 232), le jury populaire (art. 5°, XXXVIII), l'*escabinato* (art. 98, I et II) et l'accès au plaidoyer devant les magistratures judiciaires (art. 94, 111, I; 115, I ; 119, II; 120, III; 123, *caput*, et le par. unique, I ; art. 123, par. unique, I).

- la « loi prévoit l'initiative populaire dans le processus législatif d'État » (art. 27, § 2°);

- la loi organique de chaque municipalité doit inclure « l'initiative populaire de projets d'intérêts spécifiques pour la municipalité, ville ou quartier, à travers la manifestation d'au moins cinq pour cent de l'électorat » (art. 29, XIII);

- au niveau fédéral, « l'initiative des lois complémentaires et ordinaires appartient à tout membre d'un comité de la Chambre des Représentants, du Sénat Fédéral ou du Congrès National, au Président de la République, à la Cour Suprême, aux Cours Supérieures, au Procureur Général de la République et aux *citoyens,* dans le cas prévu dans la présente Constitution » (art. 61, *caput*);

- « L'initiative populaire peut être exercée par la présentation à la Chambre des Représentants d'un projet de loi signé par, au moins, un pour cent de l'électorat national, réparti dans au moins cinq États, avec pas moins de trois dixièmes pour cent d'électeurs dans chacun d'eux » (art. 61, § 2°).

L'initiative populaire peut être d'une grande importance pour promouvoir la discussion des thèmes, des politiques publiques et des règles juridiques que les partis politiques ou des organes législatifs ne cessent de dégager. Lorsqu'elle est utilisée correctement, l'initiative peut constituer l'exercice «d'une véritable direction gouvernementale», car, en provoquant le débat public sur des questions générales ou en fonction des intérêts des groupes concernés de la société, elle contribue à établir de nouvelles lois ou à modifier, ou même abroger, les lois existantes.

Au moins trois lois en vigueur au Brésil, ont eu leur inspiration dans l'initiative populaire. La première est celle qui, en 1994, a encouragé l'inclusion, dans la Loi des Crimes Hideux, de l'homicide qualifié.

La deuxième est la loi n° 9840, de 1999, également appelée « Loi de l'Évêque », qui a introduit dans la loi électorale la « cassation de l'inscription ou du diplôme », comme pénalités aux candidats qui ont illégalement capté des votes, en détournant la volonté de l'électeur par le don, offre, promesse ou livraison de biens ou d'avantages personnels de toute nature, y compris d'un emploi.

Enfin, la « Campagne Fiche Nette » a cherché à établir des règles plus strictes de disqualification afin de choisir les meilleurs candidats possibles à une élection. Ici, l'initiative populaire a débouché sur la Loi Complémentaire n° 135, du 7 juin 2010. Le résultat le plus significatif consiste en l'inéligibilité de ceux qui sont reconnus coupables de crimes ou de délits par des cours judiciaires collégiales. Par ailleurs, cette loi rend inéligibles les personnes reconnues coupables de captation illégale de suffrages, ainsi que celles qui ont enfreint les règles relatives aux dépenses publiques dans le cadre d'une campagne ou d'un mandat politique.

B. Plébiscite

Le plébiscite est un vote populaire qui porte sur une question politique ou institutionnelle, avant sa formulation législative.

Il y a plébiscite, donc, quand le corps électoral doit décider sur un objet sans acte juridique préalable des organes de l'État. C'est pourquoi il est un acte extraordinaire, exceptionnel. Selon la loi n° 9709, « le plébiscite est organisé avant l'adoption d'un acte législatif ou administratif, laissant le peuple, par son vote, approuver ou non ce qui lui est soumis » (art. 2°, § 1°).

Au Brésil, la Constitution de 1946 – qui a perfectionné le mécanisme créé par la Constitution de 1937 – l'avait déjà prévu en cas de changements territoriaux dans les États membres. Actuellement, il est prévu de convoquer « le plébiscite territorial » avant toute incorporation, subdivision ou démembrement d'États, avant toute création de nouveaux États ou Territoires, et avant la création, l'incorporation, la fusion et le démembrement des Municipalités.

L'histoire politique brésilienne enregistre deux plébiscites nationaux. En 1963, le résultat de la consultation pour décider de conserver ou de remplacer le régime parlementaire, après la démission de Jânio Quadros, a causé le retour du présidentialisme. Vingt ans plus tard, un autre plébiscite, cette fois-ci pour définir la forme (républicaine ou monarchique) et le système de gouvernement (parlementaire ou présidentiel) qui devraient prévaloir dans le pays, a eu comme résultat le maintien de la république et du présidentialisme.

Il est actuellement prévu pour le 11 décembre 2011, un plébiscite sur la division de l'État du Pará en trois États, à savoir, Pará, Carajás et Tapajós. Tout l'électorat du Pará doit être interrogé sur deux questions: « Êtes-vous en faveur de la division de l'État du Pará par la création de l'État de Carajás ? » et « Êtes-vous favorable à la division de l'État du Pará par la création de l'État de Tapajós ? ».

C. Référendum

Le référendum est, en général, un vote populaire qui diffère du plébiscite en ce qu'il consiste à permettre l'intervention directe de l'électorat pour décider s'il faut conserver ou annuler une règle législative existante. Il y a des pays, cependant, comme l'Italie, qui l'admettent aussi en relation avec l'acte administratif.

Le référendum est classé en deux catégories : législatif et administratif. Le législatif peut être, à son tour, subdivisé en constitutionnel et en législatif au sens strict, selon qu'il porte respectivement sur des questions constitutionnelles ou sur des lois complémentaires ou communes.

En outre, le référendum peut être facultatif ou obligatoire, selon qu'il est nécessaire ou non de l'organiser.

Le référendum peut n'être qu'une étape dans un processus constitutionnel, législatif ou administratif, ou peut être un acte décisionnel autonome. Si l'on compare les pays qui l'adoptent, il est clair que son exercice est controversé et que beaucoup de propositions ont été faites pour le rendre plus facile et plus fréquent, ou à l'inverse pour le limiter d'une manière drastique.

Au Brésil, au niveau fédéral, la Constitution prévoit que c'est au Congrès National d'autoriser le référendum, afin de confirmer ou de rejeter des actes normatifs fédéraux (en matière constitutionnelle ou non). Elle dispose que « Le référendum est organisé à la suite d'un acte législatif ou administratif, pour donner au peuple la responsabilité de le ratifier ou de le rejeter » (art. 2°, § 2°).

En 2005, il y a eu un référendum sur le point de savoir si « le commerce des armes et des munitions devait être interdit au Brésil ». Environ 64% des électeurs ont dit « non » à l'interdiction de la vente d'armes et de munitions.

En 2010, un référendum a eu lieu dans l'État d'Acre, pour décider de l'adoption éventuelle d'un changement d'horaire GMT, Acre ayant à l'époque une heure de moins que l'horaire de Brasília. La majorité des électeurs a opté pour l'ancien horaire, qui était de deux heures de moins que Brasília.

III. Plus de représentation ou plus de participation ?

Selon Paulo Bonavides (1994/1995 et 2001), la souveraineté populaire doit être efficace, ce qui n'est pas possible dans les limites du régime représentatif brésilien. Ainsi, pour rendre la souveraineté à son unique et légitime propriétaire, le peuple, il faut modifier radicalement l'actuelle structure du pouvoir, et renforcer la démocratie directe ou participative. Car, « la démocratie indirecte ou représentative est moins légitime, plus soumise aux vicissitudes et moins résistante aux contournements de la volonté du peuple que la démocratie directe » (1994/1995, p 9), tandis que « la citoyenneté se manifeste à travers la voie participative, par les extériorisations de la volonté de chacun des membres de la société politique, légitimement habilitée à intervenir dans le processus décisionnel pour déterminer la conduite collective des affaires publiques » (1994/1995, p. 11). Ainsi, « la démocratie directe pourra [...] rétablir la légitimité de l'État brésilien, qui subit une crise de la représentation sans précédent dans toute l'histoire de la République » (1994/1995, p. 14).

L'introduction dans l'ordre constitutionnel des mécanismes de la démocratie participative constitue une indéniable avancée, car il est prévu que la complémentarité entre la représentation politique et la participation fonctionne comme un correctif à certaines difficultés du système politique, en diminuant la distance qui sépare les représentants des électeurs. Ainsi, malgré les impasses de la démocratie représentative (Bercovici, 2003), on devrait prêter une attention particulière à cette idée de «complémentarité» entre l'une et l'autre forme de démocratie.

À propos de la démocratie brésilienne et de la tension entre représentation et participation, il faut se référer à Wanderley Guilherme dos Santos (2007, p. 7, 8 et 10). Il considère que la démocratie directe est une idée généreuse et séduisante, parce que « la concession d'un mandat n'équivaut pas à un hypothétique transfert de la sagesse du peuple à ses représentants, et il n'y a aucune preuve de l'intimité télépathique entre l'un et les autres », alors que « plébiscites et référendums apportent les éclaircissements nécessaires quant à l'inclination de la majorité de la population concernée ». Mais il ne faut pas pour autant envisager de remplacer définitivement les institutions représentatives de la population par le plébiscite. En fait, « le parlement doit être précisément le lieu où sont exposés des arguments contradictoires, qui favorise la persuasion de certains, la reconsidération d'autres, et la délibération, après tout, correspond rarement à l'une des opinions originaires ». À l'égard des mécanismes de démocratie directe, il conclut « qu'ils sont essentiellement équivoques, ils servent à la démocratie aussi bien qu'ils peuvent bénéficier à des tyrannies ».

Cela correspond au point de vue de Benjamin Constant (1872). Dans le discours *De la liberté des anciens comparée à celle des modernes*, cet auteur constate l'impossibilité de répéter l'expérience d'Athènes et de ressusciter la « liberté des anciens ». Car, si pour eux, la liberté se réalisait avec des décisions sur la place publique, les fonctions et les tâches essentielles de la vie sociale accaparaient les hommes libres, ce qui la rendait différente de la « liberté des modernes ». Ainsi, la « liberté des anciens » diffère radicalement de la « liberté des modernes » selon les propres mots de Constant (1872, p. 548) :

Le but des anciens était le partage du pouvoir social entre tous les citoyens d'une même patrie. C'était là ce qu'ils nommaient liberté. Le but des modernes est la sécurité dans les jouissances privées; et ils nomment liberté les garanties accordées par les institutions à ces jouissances.

IV. Un bilan de la démocratie brésilienne

On ne doit pas oublier la difficulté de construire la démocratie politique, qu'elle soit représentative ou participative. Norberto Bobbio (1991, p. 36) a déjà averti que « si la démocratie est difficile, la démocratie directe est encore plus difficile ». La réalisation de l'idéal démocratique exige des citoyens conscients de l'évolution des affaires publiques, au courant des événements politiques, en mesure de choisir entre différentes alternatives présentées par les forces politiques, et fortement intéressés par les formes directes et indirectes de participation.

Évidemment, au Brésil, les difficultés sont encore plus grandes que dans de nombreux autres endroits. Surtout parce que, ici, la société est marquée par d'importants déséquilibres socio-économiques et par un haut degré d'inégalité sociale. Et, en deuxième lieu, parce que c'est une société qui se caractérise par une évidente tradition autoritaire, avec une histoire ponctuée de démonstrations et de sentiments antireprésentatifs.

Un nouveau spectre hante, depuis quelque temps maintenant, les expériences démocratiques latino-américaines : c'est la tentative de fixer une durée déraisonnable ou même indéfinie pour les mandats présidentiels.

Au Brésil, on a vu en 2006 la deuxième élection dans laquelle on pouvait avoir ré-élection pour le président et pour le gouverneur. Pour les maires, on avait déjà l'expérience de 2000 et 2004. Il n'existe aucune étude faisant autorité sur l'impact du mécanisme sur l'expérience démocratico-constitutionnelle brésilienne, cependant, un regard empirique sur la pratique de la réélection ne peut être, en général, encourageant. Cette pratique a tendance à encourager les abus de pouvoir et la captation illégale de suffrage, le déséquilibre de la concurrence politique et la personnalisation du pouvoir, et à détourner des valeurs républicaines. Sous la présidence de Fernando Henrique Cardoso, le mécanisme de la réélection a pourtant été inséré dans la Constitution Fédérale, malgré une tradition républicaine centenaire de dégoût à son égard.

Il convient de rappeler que, dans le sillage de la transition de l'autoritarisme à la démocratie, la théorie politique a posé deux conditions nécessaires à la qualification d'une démocratie politique : ceux qui occupent les postes gouvernementaux les plus élevés devraient être garantis contre l'expiration de leur mandat avant les délais établis par la loi, et les élus ne devraient pas être soumis à de sévères restrictions de leur liberté politique ou à des veto (O'Donnell, 1996).

Auparavant, Robert Dahl (1971) a fixé les conditions de l'existence d'un régime démocratique, dont au moins la plupart devraient être présents. Les voilà : les officiels publics élus ; des élections libres et équitables ; le suffrage universel ; le droit de concourir à la fonction publique ; la liberté d'expression ; l'information pluraliste ; et la liberté d'association. À partir des années 90 on a assisté dans l'Amérique Latine à de grands progrès dans ces domaines.

Mais la théorie de la démocratie exige certainement une condition supplémentaire pour qu'un régime soit considéré comme démocratique, à savoir que les mandats politiques ne durent pas toute la vie ou presque (Moraes, 2010).

Dans le cas brésilien, les temps ont changé, les institutions démocratiques ont été consolidées, le constitutionnalisme démocratique semble là pour rester. Le débat sur la « réélection » s'est affaibli. Il faut néanmoins garder à l'esprit l'avertissement de Raymundo Faoro, selon lequel « ceux qui connaissent les classes dirigeantes au Brésil, toujours fertiles en expédients, concessions et conciliation, ne peuvent pas se laisser berner par le spectacle des apparences » (2007, p. 253).

*
* *

1. Depuis l'entrée en vigueur de la Constitution de 1988, c'est-à-dire dans les vingt dernières années, la vie politique brésilienne a subi bien des vicissitudes, mais elle a construit une expérience qui met le pays sur la voie de la démocratie. Si « la

démocratie au Brésil a toujours été un malheureux malentendu » (Holanda, 1995, p. 161), sous l'égide du texte constitutionnel de 1988, elle semble progresser à marche constante afin d'arrêter de l'être. En fait, la dimension « structurante » que la Constitution Fédérale de 1988 attribue au principe démocratico-politique, a permis la restauration de la séparation des pouvoirs et la reconstruction du fédéralisme.

2. On observe que l'ordre des problèmes qui ont marqué et marquent l'institutionnalisation de la démocratie au Brésil a été et est très étendu, et les défis passés et présents ont été et sont vastes. Toutefois, depuis les années 90, le processus politique a permis de démentir les prophéties de panoramas apocalyptiques et de consolider l'expérience démocratique.

3. En bref, à travers l'articulation, voulue par les constituants, qu'elle opère entre la démocratie politique, la justice sociale et le développement, la Constitution de 1988 a su, « à l'inverse de ce que disent ses ennemis » devenir la « meilleure de toutes les Constitutions brésiliennes de toutes nos époques constitutionnelles » (Bonavides, 2001, p. 204). Modifiée à plusieurs reprises, elle conserve cependant dans une large mesure l'*esprit* qui lui a été attribué par ses constituants originaires.

Références

BENEVIDES, Maria Victoria de Mesquita *A cidadania ativa*: referendo, plebiscito e iniciativa popular. São Paulo: Ática, 1991.

BERCOVICI, Gilberto. O impasse da democracia representativa. In: ROCHA, Fernando Luiz Ximenes; MORAES, Filomeno (Org.). *Direito Constitucional contemporâneo:* estudos em homenagem ao professor Paulo Bonavides. Belo Horizonte: Del Rey, 2005. p.281-303.

BOBBIO, Norberto. Quais as alternativas para a democracia representativa? In: BOBBIO, Norberto et al. *O marxismo e o Estado*. 2. ed. Rio de Janeiro: Graal, 1979. p. 33-54.

BONAVIDES, Paulo. A democracia do terceiro milênio. *Nomos-Revista do Curso de Mestrado em Direito da UFC*, v.XIII/XIV, n.1/2, p.9-16, 1994/1995.

Teoria constitucional da democracia participativa. São Paulo: Malheiros Editores, 2001.

BRASIL. Constituição (1967). *Emenda Constitucional n. 26, de 27 de novembro de 1985*. Disponível em: <http://www.senado.gov.br/legislacao>. Acesso em: 5 set. 2011.

CANOTILHO, J. J. Gomes. *"Brancosos" e interconstitucionalidade:* itinerários dos discursos sobre a historicidade constitucional. Coimbra: Almedina, 2005.

CARDOSO, Fernando Henrique. *A arte da politica:* a história que vivi. 3. ed. Rio de Janeiro: Civilização Brasileira, 2006.

CONSTANT, Benjamin. *Cours de politique constitutionnelle* ou collection des ouvrages publiés sur le gouvernement représentatif. 2e éd. Paris: Guillaumin, 1872. 2v.

DAHL, Robert. *Poliarchy:* participation and opposition. Yale University Press, 1971.

DALLARI, Dalmo de Abreu. Constituição resistente. In: MORAES, Alexandre de (Coord.). *Os 10 anos da Constituição Federal*. São Paulo: Atlas, 1999. p.45-63.

FAORO, Raymundo. *A República inacabada*. São Paulo: Globo, 2007.

HOLANDA, Sérgio Buarque de. *Raízes do Brasil*. 26. ed. São Paulo: Companhia das Letras, 1995.

LANE, Jan-Erik. *Constitutions and political theory*. Manchester and New York: Manchester University Press, 1996.

LOEWENSTEIN, Karl. *Teoría de la Constitución*. 2. ed. Barcelona: Editorial Ariel, 1976.

MOISÉS, José Álvaro. *Cidadania e participação*. São Paulo: Marco Zero, 1990.

MORAES, Filomeno. Direitos e garantias fundamentais e a realidade brasileira. In: TRINDADE, Antônio Augusto

Cançado (Ed.). *A incorporação das normas internacionais de proteção dos direitos humanos no direito brasileiro*. San José-Costa Rica; Brasília: IIDH;ACNUR;CIVC;CUE, 1996. p.471-484.

A Constituição do Brasil de 1988 e a reforma política. *Pensar-Revista de Estudos Jurídicos*, Fortaleza, edição especial, p.43-51, abr. 2007.

A propósito dos primeiros vinte anos da Constituição Federal: democracia, república e reforma política. In: BONAVIDES, Paulo et. al. (Coord.). *Comentários à Constituição Federal de 1988*. Rio de Janeiro: Forense, 2009. p.LIX-LXXIX.

Contrapontos: democracia, república e constituição no Brasil. Fortaleza: Edições UFC, 2010.

Constituição econômica brasileira: história e política. Curitiba: Juruá, 2011.

O'DONNELL, Guillermo. Otra institucionalización. *La Política – Revista de Estudios sobre el Estado y la Sociedad*, Buenos Aires, n. 2, p.5-27, 1996.

SANTOS, Wanderley Guilherme. *O paradoxo de Rousseau:* uma interpretação democrática da vontade geral. Rio de Janeiro: Rocco, 2007.

SARTORI, Giovanni. *Engenharia constitucional:* como mudam as constituições. Brasília: Ed. UnB, 1996.

SUNSTEIN, Cass R. Constitutions and democracies: an epilogue. In: ELSTER, Jon; SLAGSTAD, Rune. *Constitutionalism and democracy*. Cambridge: Cambridge

La participation populaire dans la constitution brésilienne : focus sur la citoyenneté culturelle

par Francisco Humberto Cunha Filho[1],
professeur à l'Université de Fortaleza au Brésil

L'informatique nous donne l'une des distractions les plus agréables et instructives, en satisfaisant notre saine curiosité par l'accès à l'Internet. Nous utilisons les sites de recherche pour « passer le temps », pour savoir un peu plus sur la vie d'autrui et aussi comme première étape dans une recherche scientifique.

J'étais prêt à réfléchir sur la « citoyenneté culturelle », et comme d'habitude, j'ai consacré du temps à penser à cette expression, pour essayer d'en comprendre le sens et s'il était raisonnable de l'utiliser, parce que le sens du terme « citoyenneté » est si intense qu'il englobe beaucoup d'adjectifs qui peuvent l'accompagner.

J'ai écrit sur Google, entre guillemets, des expressions : « citoyenneté culturelle », « citoyenneté naturelle », « citoyenneté environnementale », « citoyenneté sociale », « citoyenneté économique », « citoyenneté politique », « citoyenneté sportive », « citoyenneté éducative », « citoyenneté fiscale » et même « citoyenneté de la sécurité sociale », où j'ai obtenu, pour chacune d'elles, un immense

---

[1] Licencié (UNIFOR), maître (UFCE) et docteur (UFPE) en Droit. Professeur du Programme d'Études Supérieures en Droit de l'Université de Fortaleza – UNIFOR (Master et Doctorat) et Avocat de l'Union.

nombre de citations. Ces résultats ont permis, tout de suite, de comprendre qu'il y a une tentation de construire une multiplicité d'interprétations de la citoyenneté. Cela peut représenter autant une richesse qu'une impasse. Pour illustrer cette seconde hypothèse, il est possible d'évoquer la crainte de José Afonso da Silva (2006, p.35), qui dénonce la perte de substance de la notion « à cause de l'usage de sa répétition sans discernement ».

Sous réserve de cet avertissement, je chercherai, dans la science juridique et politique, une compréhension acceptable du sens de la « citoyenneté », et confronterai les résultats obtenus avec ce qu'on entend par « citoyenneté culturelle », afin de conclure sur le caractère raisonnable de cette dernière expression, notamment au vu de la Constitution Brésilienne de 1988.

I. La citoyenneté

La citoyenneté, dans la Constitution Brésilienne, est plus qu'un droit ou un ensemble de droits, et plus qu'un principe, c'est l'un des fondements de notre République, selon ce qui est indiqué dans l'article 1.

Mais l'expression, avec ses variations, n'apparaît pas dans l'article qui ouvre le texte constitutionnel; Saïd Farhat (1996, p.119) comprend que le « terme citoyenneté est utilisé dans trois sens étroitement corrélés: [1] signifie la qualité ou le fait d'être un citoyen, [2] tous les citoyens, collectivement, [3] l'ensemble des droits et devoirs inhérents à cette qualité ».

José Afonso da Silva (2006, p. 36) souligne également l'étendue et la multiplicité des significations de cette expression dans la Constitution: la possession des droits politiques ; l'individu en tant que personne intégrée dans la société ; l'État soumis à la volonté populaire ; le renvoi à la notion de dignité humaine et aux buts de l'éducation, base et objectif d'un régime démocratique. Le même auteur (Silva : 1996, p.36) conclut que :

La citoyenneté, dans ce contexte, c'est la conscience d'appartenir à la société d'État comme personne humaine détentrice des droits fondamentaux, de la dignité, du droit à l'intégration participative dans le processus du pouvoir, avec la conscience de ce que cette situation subjective implique aussi l'obligation de respecter la dignité des autres, de contribuer à l'amélioration de tous.

Dans la recherche de la signification de la citoyenneté, il est important d'évoquer l'entrevue accordée par la sociologue Maria Victória Benevides à Silvio Caccia Bava, directeur de l'Association Brésilienne des Organisations Non Gouvernementales (ABONG), en Janvier 2000, dont le compte-rendu a été divulgué sur le site Réseau des Droits de l'Homme et de la Culture (DHNET: 2007): « la Citoyenneté pour moi aujourd'hui est le synonyme d'un seul mot, la participation ».

En promouvant la symbiose entre les concepts de « citoyenneté » et de « participation », Maria Victória Benevides partage le point de vue de Marcel Prélot (1973, p.519), qui a dit que "La participation peut être définie comme cet aspect du comportement politique dans lequel le citoyen intervient dans la Cité, en tant que membre de celle-ci, tout en demeurant, vis-à-vis d'elle, une personne distincte ».

À son tour, Genuíno Amazonas de Figueiredo (2002, p. 42) rappelle l'origine de la citoyenneté liée à des expressions artistiques, « dans les amphithéâtres romains », illustrant sa connexion au droit d'expression publique et orale (*vox personabat*), qui permet d'exprimer son opinion sur les événements de la vie collective.

Ceci étant posé, il convient de souligner les formes possibles de l'exercice de la citoyenneté. Celui-ci peut être réalisé comme indiqué au paragraphe unique de l'Art. 1º de la Constitution Fédérale, à travers une participation indirecte (par représentation) ou une participation directe (démocratie directe). Mais l'observation systématique de la Constitution permet d'inférer une participation semi-directe, qui combine les deux autres, selon le précepte de l'Art. 14 d'après lequel « La souveraineté populaire est exercée par le suffrage universel et par le vote direct et secret, avec une valeur égale pour tous, et selon la loi, au moyen: I. du plébiscite; II. du référendum; III. de l'initiative populaire ».

Sans oublier la participation informelle - celle qui résulte de la créativité de la pratique et qui est réalisée en complément, à côté ou même contrairement à la législation - , les systèmes juridiques démocratiques conçoivent généralement les niveaux suivants de participation (Canotilho: 1993, p.430-1) :

a) *La participation sans lien*, qui laisse à l'autorité la liberté d'accepter ou non (par exemple: une protestation contre une décision de l'organe public de la culture);

b) *La participation liée*, celle sans laquelle l'action de l'autorité publique est illégitime, mais qui n'implique pas nécessairement l'acceptation (par exemple : réquisition d'un bien sans l'avis d'une assemblée légalement établie);

c) *La participation liée et autonome*, « quand il y a une véritable possibilité de pouvoirs d'action distincts de ceux de l'État. Celui-ci ne pourra s'y opposer que dans des cas extrêmes, pour faire respecter les principes dictés par le constituant ou les règles imposées à tous » (CUNHA FILHO: 1997, p. 89) (par exemple: délibération des syndicats des artistes et de leurs employeurs sur les accords de négociation collective de la branche).

En vertu de quoi, après avoir examiné ce qui a été compris comme « citoyenneté culturelle », je vais chercher à identifier, dans les principales règles relatives à la culture, la présence de ces formes participatives au Brésil.

II. La citoyenneté culturelle

Présenter la citoyenneté comme un « Fondement de la République Brésilienne » correspond à la prise de conscience qu'elle est inhérente à toute activité de l'État (santé, éducation, culture, environnement...). Du coup, en principe, tous les adjectifs peuvent lui être accolés, pour identifier le secteur spécifique sur lequel elle porte, ou encore, pour mettre en évidence les possibles particularités de son utilisation dans ce secteur.

Cela semble être la conception des spécialistes de la culture, comme Teixeira Coelho (1999), qui dans son *Dictionnaire Critique de la Politique Culturelle* n'aborde pas la question. Andrew Edgar et Peter Sedgwick (2003, p. 55), de leur côté, dans le résumé des doctrines *La Théorie Culturelle de A à Z: les concepts clés pour comprendre le monde contemporain*, n'ont pas écrit le terme « citoyenneté culturelle », mais seulement « citoyenneté », prenant soin de préciser la différence entre « citoyenneté substantielle » (qui implique l'exercice effectif des droits et des devoirs) et « citoyenneté formelle », « aujourd'hui normalement utilisée pour signifier simplement le fait d'être un membre de l'État-nation ». Dans le même sens, Gondin (2006, p. 98), dans le *Dictionnaire de Culture Générale : idées contemporaines*, utilise seulement le terme « citoyenneté ».

Cependant, comme déjà mentionné, dans l'univers spécifique de réflexion sur les politiques culturelles, il y a une tendance à favoriser la rencontre entre le substantif « citoyenneté » et l'adjectif « culturelle », pour former l'expression « citoyenneté culturelle », dont la signification nécessite encore des précisions, en raison du fait que, lorsqu'ils sont utilisés par différents auteurs, ils ont des significations différentes et/ou trompeuses.

Marilena Chauí (2006, p. 66-72), par exemple, quand elle décrit son expérience comme secrétaire de la Culture de São Paulo, comprend par « la politique publique de la *citoyenneté culturelle* : la culture comme un droit des citoyens et comme travail de création [...] des personnes impliquées dans la vie culturelle ». En détaillant le concept, la philosophe ajoute « une définition générale de la culture », sans compter les thèmes entrelacés avec l'idée de démocratie, de pluralisme, d'égalité et d'inclusion.

Les idées qui ont inspiré les actions de l'agence municipale de la culture de São Paulo à la fin des années 80 et au début des années 90 du siècle passé, ont profondément influencé la communauté culturelle. l'Institut *Pensarte* (2007), dans leur droite ligne, s'est présenté comme « l'organisation dédiée au développement du secteur culturel », au moment qui a précédé l'élection à la Présidence de la République, avec l'objectif de « contribuer aux propositions du futur gouvernement ». Pour parvenir à ses fins il a lancé le « Manifeste pour une citoyenneté culturelle », dans lequel l'expression désigne « l'élargissement du concept de culture par la démocratisation de l'accès aux biens et services culturels conformément aux préceptes de la Déclaration Universelle des Droits de l'Homme et de la Constitution de la République Fédérale du Brésil ».

Le concept, qui a été travaillé par la philosophe et élargi par l'Institut Pensarte, ressemble à un bassin d'eau incliné, qui d'une part est en débordement, mais de l'autre correspond à la sphère traditionnelle de ce qu'on entend par citoyenneté, car il envisage [1] la définition anthropologique de la culture, [2] la politique culturelle comme un ensemble de droits égaux des citoyens, [3] la créativité et l'innovation, [4] le respect des mémoires collectives et [5] le respect de la législation culturelle considérée comme légitime.

Le débordement déjà évoqué peut être analysé comme un ensemble d'idées qui montrent la volonté de réaliser la « citoyenneté substantielle », en créant une ambiance propice à son développement (Barroso : 2000, p. 121). Cette évolution est perceptible dans certaines analyses :

a) l'adoption du concept anthropologique de la culture se nourrit de la démocratie, avec laquelle elle partage l'idée de pluralisme ;

b) le même raisonnement peut être appliqué aux idées de « créativité et d'innovation » ;

c) le désir de préserver la « mémoire collective » permet l'inclusion de différents groupes dans la construction du pays.

Dans le modèle traditionnel de la « citoyenneté », le concept développé par Marilena Chauí, comme on l'a dit, se réfère seulement aux « droits des citoyens », omettant, au moins explicitement, leurs corollaires que sont « les devoirs des citoyens ».Au contraire, droits et devoirs sont désormais toujours ensemble, comme on le voit dans le concept en discussion. L'Institut Pensarte manifeste par exemple son attachement à l'idée « des devoirs » en se référant expressément à la Déclaration Universelle des Droits de l'Homme et à la Constitution du Brésil.

III. La citoyenneté culturelle en droit brésilien

Ayant montré que la « citoyenneté » comprend essentiellement l'idée de « participation » à la vie politique du pays, et que la « citoyenneté culturelle » est, en principe, la spécification du fondement de notre République dans le secteur de la culture, je chercherai à identifier les formes juridiques brésiliennes de celle-ci.

Il s'agit d'étudier la participation des citoyens à la formation de la volonté de l'État. Dans le domaine de la démocratie semi-directe - dans laquelle les décisions politiques sont le résultat du mariage entre des souhaits des représentants et du peuple - figurent les mécanismes « classiques » du plébiscite, du référendum et de l'initiative populaire, qui sont définis par la Loi n° 9.709/1998 :

> Art. 2º Plébiscite et référendum sont des requêtes faites au peuple pour décider sur des questions d'une importance marquée de nature constitutionnelle, législative ou administrative.
>
> § 1º Le plébiscite est organisé avant un acte législatif ou administratif ; le peuple y a le pouvoir, par un vote, d'approuver ou de refuser l'acte en projet qui lui est soumis.

§ 2º Le référendum est organisé à la suite d'un acte législatif ou administratif ; le peuple peut décider de le ratifier ou de le rejeter.

(...)

Art. 13. L'initiative populaire consiste à présenter un projet de loi à la Chambre des députés ; elle est signée par au minimum un pour cent de l'électorat national, réparti au moins entre cinq États (…).

À partir de ces prémisses, il est intéressant de noter à quel point il y a eu une vraie participation populaire directe dans le développement des normes relatives aux droits culturels, à commencer par la Constitution Fédérale.

Il est difficile de trouver, dans l'histoire du monde, une constitution qui a été autant développée à partir des suggestions émanant de la société. C'est en effet à la suite d'amendements populaires presentés au Congrès Constituant de 1987/1988, concernant la culture, que des questions spécifiques (Michiles : 1989, p. 166-159) sont venues à la lumière, parmi lesquelles celles relatives au droit d'auteur (Cunha Filho, 2004, p. 89) et à la censure, qui, en fait, ont partagé les opinions.

Sur la participation spécifique de la « communauté culturelle » à l'élaboration de la Constitution actuelle du Brésil, j'ai fait une collecte de données et leur analyse (Cunha Filho, 2004, p. 89). Les résultats en sont reproduits dans les trois paragraphes qui suivent :

Une préoccupation majeure de la communauté culturelle dans le processus constitutionnel a été d'attribuer aux droits intellectuels le statut de droits fondamentaux, sans cependant renoncer à la garantie des créateurs et des interprètes de maintenir le contrôle sur l'exploitation de leurs œuvres. Ce désir révèle l'ambition d'une gestion autonome du secteur culturel, qui, cependant, ne s'arrête pas là. L'action du « Mouvement pour la Défense de la Culture » a été capable de synthétiser les ambitions du secteur, lequel, relayé par le constituant Farabulini Júnior, appartenant au Parti Travailliste Brésilien à Sao Paulo, a fait une critique efficace du projet de constitution préparé par le Comité Systématisation, parvenant à obtenir un changement de rédaction de plusieurs articles.

Le mouvement a revendiqué une meilleure application des droits du travail et de la sécurité sociale , aspects essentiels pour l'établissement de l'autonomie du secteur culturel, ainsi que la liberté pour les activités culturelles liées à des incitations publiques et la participation des personnels aux conseils d'administration, en mettant l'accent sur la possibilité pour les syndicats et les organisations populaires d'accéder aux antennes locales des médias de masse.

En résumé, cette vision panoramique du rôle du secteur culturel lors des travaux de l'Assemblée constituante permet de conclure à l'efficacité de la représentation de ses intérêts.

La consécration de la citoyenneté culturelle figure dans le corps de la Constitution, dans l'Art. 216 dans lequel il est affirmé que « le Pouvoir, *en collaboration avec la communauté*, promeut et protège le patrimoine culturel du Brésil, au moyen d'inventaires permanents, de registres, de surveillance, de réquisitions et d'expropriations, et d'autres formes de précaution et de conservation ».

La référence à la « communauté » en tant que coparticipant à la promotion et à la protection du patrimoine culturel, en d'autres termes à la politique culturelle, n'exclut pas les possibilités d'actions individuelles des citoyens, comme prévu dans les dispositifs constitutionnels suivants:

> Art. 5...
>
> LXXIII - *tout citoyen* peut engager une action populaire, en cherchant à invalider un acte nuisible à la propriété publique, à la morale administrative, à l'environnement ou *au patrimoine historique et culturel*, en étant, sauf mauvaise foi avérée , exempté des frais de justice et des dépens ;
>
> (...)

Art. 205. L'éducation étant un droit universel et un devoir de l'État et de la famille sera promue et encouragée avec la coopération de la société, visant à un développement complet de *la personne*, à sa préparation pour *l'exercice de la citoyenneté* et sa qualification pour un travail.

(...)

Art. 215...

§ 3° La loi établit le Plan National de Culture, de durée pluriannuelle afin de favoriser le développement culturel du Pays et l'intégration des actions des pouvoirs publics qui conduisent à : (...) IV - *la démocratisation* de l'accès aux biens culturels;

(...)

Art. 216....

§ 2° - Incombe à l'administration publique, comme prévu par la loi, la gestion des documents gouvernementaux et des actes officiels pour ouvrir leur consultation à ceux qui en ont besoin.

À partir du modèle constitutionnel de la citoyenneté culturelle, je chercherai à identifier des exemples de son utilisation dans les normes inférieures, en essayant de réfléchir à ce qui est présupposé, ce qui est posé et ce qui doit être posé.

A. Ce qui est présupposé

Beaucoup de formes d'utilisation de la citoyenneté culturelle ne sont pas expressément mentionnées dans les lois spécifiques au secteur. Elles apparaissent comme des hypothèses dans l'organisation générale de la citoyenneté ou du droit.

Qui comprend cela peut se débarrasser, par exemple, du piège rhétorique selon lequel tous les droits culturels seraient universalisés de façon absolue, en d'autres termes, seraient utilisables par toutes les personnes en même temps. C'est sans doute vrai pour certains droits, comme ceux qui assurent la liberté de création et de manifestation ; mais ce l'est beaucoup moins pour les autres, comme pour le droit de bénéficier d'incitations fiscales à la culture, qui ne bénéficient qu'aux personnes qui développent des activités culturelles. Dans ce dernier cas, l'idée d'universalité reste immanente, mais dans un autre sens : les droits ne sont pas forcément ceux auxquels tous ont ou devraient avoir accès, mais ceux qui sont accessibles ; il n'y a pas de possibilité d'exclusion en vertu des déterminations personnelles, comme le sexe, la couleur de la peau, l'orientation sexuelle ou d'autres qualités inhérentes de la personne.

Ce qui vient d'être dit vaut aussi pour les devoirs. Si un miroir est placé en face des droits ci-dessus cités, on verra qu'ils reflètent des obligations ayant des caractéristiques similaires : aux libertés de création et de manifestation, correspondent les devoirs universels de respecter celles-ci ; et le droit à l'incitation fiscale reflète le devoir de payer des impôts, obligation qui ne pèse que sur ceux qui peuvent les payer.

Enfin, dernier présupposé à mentionner : aucun droit culturel ne peut avoir un caractère illimité : son exercice présuppose le respect des principes qui régissent la vie en communauté, en particulier de ceux qui intègrent les principes fondamentaux de notre République dont le noyau est la dignité humaine, ainsi que de ceux qui sont spécifiques au secteur culturel, à savoir : le pluralisme, la participation, le respect des compétences logistiques de l'État, le respect de la mémoire collective, l'universalité (Cunha Filho : 2004, p. 70). Un exemple très connu de limitation, en ce sens, porte sur le droit d'effectuer des manifestations culturelles traditionnelles qui, selon la Cour Suprême, ne peut pas être invoqué pour violer d'autres valeurs protégées par la Constitution, comme l'interdiction de soumettre des animaux à des actes de cruauté (Cas de la « farra do boi », BRASIL-STF, *online*).

B. Ce qui est posé

La manière la plus traditionnelle d'encourager la participation de la communauté culturelle aux politiques publiques est la création d'organes collégiaux qui définissent les normes, décident de certaines questions et examinent les résultats de l'action de l'État. Ces organes collégiaux sont habituellement appelés « conseils », « commissions » ou « comités ».

En principe, ces conseils sont conçus pour assurer la participation de la société à la définition des politiques publiques sur la culture. Toutefois, ils suscitent un très large éventail de problèmes qui ont inspiré des études spécifiques. Parmi ces problèmes, les suivants sont à noter :

a) La faiblesse institutionnelle

Dans la Constitution fédérale n'est pas fait mention de plus d'une dizaine de conseils. Pour le domaine culturel, cependant, la Constitution est muette. Cette omission donne un pouvoir illimité à l'Autorité Constituée pour mettre en place, comme il lui plaît, ces organes. Le résultat de ce pouvoir arbitraire se traduit généralement par le dénigrement des institutions. Cela signifie que les organes collégiaux de la culture ont tendance à être créés et organisés par de simples Décrets, ce qui conduit à leur fragilisation et à leur discrédit, car à tout moment ils peuvent être redéfinis ou éliminés par décision monocratique. Au niveau fédéral, par exemple, le Conseil National pour la Politique Culturelle (CNPC), bien que créé par la Loi n° 9.649/1998, est régi par Décret ; c'est également le cas de la Commission Nationale pour l'Encouragement de la Culture, créée par la Loi n° 8.313/1991, qui renvoie à un Décret la fixation des règles concernant « les mandats, l'indication et le choix des représentants, ainsi que la compétence du CNEC [...] ».

Donc, il serait important de valoriser la représentation populaire dans la politique culturelle grâce à des normes stables.

b) L'incompréhension du pouvoir politique

Un deuxième problème concerne l'incompréhension du pouvoir politique.

Cette incompréhension provient souvent de la décision d'attribuer des pouvoirs strictement administratifs aux organes collégiaux, c'est-à-dire des tâches qui devraient appartenir aux autorités exécutives. Ainsi, par exemple, un conseil qui fonctionne dans un système d'incitations fiscales ne devrait pas examiner des projets spécifiques, mais définir des critères et des priorités, et n'intervenir que comme une instance de recours en cas de refus des revendications.

Inversement, il arrive parfois que par une sorte de sabotage délibéré, les compétences d'un organe soient conçues de façon extrêmement timide.

Il est urgent de clarifier et de recentrer le rôle des organes collégiaux de la culture.

C. Ce qui doit être posé

De tout ce qui a été exposé jusqu'à maintenant, il ressort, malgré les problèmes sus-mentionnés, qu'il y a beaucoup de possibilités d'exercice de la citoyenneté culturelle, dont certaines cependant sont seulement entrouvertes, et d'autres fortement fermées. Ces possibilités représentent un potentiel non exploité ou, au mieux, exploité partiellement.

Quelques suggestions peuvent être émises, mais toutes supposent, pour le secteur culturel, l'exigence socratique de se connaître soi-même. Plus précisément, elles supposent d'abandonner la traditionnelle attitude aristocratique des activistes culturels, qui se croient en droit de se mêler de tous les domaines d'activités et de la connaissance, mais qui rejettent la présence d'« intrus » dans leur secteur.

Cet antagonisme larvé a envenimé la relation entre la culture et le droit; celle-là accusant celui-ci d'être insensible et répressif; celui-ci l'accusant en réponse d'être insensée et permissive. Le résultat du litige est la construction d'une norme culturelle bureaucratique et déconnectée des particularités du secteur.

L'amélioration de la citoyenneté culturelle suppose de construire une législation spécifique, avec la participation de tous ceux qui s'intéressent à la culture, et pas seulement des experts. Dans la construction de cette législation, il faudra réduire la distance entre les droits culturels et leurs destinataires. Il est inconcevable que le peuple ne comprenne pas son droit. Il faut simplement rédiger des lois plus faciles à comprendre, en réduisant le langage bureaucratique au minimum.

En outre, il est nécessaire de construire un « nouveau droit », qui épuise les possibilités offertes par la Constitution, en tenant compte des particularités culturelles. Les blocages actuels favorisent en effet la renaissance de coutumes qui avaient été abandonnées.

Une possibilité constitutionnelle est sous-utilisée : l'exercice de la démocratie directe, qui est par exemple mis en œuvre par la loi du Ceará qui a créé le Système de l'État de la Culture (Loi n° 13.811, de 16 août 2006: Art. 6°, II, b, 4). Des esprits conservateurs diront que cette disposition viole le système représentatif, ou au moins qu'elle est inutilisable en raison du grand nombre de personnes qui peuvent participer à l'assemblée de la culture populaire. Mais on peut objecter qu'elle restaure la souveraineté du peuple. Quant à la difficulté matérielle de l'opération de rassemblement, elle n'existe pas vraiment pour les petites villes (Cunha Filho, 2003), et de façon plus générale les possibilités de communication offertes actuellement par la cybernétique facilitent une réédition actualisée de l'*Agora* grecque, cette fois en format électronique (Dallari, 1991, p. 130).

*
* *

L'ensemble des réflexions faites ci-dessus amène à conclure qu'il y a effectivement une banalisation de la notion de citoyenneté, à partir de l'usage abusif d'adjectifs. Dans le cas étudié, cependant, il n'y a pas d'absurdité à parler d'une « citoyenneté culturelle » parce que le secteur auquel l'expression se réfère est doté de caractéristiques qui justifient un traitement différent de ce fondement républicain et démocratique.

En avoir conscience et, surtout, faire partager cette idée à la haute autorité publique est si difficile que cela rappelle le dilemme de la fable, dans laquelle les souris se demandent à qui va échoir le devoir de mettre un hochet dans la gorge du chat, afin de donner l'alerte quand le félin s'approchera.

Cependant, je vois la réalité sous un jour plus favorable, car, contrairement à la métaphore animale, le monde de la culture est composé de personnes dont le travail et le pouvoir créateur peuvent être mesurés par les noms qu'ils reçoivent: artistes, intellectuels, penseurs et citoyens.

Références

BARROSO: Luís Roberto: *O Direito Constitucional e a Efetividade de suas Normas – Limites e Possibilidades da Constituição Brasileira.* Rio de Janeiro: Renovar, 2000.

BRASIL-STF: http://www.stf.gov.br/portal/jurisprudencia/listarJurisprudencia. asp, site consulté le 20 juillet 2011.

CANOTILHO, J. J. Gomes: *Direito Constitucional*, 6ª edição. Coimbra-Portugal: Editora Almedina, 1993.

CHAUÍ, Marilena: *Cidadania Cultural.* São Paulo: Editora Fundação Perseu Abramo, 2006.

CUNHA FILHO, Francisco Humberto: *A Participação Popular na Formação da Vontade do Estado: um direito fundamental.* In: GUERRA FILHO, Willis Santiago: Dos Direitos Humanos aos Direitos Fundamentais. Porto Alegre: Livraria do Advogado, 1997.

CUNHA FILHO, Francisco Humberto: *Teoria e Prática da Gestão Cultural.* Fortaleza: UNIFOR, 2003.

DALLARI, Dalmo de Abreu: *Elementos de Teoria Geral do Estado*, 16ª edição. São Paulo: Editora Saraiva, 1991.

EDGAR, Andrew; SEDGWICK, Peter (eds.): *Teoria Cultural de A a Z: conceitos-chave para entender o mundo contemporâneo*; tradução de Marcelo Rollemberg. São Paulo: Contexto, 2003.

FARHAT, Said: *Dicionário Parlamentar e Político: o processo político e legislativo no Brasil*. São Paulo: Editora Fundação Peirópolis: Companhia Melhoramentos, 1996.

FIGUEIREDO, Genuíno Amazonas de: *A Cidadania em Roma*. In: A Cidadania na Grécia e em Roma [ed. Atual. E ver. Por EaD/CEE/MCT]. 2ª ed. Brasília: Senado Federal, Centro de Estudos Estratégicos, Ministério da Ciência e Tecnologia, 2002.

GONDIN, Cristian: *Dictionnaire de Culture Gànèrale: idées contemporaines*. Paris: Ellipses, 2006.

MICHILES, Carlos (et al.): *Cidadão Constituinte: a saga das emendas populares*. Rio de Janeiro: Paz e Terra, 1989.

PRELOT, Marcel: *Sociologie Politique*. Paris: Dalloz, 1973.

SILVA, José Afonso da: *Comentário Contextual à Constituição*. São Paulo: Malheiros, 2006.

TEIXEIRA COELHO: *Dicionário Crítico de Política Cultural*. São Paulo: FAPESP/Iluminuras, 1999.

http://www.aver.org.br/manifest/pensarte.htm, site consulté le 14 septembre 2007.

http://www.dhnet.org.br/direitos/sos/textos/victoria.htm, site consulté le 18 septembre 2007.

http://www.stf.gov.br/portal/jurisprudencia/listarJurisprudencia.asp, site consulté le 1º octobre 2007.

Deuxième partie

Techniques de la démocratie participative

Gouvernement électronique et cyberdémocratie dans la gestion publique brésilienne

par Gustavo Raposo Pereira Feitosa[*]
Geovana Maria Cartaxo de Arruda Freire[**]
Professeurs à l'Université de Fortaleza au Brésil

Smart-mobs, blogs, MSN, skype, zone *wi-fi,* commerce électronique, Cours de justice virtuelles, *home banking,* nombreux et diversifiés sont les développements des nouvelles technologies de l'information de la période post-internet. L'impact sur la vie sociale, l'économie, le milieu académique, les moyens de communication et sur la publicité, entre autres dimensions, se montre profond. Les croisements des révolutions technologiques et communicationnelles offrent des exemples constants de leur capacité à détruire, créer et conditionner les liens de la sociabilité contemporaine. Giddens (1997, p.13) en réfléchissant sur les transformations contemporaines affirme :

> Il s'agit effectivement de la transformation de l'espace et du temps. Je définis ceci comme action à distance, et relie son intensification ces dernières années à

---

[*] Avocat. Docteur en Sciences sociales à UNICAMP. Professeur, du programme d'études supérieures en droit constitutionnel (maîtrise et doctorat) à l'Université de Fortaleza. Directeur du Groupe de recherche « Droit et Relations Internationales, Sécurité et Réforme de l'État ».
[**] Avocat. Maîtrise en droit à l'Université Fédérale de Ceará. Professeur à l'Université de Fortaleza. Étudiant de doctorat en droit à l'Université de Santa Catarina.

l'apparition de la communication globale instantanée et du transport de masse.

La stupeur provoquée par la vitesse des transformations survenues dans toutes les dimensions de la vie sociale et politique a amené des auteurs comme Hobsbawn (1995, p 214) à qualifier l'esprit de l'époque actuelle de la forme suivante:

> Les événements de ces dernières années furent réellement spectaculaires et transformateurs du monde – et aussi inespérés qu'imprévisibles. La nature révolutionnaire de la période où nous vivons va bien au-delà des changements dans la politique globale, qui en peu de mois, ont rendu les atlas préparés par les cartographes obsolètes. Jamais avant dans l'histoire, la vie humaine normale et les sociétés dans lesquelles elle se déploie furent tellement radicalement changées en si peu de temps : non seulement en une unique période de vie mais pendant les parties d'une période de vie.

Les analyses sur les répercussions des nouvelles technologies d'information et de communication (TIC) reflètent, dans une large mesure, la diversité des effets et la profondeur des transformations. Les études, essais et théories élaborés se multiplient pour essayer d'embrasser les effets des TIC dans des domaines comme l'économie, la communication ou la culture. Toutefois, les impacts sur la vie politique restent obscurs. Existe-t-il réellement des impacts significatifs ? Les changements amenés par les TIC se répercutent-ils effectivement sur les structures politiques ou sur la dynamique des démocraties ? Est-il possible d'affirmer, comme l'observe Lemos (2003, p 2), l'existence d'une *cybercité/cybercitoyenneté* ?

Les relations dans *l'hypermodernité* deviennent chaque jour plus virtuelles, dans une médiation technologique qui redéfinit l'espace de la cité comme lieu de la rencontre, de la parole et du débat. Si d'un côté on peut voir, en exagérant, la fin des cités et de la vie sociale comme nous les connaissons, de l'autre, avance avec chaque fois plus de force une perception des TIC, dans leur intégration avec internet, comme la nouvelle frontière démocratique ou même comme le fondement d'une vraie affirmation de l'autonomie politique. Sans prétendre avancer sur ce terrain, il semble indéniable que la technologie puisse fonctionner comme un instrument de diffusion de l'information et d'amélioration des processus de décision politique, ou même comme renouvellement de la participation dans certaines circonstances.

L'analyse de certains aspects de l'utilisation des nouvelles technologies dans la vie politique brésilienne représente l'objectif général de cette étude. Le point de départ de l'enquête consiste à s'interroger sur les conceptions de la cyberdémocratie et du gouvernement électronique, amplement utilisées dans les propositions gouvernementales à l'intérieur et à l'extérieur du Brésil comme manifestation de l'utilisation des TIC dans le fonctionnement de l'État.

Ces expressions ne possèdent pas de sens univoques, comme cela sera analysé plus loin, mais invoquent la plupart du temps une lecture optimiste des nouvelles technologies comme potentiellement fondatrices de nouveaux paradigmes dans la relation citoyen-État. Les TIC renouvellent, de cette manière, les promesses démocratiques et évoquent pour le futur la croyance dans la possibilité de surmonter les déficits de participation, de l'accès à l'information publique, de l'expression de la volonté et de la pensée. Dans le domaine volatil et indéfini des révolutions technologiques, il n'y a pas d'espace pour des réponses définitives et dans le domaine de la politique, il y a encore beaucoup de recherche à faire à propos de la signification concrète de telles promesses.

Dans le cas brésilien, il existe des documents fédéraux qui définissent les politiques nationales pour ledit gouvernement électronique depuis 2000, avec des variations conceptuelles et idéologiques entre les périodes du mandat de Fernando Henrique Cardoso (1995-2001), de Luiz Inácio Lula da Silva (2002-2010) et de Dilma Roussef (2011-). A la même période des initiatives surgirent issues du Judiciaire (du fédéral et des États) et du législatif (du fédéral, des États et des communes) inspirées de la potentialité de l'utilisation des TIC pour l'amélioration de la prestation de service, de l'offre d'informations publiques et de la participation démocratique. Ainsi, cette étude prétend analyser certains aspects des politiques de « e-gov » au Brésil : les programmes de gouvernement électronique présentés par l'Exécutif Fédéral dès l'an 2000; l'impact des programmes dans la sphère municipale, l'amélioration de la transparence gouvernementale, la virtualisation des processus judiciaires (le processus judiciaire électronique).

Les cinq axes abordés ont pour but de construire un panorama du processus de construction des pratiques démocratiques au moyen des nouvelles technologies utilisées à plus grande échelle dans les diverses sphères gouvernementales, sous l'influence des conceptions de gouvernement électronique ou de cyberdémocratie.

I. Démocratie, cyberdémocratie et cybergouvernement

En 1984, on vivait dans l'expectative des prévisions de G. Orwell, mais ce fut Gibson (online) qui apporta de nouvelles lumières et éclaircit le terme cyberespace dans son oeuvre *Neuromancer*. Depuis lors, le terme a été adapté et subdivisé en différents concepts et théories qui tentent d'expliquer l'internet et les innovations dans la sociabilité. Dans les aspects politiques, au-delà des conceptions de cybercité et de gouvernement électronique, on trouve les idées de *e-democracy*, démocratie électronique, démocratie digitale, cyberdémocratie, bref, une infinité de *quasi-synonymes*. Mais comment les principaux théoriciens définissent-ils ces termes ?

Les difficultés commencent dans la construction d'expressions qui, associées aux mots traditionnellement utilisés pour représenter des conceptions politiques, se montrent capables de capter le signifiant des nouvelles technologies pour la vie démocratique. Les formules les plus communes dérivent de l'articulation de dénominations usuelles de la sphère technologique comme « électronique, digital ou cyber ». L'application de ces mots indique l'immersion des concepts politiques dans la dynamique introduite par les nouvelles technologies, mais contribue peu à faire comprendre la réelle signification de cette influence. Le terme « électronique » se réfère à la relation avec la machine, l'électronique, au mouvement des électrons en circuits et est donc insuffisant pour caractériser la complexité atteinte par les nouvelles technologies actuelles qui dépassent la relation avec la machine.

À son tour le terme digital, en opposition à l'analogique répond à une caractéristique importante du nouveau langage en bits, de la transformation des données en format digital que Negroponte (1995) définit bien dans son livre Vida Digital comme une transformation exponentielle et inexorable fournie par la transmission des informations à la vitesse de la lumière en grandes quantités et pour un prix infime. Cependant, la dénomination « cyber » (cyberdémocratie, cyber cité, cyber justice), traduit de forme plus large le processus actuel de la société en réseau dont la médiation est faite au sein du cyber espace et ne se circonscrit pas à la machine (électronique), au langage (bits), mais au-delà de ça, se trouve connectée en réseau et dans le cyber espace.

Ces caractéristiques se révèlent plus transformatrices et pleines de potentiels, de nouvelles relations, collaborations, interactions et d'un changement substantiel dans les identités et dans le sens de « lieux ». Par l'intermédiaire du cyberespace est fournie une conjonction de compétences, d'informations, d'intérêts et d'expertises, ce que Pierre Levy (1998) nomme « L'intelligence Collective ».

Au milieu de cet éventail de termes et de concepts, émerge en 1993 aux États-Unis, suivi par le Canada en 1997, le projet d'un « gouvernement électronique ». Les processus sont trop récents encore pour que les analyses soient précises, ou pour que quelque chose soit affirmé définitivement sur les potentialités, réalités et limitations. Dans toutes ces nouvelles dénominations, on perçoit un caractère propositionnel et l'espoir de lancer ou d'anticiper des tendances. Une bonne partie des analyses et théories sur le thème se fonde sur le questionnement des limites de la démocratie contemporaine et essaye de présenter internet comme la solution au problème synthétisé par Bobbio (1984, p.42) de la forme suivante :

> [...] Personne ne peut imaginer un État capable d'être gouverné à travers l'appel continu au peuple : En prenant en compte les lois promulguées chaque année en Italie, par exemple, il serait nécessaire de prévoir en moyenne, une convocation par jour. Sauf dans l'hypothèse, pour l'heure de fiction scientifique où chaque citoyen pourrait transmettre son vote à un cerveau électronique sans sortir de chez lui, à peine en appuyant sur un bouton.

Les limitations infranchissables soulevées par Bobbio et pouvant être résolues seulement à partir de l'œuvre de la fiction scientifique paraissent maintenant ne pas rencontrer d'obstacles technologiques et pouvoir être surmontées dans la réalité palpable. Dans le contexte post-internet, les potentialités des TIC produisent les conditions pour la réalisation de la démocratie électronique, qui selon les propos de Pierre Levy (1999), l'un des plus fructueux théoriciens de la cyber culture, consiste :

> [...] à encourager, le plus possible – grâce aux possibilités de communication interactive et collective offertes par le cyber espace –, l'expression et l'élaboration des problèmes de la cité par les citoyens eux-mêmes, l'auto-organisation des communautés locales, la participation aux délibérations des groupes directement affectés par les décisions, la transparence des politiques publiques et leur évaluation par les citoyens.
>
> [...] Mettre l'intelligence collective au poste de commandement, c'est choisir de nouveau la démocratie, la réactualiser au moyen de l'exploitation des potentialités les plus positives des nouveaux systèmes de communication.

Levy fait écho de manière enthousiaste à la démocratie électronique, incluant dans le concept depuis l'auto-organisation jusqu'à la transparence du gouvernement et la délibération via internet. Ses positions inspirent actuellement la majorité des théoriciens qui croient au progrès technologique et à internet comme forme rédemptrice de construction de la liberté, de l'intelligence collective et donc de la démocratie.

Au sein des auteurs optimistes, on trouve Ruediguer (2002, p. 1), qui propose une gouvernance électronique constructrice d'un nouvel espace public (ou comme lui-même l'appelle, l'arène civique) capable de dépasser la conception libérale de l'État :

> Le gouvernement électronique est, actuellement, une expérience en construction et sa dimension politique la plus avancée – la gouvernance électronique – ne peut être considérée comme un simple produit offert au client dans un format achevé, mais, considérant sa nature éminemment politique et donc publique, peut être perçue comme un bien public, passible d'accès et de développement par des processus sociaux, ce qui la mène à de constantes transformations. Justement, cette dimension fait que la notion de gouvernance électronique se réfère à l'État, dans sa conception républicaine, et en théorie ne se limite pas à une expérience de gestion par les services ad hoc, réifiée par le marché, mais avant tout peut servir d'arène civique, en contrepoint de la privatisation de la sphère publique.

Sous un autre angle, qui n'inclut pas autant d'espoirs dans le monde virtuel, Backus (2001, p. 2) se limite à définir une nouvelle forme d'interaction entre le gouvernement et la société. Il situe également le gouvernement électronique dans une perspective de l'État *management* et différencie l'*e-democracy* de l'*e-government* de la manière suivante:

> E-democracy *refers to the processes and structures that encompass all forms of electronic interaction between the Government (elected) and the citizen (electorate). E-government is a form of e-business in governance and refers to the processes and structures needed to deliver electronic services to the public*

> *(citizens and businesses), collaborate with business partners and to conduct electronic transactions within an organisational entity.*

De cette manière, la cyberdémocratie représenterait une facette des relations citoyen-gouvernement, perdant sa capacité libertaire et son caractère d'expression d'une sphère publique forgée par la société elle-même. Backus (2001, p. 2) utilise les deux définitions pour conceptualiser l'*e-governance*:

> *E-Governance: In this report e-governance is defined as the application of electronic means in (1) the interaction between government and citizens and government and businesses, as well as (2) in internal government operations to simplify and improve democratic, government and business aspects of Governance.*

Backus (2001) énumère quatre phases de l'*e-governance*: l'information, l'interaction, la transaction et la transformation. Une approche similaire est rencontrée chez Gomes (2005, p. 5), où les relations virtuelles sont traitées comme une spirale en ascension vers la démocratie. Celui-ci classe la cyberdémocratie en cinq degrés. Les premiers degrés se rapportent aux variations dans le modèle de démocratie libérale, sans demander de grands changements structurels, suivant une séquence progressive, jusqu'à atteindre les étages supérieurs où se déroulent les véritables transformations démocratiques.

Les degrés de démocratie classés par Gomes (2005, p. 6) peuvent être atteints, en accord avec la conception de la démocratie et le degré de participation devant être fourni par internet. Le premier degré se limite à la prestation de service d'informations, qui pourrait être nommé *citoyenneté delivery* ou *e-gouvernement*, réduit à peine à la prestation de services à l'utilisateur-client. Le second degré de démocratie digitale rend possible les consultations d'opinion uniquement sous forme de sondage (sans liaison entre elles), utilisées de façon modeste, pour la formation d'un agenda public, ou comme un des aspects devant être analysés par le gouvernement dans la prise de décision.

Le troisième degré incorpore les idées de transparence, prestation de comptes et responsabilisation face à la population. La classification de Gomes (2005) avance donc vers des formes de démocratie qui pourraient être ainsi qualifiées respectivement de démocratie délibérative (quatrième degré) et démocratie directe (cinquième degré). Le quatrième degré implique l'expansion de la communication en deux voies. À l'offre d'information et de services d'État, s'ajoute un vecteur direct d'interaction de la société avec le gouvernement, actionné non comme réponse, mais comme proposition. Une autre caractéristique consiste dans le degré effectif de la consultation. La prestation de comptes via internet est renforcée, créant des instruments adéquats pour que le citoyen se positionne de façon éclairée sur les dépenses publiques.

Le cinquième degré représente une forme de démocratie directe, dans laquelle la sphère politique professionnelle arrivera à extinction parce que le public contrôlera la décision publique, de forme valide et légitime. Pour Gomes (2005), ce serait la *democracy plug`n play*. *Le citoyen produirait la décision politique sur les affaires publiques*. Le résultat de l'établissement d'une démocratie de cinquième degré consisterait, par exemple, en un État gouverné par des plébiscites on-line dans lequel il ne resterait exclusivement à la sphère politique que les fonctions d'administration publique.

Face aux concepts présentés, le contexte social et politique de la naissance de la cyberculture, ou de *l'ère de l'Information*, permet de trouver quelques réponses à l'inquiétant doute sur le rôle des TIC dans la politique. Selon Tonhati (2007, p. 26) ladite Ère de l'Information a affaibli l'État, en même temps qu'elle a renforcé le deuxième et le troisième secteur. Cette période apparaît donc comme cause et conséquence du processus de globalisation, lié aux conceptions de l'État minimum, gérant et régulateur.

L'enthousiasme pour les nouveaux médias se révèle justifiable. L'internet abrite tout le potentiel de la formation d'une nouvelle sphère publique, mais les recherches démontrent que tel n'a pas été l'orientation ou le mouvement de la cyberdémocratie. La capacité rénovatrice et l'efficacité politique de l'utilisation des TIC dépendent profondément de la façon dont les utilisateurs réussissent à s'approprier et à construire les utilisations des nouvelles ressources. Comme l'observe Fishkin (2002, p.30) :

> Fréquemment on rencontre la croyance que la technologie pourrait faciliter la transformation d'anciennes formes de démocratie en réalité. Mais les recherches SLOP (*Self-selected listener opinion*) rappellent les pratiques de l'antique Sparte et non de l'antique Athènes. A Sparte, il y avait une pratique nommée « le Cri », où les candidats pouvaient essayer de remplir l'auditoire de leurs partisans et celui qui était le plus applaudi était élu.

Les positions sur l'utilisation de l'internet comme forme rédemptrice et transformatrice de la réalité ou comme forme de domination et de renforcement du libéralisme, se distinguent en deux courants, l'un amplement enthousiaste, et parfois simpliste et l'autre situé dans une vision catastrophique et négative, voyant internet comme élément de destruction de la culture démocratique (Esteves, 2003, p. 185). Les conceptions négatives se fondent sur quatre aspects: le manque de rationalité d'internet, le manque de civilité (expansion de la pédophilie, des néonazismes, etc.), la froideur dans les discussions et l'exclusion digitale (l'aspect le plus important et le plus difficile à surmonter dans des pays comme le Brésil). S'ajoute à la critique, un autre point peu traité: serait-ce ce moyen qui pourra « ré-enchanter » la société par la participation effective? Ou encore : serait-il possible de transférer dans les nouvelles technologies d'informations la capacité de générer l'esprit de participation, de récupérer la crédibilité dans la politique ?

Selon Esteves (2003, p. 184) :

> Sans références éthiques et morales, la domination sera le devenir inévitable de l'actuel processus technologique. Bien que soient chantées « révolutions » et « nouvelles sociétés », derrière la clameur de ces voix exaltées, ce qui se cache est la fastidieuse perpétuation du même, la réification d'une

réalité triste et sombre que tous au final nous connaissons bien et qui a martyrisé l'humanité depuis toujours.

L'internet ne garantit ni ne fonde une nouvelle modalité de démocratie, il institue un nouvel espace qui, par ses caractéristiques de large accès à l'information et à la communication, de flux et d'échanges d'expérience et d'informations, rend possible la formation d'une opinion publique différenciée et de réseaux d'action. Les récentes éclosions sociales en Orient, appelées Le Printemps Arabe et les occupations américaines (*Occupy Wall Street*) initiées à New York et rapidement étendues à des centaines de villes, appelées Automne Américain ravivent l'espoir de voir surgir de nouvelles architectures politiques, où les technologies possèderaient un rôle central et auxquelles le citoyen participerait comme protagoniste. Le citoyen reprendrait, ainsi, son rôle d'articulateur, sans les médiations traditionnelles de la démocratie représentative. Les résultats de ces nouveaux mouvements ne permettent pas encore une analyse définitive de leur effectivité. Comme l'analyse Esteves (2003, p. 195), auteur qui défend la démocratie délibérative et l'espace public comme essentiels pour la reprise de la démocratie :

> [...] l'idée d'une perspective modérément optimiste quant à la contribution d'internet pour la démocratie ne doit pas être confondue avec une vision idyllique des nouvelles technologies. Ce ne sera certainement pas l'internet qui pourra résoudre tous les problèmes de la démocratie, ni d'ailleurs garantir les conditions d'une discussion publique et de processus délibératifs parfaits ; l'hypothèse formulée se limite à reconnaître que ce nouveau médium réunit les conditions qui permettent un certain perfectionnement de la démocratie, par des moyens de communication publique et d'interaction sociale plus fluides et, donc, politiquement pertinents.

À son tour, Castells (2003, p. 114) se demande si l'utilisation d'internet représente un caractère purement instrumental ou si de fait, le cyberespace mène à une transformation des règles du jeu politico-social. Les mouvements sociaux dans la société en réseau possèdent comme caractéristique la mobilisation autour de valeurs culturelles qui remplissent le vide laissé par la crise des organisations héritées de l'ère industrielle (syndicats, partis etc.). L'auteur analyse de façon positive l'utilisation des nouvelles technologies de l'information, mais son questionnement fait écho à un grand vide, qui est la distance entre l'utilisation des technologies et une réelle transformation des pratiques politiques.

II. Gouvernement électronique au Brésil et évolution des conceptions sur l'e-gov

L'État brésilien a adopté les conceptions du gouvernement électronique pendant la gestion du président Fernando Henrique Cardoso, exactement en l'an 2000. Le cadre légal fut la publication du Décret sans numéro du 3 avril 2000, qui a créé un Groupe de Travail Interministériel pour examiner et proposer des politiques, des directives et normes liées aux nouvelles formes électroniques d'interaction. Tout de suite après, est publié le Décret sans numéro du 18 octobre 2000, qui restreint le rôle du gouvernement électronique à la prestation de comptes et à l'information du citoyen :

> Art. 1° Est créé, dans le champ d'action du Conseil du Gouvernement, le Comité Exécutif du Gouvernement Électronique, avec pour objectif la formulation de politiques, l'établissement de directives, la coordination et l'articulation des actions d'implantation du Gouvernement Electronique, orienté vers la prestation de services et l'information au citoyen.

Le Président du Comité Exécutif était le Chef de la *Casa Civil*, le liant ainsi de manière directe au Président de la République[1]. Le pilier de la création du gouvernement

---

[1] Au Brésil, la Casa Civil a le statut de ministère et est responsable de la coordination et l'accompagnement des principaux projets gouvernementaux, de l'analyse de la gestion des divers organes de l'administration, du conseil

électronique se trouve dans les programmes du *Ministère de la Science et de la Technologie* (MCT) construits à partir de la conception de *Société de l'Information*. Le projet du MCT a engendré la publication en septembre 2000 du livre *Sociedade da Informação no Brasil - Livro Verde* (Société de l'information au Brésil- Livre Vert), organisé par Tadao Takahashi, dans lequel se trouvent des directives pour l'implantation d'outils d'interaction entre les différents niveaux du gouvernement et entre le gouvernement et les citoyens.

Également en septembre 2000 (exactement le 20), le Comité Exécutif du Gouvernement Électronique (CEGE) présenta un document intitulé *Proposition de Politique de Gouvernement électronique pour le Pouvoir Exécutif Fédéral* (BRASIL, 2008). Dans ce texte, sont analysés les effets du processus de globalisation, soulignant la nécessité de prise de décisions rapides et stratégiques, l'augmentation de la demande d'une plus grande participation des citoyens, l'importance de l'efficacité, de la transparence et, par conséquent de l'amplification du contrôle social sur l'État, ce qui contribuerait à l'amélioration des processus décisionnels. La proposition conclut sur l'affirmation de ce que le gouvernement électronique serait renforcé comme agent démocratique, stratégique, socialement juste et en même temps efficace dans la prestation de services au citoyen.

L'analyse des normes, documents et rapports du Comité Exécutif du Gouvernement électronique démontre que la création du gouvernement électronique répond aux transformations de ladite « crise de gestion et crise financière de l'État » et correspond à un des instruments de la Réforme Administrative de l'État destinée à implanter un modèle d'État *management* (ou de gestion)-*Régulateur*, avec réduction des dépenses et recherche d'efficacité. Le rapport explicite que:

> Déjà dans les années quatre-vingt-dix, le Brésil, comme d'autres pays d'Amérique latine, a avancé dans la formulation et l'implantation de la réforme

---

direct des présidents de la République, entre autres fonctions. Elle représente l'un des plus puissants et influents ministères et, normalement prend soin des projets que le Président souhaite maintenir sous supervision directe.

administrative, cherchant à atteindre des niveaux supérieurs de transparence, efficacité et effectivité dans l'application des ressources publiques (BRASIL, 2002, p. 3).

Les conceptions du gouvernement électronique développées pendant les mandats de Fernando Henrique Cardoso s'intègrent dans l'ensemble de propositions élaborées pour la réforme de l'État sous l'influence du consensus de Washington. Dans les plans de réforme élaborés par des agences multilatérales comme la Banque Mondiale, le Fonds Monétaire International (FMI) et la Banque Interaméricaine de Développement (BID) ressortent les mêmes lignes et principes contenus dans le Programme de Gouvernement Électronique de 2000 et dans les rapports du Comité Exécutif du Gouvernement Électronique.

À cette période a prévalu une conception de gouvernement électronique centrée sur ses impacts sur la gestion de l'État et sur l'offre de services publics à un *citoyen-client*. Le perfectionnement des processus politiques de la démocratie a suivi en second plan et continue d'être considéré comme quelque chose qui est réduit à l'accès à l'information. Nonobstant l'intention déclarée de convertir le gouvernement électronique en agent démocratique, les programmes du gouvernement fédéral de cette période furent marqués par l'amplification de la présence, la standarisation et l'exposition des organes de l'administration fédérale sur internet, par l'amplification de l'offre d'information et par la simplification de l'accès de certains services publics mis à disposition sur les *portails* gouvernementaux.

Cet axe s'est modifié dans les propositions suivantes, élaborées sous la gestion de Luiz Inácio Lula da Silva. Dans un document intitulé *Principes et Directives du Gouvernement Electronique* (BRASIL, 2008), le point de départ de la redéfinition du gouvernement électronique consiste à critiquer l'orientation néolibérale du programme antérieur. Les nouveaux projets devraient mettre l'accent sur l'offre de services publics en tant que droits collectifs du citoyen. Le document définit la priorité du gouvernement électronique dans la promotion de la citoyenneté :

La politique du gouvernement électronique brésilien abandonne la vision jusqu'alors adoptée qui présentait le citoyen-utilisateur avant tout comme un "client" des services publics, dans une perspective de prestation d'inspiration néolibérale. Le déplacement n'est pas seulement sémantique. Cela signifie que le gouvernement électronique a comme référence les droits collectifs et une vision de la citoyenneté qui ne se restreint pas à la somme des droits des individus. Ainsi, forcément, elle incorpore la promotion de la participation et du contrôle social et l'indissociabilité entre la prestation de services et son affirmation comme droit des individus et de la société (BRASIL, 2008).

La proposition d'inclusion digitale prévoit l'intériorisation des services du gouvernement offert au moyen des PEPs (Points Electroniques de Présence). Ce serait l'implantation de ce que Lemos (2003, p.3) décrit comme cybercité. Il ne s'agit pas ici de la substitution de l'espace public mais de l'institution d'un flux de communication, de transport et d'actions locales, augmentant de façon concrète les espaces de décision et d'opinion publique, appelés par l'auteur intelligence collective.

La plus grande nouveauté des programmes lancés durant l'administration du président Lula consista dans l'élaboration de propositions plus larges destinées à orienter la diffusion d'un paradigme de gouvernement électronique à toutes les sphères d'administration publique de l'État fédéral, des États fédérés et des communes. Une politique nationale a été ainsi établie qui englobe l'offre d'information, la prestation de service public, l'amplification des moyens d'accès à internet pour la population, la stimulation de logiciels libres, entre autres aspects.

Ces nouvelles directives présentées par le gouvernement fédéral prétendaient créer un changement de paradigme dans lequel se révélerait une altération de la matrice politique conductrice des projets de gouvernement électronique. Toutefois, la présence de certaines orientations qui indiquent certaines différences idéologiques comme l'utilisation de logiciels libres, la plus grande préoccupation de l'inclusion et moins d'emphase sur l'efficacité de la gestion n'a pas entraîné de transformations significatives par rapport aux propositions lancées à la période FHC.

Les difficultés pour caractériser la rupture, s'expliquent dans une certaine mesure par la tendance régnant dans les grands projets d'e-gov présentés dans le monde entier. Les grandes initiatives gouvernementales se centrent sur des aspects comme la diffusion de l'accès à internet, la création de modèles et architectures obligatoires pour toute la structure de l'administration, la rationalisation de l'utilisation des ressources technologiques (équipements, logiciels, etc.), entre autres. Les initiatives dans leur grande majorité naissent liées aux possibilités de l'utilisation des TIC comme véhicules de perfectionnement des services publics offerts à un « citoyen-client ».

L'infinité de classements et d'évaluations internationales sur le niveau de développement des projets de gouvernement électronique présente comme axe commun la mesure de l'utilisation des TIC dans la rénovation des pratiques de gestion administrative et dans la relation de l'État fournisseur de services publics avec le citoyen[2]. L'ample gamme de variables et d'approches présentées dans les études sur « l'e-gouvernement » révèle un constant transfert de la logique de la relation client-entreprise à la relation État-citoyen.

Les caractérisations et classifications de gouvernements électroniques réalisent l'accouplement de la technologie avec la démocratie par la voie de l'accès à l'information et de l'interactivité[3]. La promesse toujours présente de la démocratisation découle d'une projection optimiste des potentialités que la grande offre d'informations et de données sur l'activité de l'État assure aux individus. De cette manière, une structure administrative plus rationnelle, efficace, transparente et habituée à recueillir l'opinion d'un « citoyen-

---

[2] Pour une étude approfondie sur les stages, classements et évaluations du gouvernement électronique dans les différents pays du monde, nous recommandons la lecture de l'étude de Rinalda Rieken (2008).

[3] Pour une révision des conceptions de l'e-government: Fang (2002) e Yildiz (2007).

internaute » offrirait les conditions pour que surgisse une société plus démocratique.

Sans nier ses potentialités, il se vérifie que cette orientation regarde vers le futur pendant que les grandes lignes des projets d'e-gov continuent centrées sur ce que les meilleurs TIC peuvent offrir: de nouvelles formes d'utiliser la technologie de l'information pour la gestion publique.

Certains changements récents examinent cette critique et prétendent dépasser les paradigmes strictement « de gestion » présents dans les projets d'e-gov. Denhardt (2010) présente la théorie du « Nouveau Service Public » comme succédané de la théorie « de gestion », dans laquelle la recherche pour l'efficacité et le fait de traiter le citoyen comme consommateur, affaiblissant la relation démocratique sont remplacés par l'accent mis sur l'intérêt public, la collaboration et la transparence. Cette nouvelle théorie de l'administration publique, qui n'est plus centrée sur l'auto-intérêt individuel, vise le renforcement de la démocratie et reconnaît le vide de valeurs et significations de l'administration « gestionnaire » centrée sur l'efficacité.

Dans ce sens, Denhardt (2011, p. 34) affirme :

> Les fonctionnaires publics ne répondent pas simplement à des demandes de consommateurs, mais se concentrent sur la construction de relations de confiance et sur la collaboration avec et entre les citoyens. Le Nouveau Service Public cherche à encourager toujours plus de gens à remplir leurs responsabilités de citoyens et à faire que le gouvernement soit spécialement sensible aux voix des citoyens. Le service public est vu comme une forme ou une extension de la citoyenneté. La citoyenneté n'est pas conçue comme un *statut* légal, mais comme une question de responsabilité et de moralité.

La vision de l'administration comme un système ouvert, interdépendant de facteurs, de pressions, d'organisations externes, devient un pas dans l'évolution des théories d'administration qui est orientée vers la démocratisation dans la prise de décision (Denhardt, 2011).

Dans la théorie humaniste de l'administration, l'accent a été mis sur les processus d'apprentissage dans l'administration, avec exercices critiques et auto-apprentissage. La réactivité est un autre facteur impliqué dans l'option pour l'élaboration de politiques publiques comprise par Denhardt (2011) comme « la capacité de promouvoir la correspondance entre les décisions des bureaucrates et les préférences de la communauté ».

Ce changement dans la théorie de l'administration publique correspond dans une certaine mesure aux changements technologiques. Actuellement le gouvernement brésilien présente des tentatives d'instaurer une nouvelle phase de gouvernance électronique, l'idée de *gouvernement ouvert*, qui donne un nouveau sens à la démocratie elle-même, en liant l'utilisation des nouvelles technologies à l'amplification de la capacité de participation citoyenne, se configurant comme un pas au-delà du gouvernement électronique, qui était fondé sur la recherche d'efficacité et sur la simple application de la technologie sans déplacement de valeurs et procédés.

Le gouvernement ouvert va au-delà du gouvernement électronique, comme le montrent Calderón et Lorenzo (2010, p.14) :

> [...] Por el contrario cuando hablamos de Open Government estamos hablando fundamentalmente de valores, hablamos de repensar administraciones y gobiernos, sus procedimientos y sus dogmas. Open Government es colocar el resultado por delante del procedimiento, es abandonar las tautologías administrativas, propiciar la democracia deliberativa en todos los puntos de las administraciones y abandonar el concepto administrado por el de ciudadano[4].

---

[4] « [...] Au contraire quand nous parlons d'Open Government nous parlons fondamentalement de valeurs, nous parlons de repenser les administrations et gouvernements, ses procédés et ses dogmes. L'Open Government c'est mettre le résultat avant le procédé, c'est abandonner les tautologies administratives,

La mise à disposition des données et informations active à nouveau le pouvoir de collaboration et la confiance, présupposé pour l'exercice de la citoyenneté, selon Medina (2010, p. 217), le gouvernement ouvert potentialise dans une perspective concrète réelle les principes de transparence, collaboration et participation. Le Gouvernement Ouvert engendrerait de nouveaux espaces publics d'interaction active.

Nonobstant le changement conceptuel visible du gouvernement électronique sous l'ère Lula, il n'y a pas eu d'avancées significatives, principalement en ce qui concerne « l'orientation vers le citoyen et l'inclusion digitale ». Le rapport d'un audit de la Cour des Comptes de l'Union [Tribunal de Contas da União (TCU)[5]] publié en 2006 a identifié divers problèmes dans le programme de gouvernement électronique du gouvernement Lula: l'absence d'une politique pour l'utilisation des nouvelles technologies, la méconnaissance du programme et le manque de divulgation des directives d'implantation du gouvernement électronique, l'inexistence de suivi et d'évaluation de la part de la coordination du programme, l'absence d'indicateurs (l'unique indicateur était le nombre de services offerts), le bas pourcentage de services transactionnels, l'affaiblissement du Comité Exécutif du Gouvernement Électronique (CEGE), entre autres manques.

L'audit a donné lieu à une décision du TCU qui recommanda la réforme du modèle institutionnel, l'implantation d'un système de suivi et d'indicateurs de performance. Le début du gouvernement Dilma promit des avancées quant à l'utilisation des nouvelles technologies, particulièrement en fonction de l'importance d'internet dans le processus électoral qui l'amena à la victoire[6]. Malgré cela, nous avons pu assister au début du

---

rendre possible la démocratie délibérative dans tous les points des administrations et abandonner le concept d'administré pour celui de citoyen ».

[5] Le Tribunal de Contas da União (TCU) réalise le contrôle financier, comptable et d'efficacité administrative de tous les organes qui utilisent des ressources issues de l'Union. Le TCU n'appartient pas à la structure du judiciaire. Il est lié au Pouvoir Législatif et l'assiste dans la tâche de contrôler les activités de l'administration publique.

[6] La campagne électorale de 2010 impliqua un énergique débat virtuel au moyen d'*e-mail*, *twitter*, *blogs* et réseaux sociaux. Les deux principaux

gouvernement à des mesures contradictoires sujettes à de nombreuses critiques, comme le fait d'avoir retiré la licence « *creative commons* » du site électronique du Ministère de la Culture et le recul dans la discussion publique en audiences interactives sur la nouvelle loi sur les droits d'auteurs.

La grande nouveauté du Gouvernement Dilma Roussef en relation au gouvernement électronique reste encore comme un programme pour le futur. À l'occasion de la 66ᵉ Assemblée Générale de l'ONU, la présidente du Brésil signa une déclaration avec le président Obama et les représentants de six autres pays autour des principes du *Open Government Partnership* (OGP). Le partenariat suit les principes d'un mouvement international qui prétend amplifier les instruments de transparence et d'implication des citoyens (Open..., 2011).

Le partenariat pour le Gouvernement Ouvert a mené à la signature du décret, publié le 16 septembre 2011, instituant le Comité Interministériel pour le Gouvernement Ouvert (Comitê Interministerial para o Governo Aberto CIGA), avec pour objectif de conduire l'implantation du Plan d'Action du Brésil dans le Partenariat pour le Gouvernement Ouvert.

L'organe sera consultatif et collégial et dirigera l'implantation du plan d'action du Brésil dans le Partenariat pour le Gouvernement Ouvert. Les directives de ce programme sont :

> I – l'augmentation de la disponibilité des informations au sujet des activités gouvernementales, y compris les données sur les dépenses et la performance des actions et programmes ;
>
> II – la promotion de la participation sociale dans les processus décisionnels ;
>
> III – la stimulation à l'utilisation des nouvelles technologies dans la gestion et la prestation des services publics, qui doivent promouvoir l'innovation,

---

candidats (Dilma Roussef et José Serra) et leurs militants utilisèrent avec intensité le pouvoir de diffusion des TIC pour propager des critiques ou se défendre de ces dernières. On a pu assister au Brésil, pour la première fois, à un rôle réellement significatif de ces ressources technologiques dans la dispute électorale.

renforcer la gouvernance publique et augmenter la transparence et la participation sociale.

IV – l'augmentation des processus de transparence et d'accès à l'information publique, et l'utilisation de technologies qui soutiennent ces processus (BRASIL, 2011).

Comme il s'agit de mesures fort récentes, on ne peut encore évaluer leur impact sur les politiques de e-gov sous l'administration Dilma Roussef. Les propositions suggérées par la déclaration de l'OGP impliquent de grands changements dans le décor à moyen et long terme. La grande innovation consiste dans la plus grande valorisation de la participation du citoyen et dans le conditionnement de tout un ensemble de propositions d'e-gov pour le renforcement de pratiques démocratiques. L'amplification de l'accès à l'information, les instruments de transparence gouvernementale, l'inclusion digitale, entre autres mesures, devront se soumettre aux directives comme la « promotion de la participation sociale dans les processus décisionnels ».

Observées dans leur ensemble, il se vérifie que les trois administrations analysées représentent des niveaux graduels d'expansion de l'utilisation des nouvelles technologies dans les pratiques gouvernementales. Malgré les relations existantes entre les matrices politiques et idéologiques des administrateurs et les caractéristiques des projets de gouvernement électronique, on constate un rapprochement entre les projets de chaque gouvernement et les transformations théoriques rencontrées dans les conceptions de l'e-gov sur le plan international. Il s'agit ainsi d'un processus conditionné par de multiples facteurs dans lequel le progrès technologique, l'impact des mouvements politiques diffusés au sein du cyberespace et au moyen des formes traditionnelles de représentation, l'accumulation d'expériences sur le gouvernement électronique et les orientations idéologiques des gouvernants conduisent à une plus grande et plus solide concrétisation des grandes promesses démocratiques déposées dans les TIC.

Néanmoins, l'enquête sur les réels effets des projets d'e-gov au Brésil exige une étude plus approfondie des expériences concrètes de l'utilisation des nouvelles technologies par l'État brésilien.

Il est utile de souligner certaines initiatives intéressantes comme l'utilisation d'internet par les administrations municipales, la création de portails virtuels où l'on trouve des informations sur les dépenses publiques (Portal da Transparência) et la virtualisation des processus judiciaires. Cette recherche prétend ici présenter certains résultats de l'étude de ces expériences afin d'évaluer certains aspects de l'impact des TIC sur la vie démocratique brésilienne.

III. Virtualisation du processus : le judiciaire et les nouvelles technologies

Parallèlement aux changements implantés dans l'Administration Publique Fédérale décrite ici comme gouvernement électronique et plus récemment comme le début du projet dudit Gouvernement Ouvert, existe au sein du Pouvoir Judiciaire brésilien l'une des initiatives les plus osées de l'utilisation des nouvelles technologies pour un changement des procédés d'État : la virtualisation. Il vaut la peine de rappeler que la virtualisation est souvent confondue avec l'implantation du processus électronique. Les utilisations du cyberespace couvrent des dimensions beaucoup plus larges que le seul processus judiciaire, comme dans le cas des ombudsmen judiciaires, qui rendent possible un système Judiciaire en réseau, des outils de gestion judiciaire, des outils de type *push* pour l'accompagnement des décisions des tribunaux etc. Autrement dit, les moyens offerts par la technologie de l'information participent à la recherche d'un système de Justice plus transparent, accessible et plus proche du citoyen.

Le grand pas en avant de ce projet a été opéré avec les initiatives du Conseil National de la Justice (CNJ). Ce conseil, créé dans la vague de la Réforme du Judiciaire initiée par l'Amendement Constitutionnel n.45 en 2004, s'est consolidé comme principal responsable pour la formulation de politiques pour le Système de Justice du Brésil.

Le CNJ est configuré comme épicentre des changements en cours au sein de ce Pouvoir, que ce soit par ses larges compétences en ce qui concerne le contrôle, l'administration, l'élaboration des politiques publiques, ou que ce soit par sa composition plus ouverte, qui abrite six membres n'appartenant pas au monde judiciaire pour un effectif total de quinze membres.

Le Conseil s'insère dans la Constitution Fédérale comme second organe du Judiciaire en importance pour la définition des orientations de la Justice au Brésil, en ayant seulement le Suprême Tribunal Fédéral[7] (STF) au-dessus de lui. Les actions du CNJ ont mené à d'importants changements dans les pratiques des Cours au Brésil, comme l'interdiction du népotisme, la régulation du système de promotion des juges, la création d'ombudsmen judiciaires, le renforcement des cours virtuelles, la stimulation de la conciliation, l'uniformisation de la collecte des données statistiques, le fait de favoriser une plus grande professionnalisation de l'administration judiciaire, une large implantation de processus électroniques entre autres mesures.

On constate dans ce processus une plus grande importance de l'utilisation des nouvelles technologies dans les processus de communication et prise de décision, dans la prestation de services, dans la collecte statistique, comme dans sa diffusion, autrement dit, actuellement la plus grande partie des interactions du Système de Justice migrent vers le cyberespace.

Dans cette perspective, la diffusion des espaces d'écoute comme politique pour tous les tribunaux traduit ce rapprochement du Judiciaire avec les demandes sociales. Les ombudsmen compétents pour recevoir les plaintes contre la magistrature sont devenus obligatoires pour tous les tribunaux suite à la Résolution n.103 du CNJ en date du 24 février 2010.

---

[7] Le Suprême Tribunal Fédéral est la plus haute cour du Brésil, qui est compétente pour juger en dernière instance toutes les questions qui impliquent des questions constitutionnelles, entre autres attributions. Il revient au STF d'évaluer la constitutionnalité des décisions du CNJ.

Actuellement, tous les tribunaux brésiliens possèdent des ombudsmen en activité pour recevoir les réclamations et demandes des citoyens utilisateurs du Judiciaire. En même temps, 83 % d'entre eux permettent de poser des plaintes au moyen de formulaires *on-line*.

Le relevé des Résolutions du CNJ qui abordent la virtualisation, a identifié 35 normes qui se penchent directement ou indirectement sur l'utilisation des nouvelles technologies, représentant un pourcentage de presque 30% des résolutions publiées. Le pourcentage révèle la grande importance des TIC pour les politiques projetées par le Conseil pour le Système de Justice.

Le projet associé à la virtualisation qui est le mieux mis en valeur consiste dans l'universalisation du traitement électronique des actions. L'initiative prétend faire passer toutes les demandes présentées par les citoyens au Pouvoir Judiciaire par des systèmes informatisés qui permettent de se passer en règle générale de l'utilisation du papier, permettant également l'accompagnement des procédures au moyen d'internet, soutenant l'activité des « jugeants » et offrant une large gamme d'instruments pour l'évaluation du fonctionnement des tribunaux.

Les procédés pour la virtualisation gagnèrent en force en 2006 avec l'avènement de la Loi Fédérale n° 11.419, qui régit la réalisation des actes de procédure par voie électronique, toutefois, avant cela on observait déjà l'expansion de l'utilisation de l'informatique dans le Judiciaire, en plus de certaines initiatives tournées vers la virtualisation.

Le nombre et la rapide extension du processus électronique impressionnent. Malgré la diversité des logiciels utilisés et l'absence d'harmonie et d'homogénéité entre les 91 tribunaux qui composent le système judiciaire au Brésil, on observe l'avancée du processus électronique. Les rapports des CNJ relatifs à 2010 (Conseil National de Justice, 2011), révèlent que dans des segments comme les cours spéciales des États[8], près de

---

[8] Les tribunaux spéciaux d'État jugent les causes de moindre valeur ou plus simples et certains délits de moindre potentiel offensif. Dans la justice fédérale il existe des cours spéciales qui jugent les causes de moindre valeur

750 mille causes transitent par voie électronique, ce qui correspond à 22% du total national. Dans certains États, comme le Ceará, ce nombre correspond à 91% des processus des cours spéciales. Dans la justice fédérale, 87,9% des actions des cours spéciales opèrent avec des processus électroniques.

Le projet, pourtant, présente encore de grands défis. L'implantation du processus électronique, en grande mesure, transpose à peine dans le milieu digital les informations qui se trouvaient avant sur le papier. L'on n'utilise pas de manière consistante les outils d'intelligence offerts par le cyber-espace, comme la coopération et la collaboration entre juges dans des cas similaires ou dans des « *hard cases* ». Dans chaque processus électronique individuel, toutes les archives restent isolées, sans même l'utilisation de ressources simples comme l'hypertexte. Pour analyser les diverses pièces d'un procès, le magistrat doit ouvrir séparément chacun des documents, normalement archivé en format PDF.

La grande diversité de logiciels utilisés par les tribunaux ne permet pas une rationalisation adéquate des ressources, rend difficile l'application de politiques nationales, favorise peu l'intégration et le travail en collaboration, pose des obstacles au travail des avocats, entre autres conséquences. En même temps, l'effort pour rapidement universaliser le processus électronique dans un contexte de basse pénétration de l'accès à internet et de faible connaissance des nouvelles technologies par la population, particulièrement les plus pauvres, produit un avantage additionnel pour ceux qui disposent normalement déjà de plus de ressources comme les entreprises et les grands bureaux (Ary ; Feitosa, 2009).

IV. Étude des portails des capitales brésiliennes

Les effets des politiques de gouvernement électronique et ses reflets sur la population dépendent directement de leur

---

contre l'Union et certaines entités sous contrôle fédéral direct, comme la sécurité sociale publique fédérale ou des banques publiques dont la propriété relève exclusivement du gouvernement fédéral.

incorporation dans la dynamique des administrations municipales, responsables de la plus grande part des services publics reçus par le citoyen. Dans le but d'enquêter sur la pénétration de ces politiques dans la sphère municipale, nous avons réalisé une étude sur les portails des préfectures des capitales des États brésiliens[9].

Pour la collecte de données, les chercheurs entrèrent sur le site lors d'une visite faite durant les horaires commerciaux pendant les mois d'avril et de mai 2008. Après l'analyse de la consistance des données, furent considérées les données de 21 capitales[10]: Aracaju, Belém, Belo Horizonte, Boa Vista, Curitiba, Florianópolis, Fortaleza, Goiânia, João Pessoa, Macapá, Maceió, Manaus, Natal, Palmas, Porto Alegre, Recife, Rio de Janeiro, Salvador, São Luis, Teresina et Vitória.

A. Les Portails et l'accès à l'information

Pour évaluer l'utilisation des portails comme source d'information au citoyen furent proposées initialement des questions simples comme l'indication de l'e-mail, l'adresse, le téléphone et les horaires d'ouverture dans les immeubles de l'administration. De tels aspects représentent les questions les plus communes pour tout utilisateur du service public qui a besoin d'une certaine forme de prise en charge. En même temps par la nature de ces informations, n'importe quelle ville pourrait

---

[9] L'étude a impliqué l'analyse des portails de toutes les capitales brésiliennes au travers d'un questionnaire fermé de 35 questions. Dans l'élaboration de ces questions la référence utilisée a été le cadre de données élaborées par le « Groupe d'études en cybercités » de l'Université Fédérale de Bahia et le questionnaire utilisé par Tania Tonhati (2007) dans sa thèse de maîtrise au sujet du portail de la préfecture de São Paulo. Toutefois en raison des objectifs et des découpages différenciés, une autre structure de questionnement fut suivie. Les résultats complets de l'étude furent publiés dans l'article *Ciberdemocracia: Limites e fragilidades do governo eletrônico na construção da democracia* (Freire, Feitosa, 2007).

[10] Des capitales importantes comme São Paulo ne furent finalement pas intégrées à cette analyse vu les oscillations dans la consistance des données qui rendirent obligatoire l'élaboration d'une étude de cas séparée, ce qui sort des limites de ce travail.

facilement les présenter dans les pages initiales du portail ou avec un lien approprié.

De façon étonnante, nous avons pu vérifier l'absence de ces informations dans un nombre considérable de portails. La possibilité d'envoyer un *e-mail* ou un message au préfet, aux cabinets ou aux secrétariats ou à un quelconque *e-mail* institutionnel de la préfecture fut également évaluée. Dans sept capitales étudiées, il n'y a pas, dans le portail, d'informations sur l'envoi d'*e-mail* à la préfecture et dans douze il n'existe pas la possibilité d'envoi de message ou d'*e-mail* au préfet. Dans seulement cinq portails l'option d'envoi de messages ou d'*e-mail* aux secrétariats et organes n'est pas offerte. Les résultats révèlent que la ressource de plus grande diffusion et de plus grande simplicité amenée par internet pour la communication ne possède pas de traitement adéquat dans presque 1/3 des portails.

L'une des caractéristiques les plus importantes de l'internet et des TIC consiste dans le large accès à l'information plurielle et libre. L'espace virtuel offre aujourd'hui une profusion de sources de données et la capacité pour les individus de produire et d'échanger des informations à grande échelle. Malgré cela, dans le domaine politique, il y a encore un grand besoin d'informations produites par l'Etat ou résultant de l'évaluation des données mises à disposition par l'administration publique. Les nouvelles manières de connaître et d'utiliser l'information rendent possible l'affirmation d'autres modèles de relations entre le citoyen et l'État, favorisant en théorie l'autonomie.

Afin d'évaluer la diffusion de l'information au travers des portails et la possibilité d'utilisation de ce matériel par les citoyens, fut examinée la présentation des informations produites par la préfecture elle-même. Dans tous les portails, il y a de l'espace destiné à la divulgation d'informations produites par l'administration ou par des tiers. Invariablement, ces espaces servent comme espaces publicitaires pour des faits considérés importants pour la ville. Ce qui prévaut, c'est la promotion personnelle des administrateurs ou de la gestion, avec profusion de photos des autorités dans des événements. Il n'y a aucun registre de contenu proprement libre, sans marque de publicité institutionnelle.

Nous avons constaté une grande irrégularité dans l'actualisation des informations, une carence ou fragilité des mécanismes de recherche, des historiques oscillant entre un mois et huit ans. Dans tous les cas, nous avons perçu l'absence de politiques spécifiques pour la production d'informations, la divulgation et le stockage, laissant de tels aspects sujets à des oscillations en fonction du calendrier des solennités, inaugurations et événements.

L'accès au contenu des lois et décrets municipaux représente un autre aspect central pour comprendre la structure de fonctionnement de l'administration. Tout le processus de discussion et de décision politique découle dans sa phase finale de la consolidation de textes normatifs. La nomination à certains postes, la définition de priorités, la distribution de frais, l'établissement de politiques, tout cela implique la production de normes dans plusieurs sphères.

Tous les portails analysés présentent des liens vers la législation municipale, mais il y a une grande variation dans l'organisation des données. Ce qui prévaut, c'est un accès simplifié à un nombre limité de lois et décrets, normalement distribué par les divers secteurs de l'administration municipale selon le contenu des normes. Il n'existait pas d'outils de recherche efficaces et spécifiques ou politiques d'enregistrement des documents normatifs, pour faciliter une recherche future.

En ayant en vue l'importance du Plan Directeur[11], nous avons également enquêté sur l'existence d'un lien spécifique vers cette loi. Dans 13 des 21 portails considérés, il y avait un accès direct vers le Plan Directeur. La faible attention portée dans huit portails à une loi aussi importante que le Plan Directeur crée un obstacle supplémentaire à la connaissance de son contenu. Ses directives représentent l'instrument le plus important pour la participation citoyenne dans le contrôle des activités de la ville et dans la planification de son développement.

---

[11] Loi municipale qui régit l'occupation du sol, organisant le développement ou la croissance de la ville.

Le statut de la Ville[12] exigeait l'élaboration de Plans Directeurs et en 2007, la majorité des communes était en phase d'élaboration du Plan ou l'avait récemment élaboré. Pourtant, on observe dans la répétition de l'évaluation faite en 2010 que la plupart des communes n'ont pas implanté la gestion et la planification comme un processus permanent, contrairement à ce que prévoit le Statut, comme le montre la recherche de Bernardes (2011, p.178), dans laquelle il constate que « seulement trois capitales brésiliennes (Aracaju, Boa Vista et Campo Grande) présentent un lien vers le Plan sur leurs pages initiales. »

Ces recherches démontrent qu'en 2007, beaucoup de portails présentent des liens, parce qu'ils devaient remplir une obligation légale, cependant ces initiatives ne se maintiennent pas les années suivantes, puisque, comme nous l'avons vu il y a eu un retour en arrière.

B. Les portails, l'interaction et le Débat

La construction conceptuelle autour de la cyberdémocratie et du gouvernement électronique implique l'utilisation des TIC comme instrument de reconstruction de l'espace du débat, de la discussion et de la délibération dans la vie démocratique. Les nouvelles technologies permettent de tracer des scénarios et de prévoir des possibilités réellement innovatrices d'application dans la vie politique. Toutefois, l'application pratique de ces ressources ne se limite pas à des barrières de nature technologique. Même les outils les plus simples et diffusés comme les *chats, blogs, MSN,* entre autres, se révèlent pratiquement inexistants dans la dynamique des portails municipaux étudiés.

Les données révèlent l'utilisation assez limitée de ressources d'interactivité offertes par internet. Aucun des portails ne dispose d'outils de *chat* qui permettraient à l'utilisateur de discuter avec quelqu'un du secteur de l'administration.

---

[12] Loi fédérale n° 10.257, en date du 10 juillet 2001, qui établit les directives générales de la politique urbaine dans tout le territoire brésilien.

L'utilisation de ressources comme les *blogs* ou l'ouverture d'espaces pour l'exposition d'opinions pour les autres utilisateurs du portail ont été rencontrées dans à peine un cas. La réalisation d'enquêtes ou de consultations simplifiées sur des thèmes d'intérêts généraux a été identifiée dans neuf portails étudiés. La présentation de projets de lois ou de propositions politiques pour entendre préalablement la réaction de la population de façon libre sur le site a été rencontrée seulement dans une commune. D'autre part, nous avons pu vérifier l'existence de registres de projets de loi sans espace pour une manifestation d'opinion des utilisateurs dans 10 des 21 cas étudiés.

Quant à la réalisation de consultations populaires, nous avons cherché à localiser sur le portail des informations qui démontreraient l'existence de ce procédé au travers de sites, par des terminaux d'accueil ou des urnes électroniques. Nous avons localisé dans quatre communes la trace de consultations spécifiques qui impliquèrent certaines des ressources citées. Ceci ne signifie pas l'existence d'une routine de consultations, au contraire. Il a été clairement montré que les consultations ont découlé de nécessités conjoncturelles, spécifiquement liées à la polémique dans un domaine et au manque de consensus sur ce dernier, comme l'ouverture des commerces les dimanches. Dans aucune commune n'a été rencontré de registre de l'utilisation d'internet comme instrument de consultation avec des effets sur l'administration.

En pratique, cela signifie que les résultats des éventuelles consultations retourneront toujours vers des voies traditionnelles de décision politique, dans le champ d'action de l'Exécutif et du Législatif municipal.

L'instrument de participation *on-line* le plus fréquent consiste dans les pages virtuelles de l'ombudsman municipal et dans les outils pour réaliser des dénonciations. Dans 16 portails furent rencontrés des liens vers des pages de ligne du médiateur et dans 15, il y avait un espace spécifique pour dénoncer des actions illégales dans des matières sous contrôle de la préfecture. La présence de l'outil ne garantit pas la résolution ou le suivi des dénonciations et réclamations, mais elle facilite la recherche de solutions pour les problèmes que les citoyens affrontent ou localisent.

Dans une étude plus récente sur le thème, Bernardes (2011, p.182) a utilisé comme base la même structure de questionnaire et, sur l'aspect de l'interactivité, il a mesuré qu'à peine deux capitales brésiliennes (Belo Horizonte et Recife) promeuvent des consultations populaires à caractère délibératif axé sur l'infrastructure. L'expérience la plus solide se trouve dans le « Budget Participatif Digital » de Belo Horizonte, avec des votes *online* sur le choix des travaux d'infrastructure municipale.

Le dernier aspect à être analysé pour vérifier l'adhésion des portails aux directives fédérales de gouvernement électronique consiste dans l'offre de services publics au travers des portails. Il y a un petit groupe de services offerts aux citoyens qui trouvent aujourd'hui un large espace sur les portails, toutefois la commodité et la simplicité de l'offre sont beaucoup plus liées aux nécessités immédiates de l'administration elle-même. Le premier cas de cette nature consiste dans les services de caractère fiscal. Le type de service rencontré avec la plus grande fréquence sur les sites des préfectures ne peut être considéré comme un instrument de protection des droits du citoyen.

Il s'agit d'un instrument de collecte fiscal, rapide et commode pour le contribuable, mais sans aucun impact sur les pratiques politiques.

Deux dimensions centrales de l'offre de services *on-line* semblent totalement oubliées sur les portails: l'éducation et la santé. Dans le second cas, sur aucun portail n'a été identifiée l'offre de quelque type de service que ce soit dans le domaine de la santé en temps réel. D'autre part, dans le domaine de l'éducation, l'unique service offert consiste dans l'option d'inscription dans l'enseignement public par internet, identifiée sur trois portails.

Les portails offrent, en outre, certaines formes de réclamations liées aux services publics municipaux. Au travers des portails, est aussi offerte la possibilité de notifier des problèmes d'éclairage public, de chaussée, de collecte des ordures, entre autres. Néanmoins, de telles options sont apparues dans un nombre limité de communes. Il reste à souligner également que ces mécanismes agissent sur des aspects restreints de la vie du citoyen et on ne peut affirmer que cela représente un impact sur les processus politiques.

V. Comptes publics et portails de la transparence

Les réflexions théoriques et les projets sur le gouvernement électronique insistent de façon unanime sur l'accès à l'information publique comme la directive qui incorpore le mieux les bénéfices des TIC. Dans ce domaine surgit la possibilité d'offrir des instruments de transparence gouvernementale de manière large et efficace. Dès les premiers projets d'e-gov fédéral, prévalent les conceptions tournées vers une plus grande offre d'information.

L'utilisation des nouvelles technologies surgit, de cette manière, comme instrument idéal pour rendre viables les normes constitutionnelles qui obligent à la publicité des actes de l'administration et à la recherche de l'efficacité. En même temps, la Loi Complémentaire n. 101, en date du 4 mai 2000, apparue dans le même contexte que le premier programme de gouvernement électronique fédéral prévoit, dans son article 48, [...] une large divulgation, y compris dans les guichets électroniques d'accès public : des plans, budgets et lois de directives budgétaires, des prestations de comptes [...].

L'obligation légale et constitutionnelle rencontrait une mise en application fragile par les administrations brésiliennes à tous les niveaux. En règle générale, elles optaient pour la présentation d'informations budgétaires sans aucune préoccupation de les rendre compréhensibles pour le citoyen ou sans faciliter l'accompagnement de la gestion des ressources publiques. L'étude des portails des capitales brésiliennes a permis d'identifier que la présentation d'informations dans ce domaine servait à peine comme stratégie pour remplir de manière purement formelle des déterminations légales.

Toutefois, on a pu vérifier des initiatives ponctuelles qui élargissent cet accès, spécialement au travers desdits « portails de la transparence », graduellement améliorés au cours des années.

Le changement de situation est arrivé rapidement à partir de l'introduction d'un changement dans la Loi Complémentaire 101/2000, apparu en 2009. La nouvelle rédaction donnée à l'article 48, paragraphe unique, a exigé que les administrations passent à :

> I – l'encouragement à la participation populaire et à la réalisation d'audiences publiques, pendant les processus d'élaboration et de discussion des plans, lois possédant des directives budgétaires et financières ;
>
> II – la diffusion pour la pleine connaissance et accompagnement de la société en temps réel, d'informations détaillées sur l'exécution budgétaire et financière, par voie électronique d'accès public ;
>
> III – l'adoption de systèmes intégrés d'administration financière et de contrôle qui répondent à un standard minimum de qualité établie par le Pouvoir Exécutif de l'Union à disposition dans les arts. 48-A.

Le changement exige la participation populaire à la discussion de l'élaboration du budget dans toutes les sphères de l'administration, la libération en temps réel des informations détaillées sur les dépenses publiques et l'adoption de standards minimums pour le système de divulgation des données. Il appartient au Gouvernement Fédéral d'établir un ensemble d'exigences et de caractéristiques obligatoires pour les instruments de publicité des informations sur les dépenses des États[13]. De cette manière, s'est fixée nationalement une grande matrice pour le développement et l'augmentation des outils technologiques destinés à assurer la transparence.

L'élan offert par la nouvelle obligation légale a amené une grande transformation dans le modèle des portails et a imposé

---

[13] Cette harmonisation est apparue au moyen du Décret n°7.185, en date du 27 mai 2010.

des niveaux élevés de transparence, accessibilité et simplification. La situation a anticipé les propositions diffusées seulement en 2011 par la déclaration du « *Open Government Partnership* ». Dans des États comme le Ceará, il est devenu possible d'obtenir des informations détaillées sur chaque *réal* dépensé par toutes les communes, savoir qui a reçu les montants et quels types de service ont été réalisés. On peut connaître les noms de tous les fonctionnaires publics, de toutes les entités fédérées. Cela permet d'analyser, par exemple les montants payés pour certains produits et d'enquêter si ces derniers sortent de la moyenne des prix rencontrés par les consommateurs en général.

L'existence des portails de transparence s'est universalisée dans tout le pays, autrement dit, est devenue obligatoire pour toutes les entités d'États du Brésil, à tous les niveaux de l'administration (communes, États fédérés et Union). Il est présenté au citoyen, de cette manière, un volume gigantesque d'informations mais qui peut être trouvé de façon plus facile et rend viable l'exercice d'un contrôle social plus intense sur les pratiques gouvernementales.

*
* *

Le débat autour du thème de la cyberdémocratie et des reflets des TIC sur la vie politique suit deux grandes lignes: la première présente la cyberdémocratie comme une réalité à atteindre et porte un regard optimiste sur les effets de la technologie sur l'émancipation du citoyen; la seconde exprime une profonde méfiance quant aux effets des TIC sur les processus démocratiques.

Sur la base de l'analyse de l'historique du gouvernement électronique au Brésil, on peut vérifier une tendance, celle de l'utilisation de ce programme comme instrument de réforme de l'État, visant primordialement l'efficacité dans la prestation de services, l'économie de ressources, la coordination des différents acteurs gouvernementaux, l'amélioration des marchés publics et la circulation des informations gouvernementales. Seulement sur un second plan et dans des périodes plus récentes se sont instaurées la transparence, la prestation de comptes, la diffusion d'informations comme valeurs réelles pour la construction d'un agenda public, l'ouverture d'espaces d'élaboration de décisions, enfin, une potentielle cyberdémocratie.

Les recherches sur les réalisations des projets d'e-gov dans les portails des capitales, révèlent que ceux-ci sont structurés pour recevoir le citoyen de façon atomisée dans sa recherche d'informations, de documents, de formulaires de payement d'impôts et non pas pour traiter les demandes collectives, ni pour établir des forums de discussion publique, d'audiences publiques virtuelles, d'entrevues ou de contacts avec les administrateurs.

L'utilisation des ressources de l'internet se limite à des instruments basiques de navigation et d'accès à l'information, avec peu ou pas de possibilités d'interaction. L'information exposée sur les portails suit, dans une large mesure, la logique de la publicité institutionnelle ou répond plus directement aux intérêts de l'administration.

En analysant les sites électroniques des communes, on vérifie qu'il y a des avancées très timides dans la construction de nouvelles pratiques participatives ou délibératives. Il n'existe pas une interaction ou un flux de l'individu et des groupes vers le gouvernement. À part l'exception des expériences associées au modèle du budget participatif, nous n'avons rencontré aucune forme de participation significative dans la gestion publique au moyen des portails, ni d'indice significatif de propositions pour l'amplification dans la forme de consultation populaire *on-line*.

Dans le passage de la gestion de Fernando Henrique Cardoso à l'administration de Luiz Inacio Lula da Silva, on a pu vérifier une transformation du discours, les documents sur le gouvernement électronique sont explicitement critiqués, comme le fait de traiter de « clients » le public, et l'idée de restaurer la citoyenneté et la défense collective des droits est renforcée comme objet du gouvernement électronique. Malgré cela, le noyau dur des stratégies et propositions de gouvernement électronique préserve de forts liens avec les conceptions de gestion et de rationalisation administrative. La perspective de démocratisation se centre essentiellement sur l'extension de l'accès à l'information. Les projets, néanmoins, présentent un faible effet introducteur de transformation dans l'ensemble de l'administration, en particulier dans les communes.

Les transformations positives et potentiellement plus significatives apparaissent à la fin du gouvernement Luiz Inacio Lula da Silva, avec des répercussions sur le début de l'administration Dilma Roussef. L'obligation légale de divulguer les finances publiques en temps réel par voie électronique et la création de patrons minimums pour le fonctionnement des systèmes d'accès aux données sur les dépenses des États ont placé les instruments de transparence à de nouveaux niveaux. On constate actuellement un grand progrès dans l'utilisation de la technologie dans ce domaine au travers desdits « portails de la transparence ». L'adhésion au projet de l'*Open Government Partnership* consolide cette tendance et lance pour le futur la perspective d'une valorisation des instruments de participation citoyenne.

Dans le domaine judiciaire, la virtualisation du système de justice, comprise comme un mouvement plus ample de l'utilisation des TIC dans tous les champs de l'activité judiciaire, avance à grande vitesse. Des initiatives comme la collecte de réclamations par voie électronique par les ombudsmen et le traitement électronique des actions en justice présentent de grands impacts dans la dynamique judiciaire. Dans tous les cas, on peut observer une avancée dans la transparence, vers une plus grande préoccupation pour l'effectivité et la durée des processus, dans la rationalisation du système de justice, dans l'amélioration de pratiques anachroniques. Les innovations, toutefois, souffrent encore de grands problèmes. Dans des projets grandioses, comme l'universalisation du processus électronique, les ressources les plus intéressantes amenées par les nouvelles technologies présentent une utilisation étroite, étant de ce fait soumises à de nombreuses critiques d'avocats, magistrats et utilisateurs.

Il n'y a donc plus de doute que comme instrument, l'internet abrite toutes les potentialités de construction et d'approfondissement de la démocratie. Mais les projets d'affirmation d'une nouvelle dynamique démocratique au travers des technologies de l'information et de la communication continuent à apparaître comme des promesses futures prisonnières d'un présent fait de vieilles pratiques politiques et institutionnelles.

Références

ARY, Bruna Malveira Ary; FEITOSA, Gustavo Raposo Pereira. *Virtualização do processo, acesso à justiça e miséria: limites do modelo de justiça informal*. In: Anais do XVIII Encontro Nacional do CONPEDI. Florianópolis : Fundação Boiteux, 2009.

BACKUS, Michiael. *E-Governance and Developing Countries*. Disponível em:<http://scholar.google.com.br/scholar?hl=ptBR&lr=&q=backus%2CEGovernance+and+Developing+Countries+&btnG=Pesquisar&lr>. Acesso em: 20 de abril de 2008.

BAQUERO, Marcelo. *Democracia, cultura e comportamento político*: uma análise da situação brasileira. In: FUCKS; PERISSINOTO (org). *Democracia* – Teoria e prática. Rio de Janeiro: Fundação Araucária, Relume Dumará, 2002. pp. 105-138.

BERNARDES, Marciele Berger. *Democracia na Sociedade Informacional:* Políticas necessárias ao desenvolvimento da democracia digital nos municípios brasileiros. Florianópolis, 2011. 262 f. Dissertação (Mestrado em Direito), Curso de Pós Graduação em Direito da Universidade Federal de Santa Catarina.

BOBBIO, Norberto. *O futuro da democracia*. Rio de Janeiro: Paz e Terra, 1984.

BRASIL. Presidência da República. *Decreto de 18 de outubro de 2000*. Disponível em:

<http://www.planalto.gov.br/ccivil_03/DNN/Dnn9067.htm>. Acesso em: 10 de abril de 2008.

Princípios e Diretrizes do Governo Eletrônico. Disponível em: <http://www.governoeletronico.gov.br/o-gov.br/principios>. Acesso em: 10 de abril de 2008

Proposta de Política de Governo Eletrônico. Grupo de Trabalho Novas Formas Eletrônicas de Interação. Brasília, 2000. Disponível em: <http://www.governoeletronico.gov.br/o-gov.br/historico>. Acesso em: 10 de abril de 2008

. Conselho de Governo, Comitê Executivo do Governo Eletrônico, Casa Civil da Presidência da República Ministério do Planejamento, Orçamento e Gestão Secretaria Executiva. *2 Anos de Governo Eletrônico-Balanço de Realizações e Desafios Futuros.* Brasília, 2002. Disponível em: <http://www.governoeletronico.gov.br/o-gov.br/historico>. Acesso em: 10 de abril de 2008.

Lei Complementar nº 101, de 04 de maio de 2000. Disponível em: <http://www.planalto.gov.br/ccivil_03/leis/LCP/Lcp101.htm.> Acesso em: 15 de outubro de 2011.

Decreto nº 7.185, de 27 de maio de 2010. Disponível em: < http://www.planalto.gov.br/ccivil_03/_Ato2007-2010/2010/Decreto/D7185.htm>. Acesso em 15 de outubro de 2011.

CALDERÓN, Cesar; LORENZO, Sebastián (org.). *Open Government:* Gobierno Abierto. Algón Editores MMX: Jaén, Espanha: 2010.

CASTELLS, Manuel. *A Galáxia da Internet* – reflexões sobre a Internet, os negócios e a sociedade. Rio de Janeiro: Jorge Zahar, 2003.

CONSELHO NACIONAL DE JUSTIÇA. *Relatório Anual.* Ano 2010. Disponível em:
<http://www.cnj.jus.br/images/relatorios-anuais/cnj/relatorio_anual_cnj_2010.pdf.>. Acesso em 30 ago. 2011

Relatório Justiça em Números. Ano 2010. Disponível em: <http://www.cnj.jus.br/programas-de-a-a-z/eficiencia-modernizacao-e-transparencia/pj-justica-em-numeros>. Acesso em 05 de maio de 2011.

DENHARDT, Robert. *Teorias da Administração Pública*. Ed. Cengage. Disponível em: <http://www.cengage.com.br/detalheLivro.do;jsessionid=0C19 92171A4F53F327A277E58A010617?id=107588>. Acesso em: 20 jul. 2011.

ESTEVES, João. *Espaço Público e Democracia*. Lisboa: Cadernos Universitários; Edições Colibri, 2003.

FREIRE, Geovana Maria Cartaxo de Arruda; FEITOSA, Gustavo Raposo Pereira. Cyberdemocracia: limites e fragilidades do governo eletrônico na construção da democracia. *VI Encontro da Associação Brasileira de Ciência Política*, UNICAMP, 2007. Disponível em: <http://egov.ufsc.br/portal/conteudo/publica%C3%A7%C3%A3o-cyberdemocracia-limites-e-fragilidades-do-governo-eletr%C3%B4nico-na-constru%C3%A7%C3%A3o-da-de>. Aceso em: 20 de julho de 2011.

FERGUSON, Martin. *Estratégias de governo eletrônico*. In: EISENBERG, José; CEPIK, Marco (org). *Internet e Política*. Belo Horizonte: Editora da UFMG, 2002.

FANG, Zhiyuan. E-Government in Digital Era: Concept, Practice, and Development. *International Journal of The Computer, The Internet and Management*, V 10, N.2, 2002, pp 1-22

FISHKIN, James S. *Possibilidades Democráticas virtuais*. In: EISENBERG, José; CEPIK, Marco (org). Internet e Política. Belo Horizonte: Editora da UFMG, 2002.

GIBSON, William. *Neuromancer*. Disponível em: <http://www.williamgibsonbooks.com/books/neuromancer.asp>. Acesso: em 12 de abril de 2008.

GIDDENS, Anthony. *Para além da esquerda e direita*. São Paulo: Editora da Unesp, 1997.

GOMES, Wilson. A democracia digital e o problema da participação civil na decisão política. *Revista Fronteiras – estudos midiáticos*,V II, n.3, pp. 214-222, Porto Alegre, set/dez, 2005
Internet e participação política em sociedades democráticas, *Encontro Latino de Economia Política da Informação, Comunicação e Cultura*, 2005. Disponível em: <http://www.gepicc.ufba.br/enlepicc/>. Acesso em: 8 de dezembro de 2007.

HOBSBAWN, Eric. *A crise atual das ideologias*: o mundo depois da queda. Rio de Janeiro:Editora Paz e Terra, 1995.

LEMOS, André. Cibercidade: Um modelo de Inteligência Coletiva. INTERCOM – Sociedade Brasileira de Estudos Interdisciplinares da Comunicação. *XXVI Congresso Brasileiro de Ciências da Comunicação* – BH/MG – 2 a 6 Set. 2003. Disponível em:<http://www.intercom.org.br/papers/nacionais/2003/www/pdf/2003_NP08_lemos.pdf>. Acesso em: 10 de abril de 2008

LEVY, Pierre. *Cibercultura*. São Paulo: Editora 34, 1999

MARQUES, Jamil. *Da conversação pública em terrenos digitais: Horizontes e provocações sobre a validade de uma esfera pública virtual*. In: LEMOS e CUNHA (org.). *Olhares sobre a Cibercultura*. Porto Alegre: Editora Sulina, 2003.

MEDINA, Juan Manuel Abal. *Gobierno Abierto para fortalecer la democracia.* In: Open Government: Gobierno Abierto. Jaén, Espanha: Algón Editores MMX, 2010.

NEGROPONTE, Nicholas. *A vida digital*. São Paulo: Companhia das Letras, 1995.

OPEN GOVERNMENT PARTNERSHIP. *Open Government Declaration*. 20 de Setembro de 2011. Disponível em: <http://www.opengovpartnership.org/open-government-declaration> . Acesso em: 15 de outubro de 2011.

RESENDE, F. A nova gestão publica, performance e reinvenção das instituições: um desafio para a Reforma do Estado. *Revista Reforma Gerencial – Secretaria do Estado da Administração e Patrimônio*, Brasília, v.4, p 27-28, nov. 1998.

RUEDIGER, Marco. Governança democrática na era da informação. *Revista de Administração Pública*. São Paulo, v.37, n. 6, pp. 1257-1280. Disponível em: <http://www.ebape.fgv.br/academico/asp/dsp_professor.asp?cd_pro=894>. Acesso em: 10 de abril de 2008.

SANTOS, Boaventura; AVRITZER, Leonardo. *Introdução: para ampliar o cânone democrático*. In: SANTOS, Boaventura (org). *Democratizar a democracia*: os caminhos da democracia participativa. Rio de Janeiro: Civilização Brasileira, 2003.

SANTOS, Hermílio. Cibercidades e o exercício da cidadania interativa, In: LEMOS, A. (org). *Cibercidade* – As cidades na cibercultura. Rio de Janeiro: e-papers, 2004.

TAKAHASHI, Tadao (org). *Sociedade da Informação no Brasil*: Livro Verde. Brasília: MCT, 2000. Disponível em: <http://www.mct.gov.br/index.php/content/view/18878.html>. Acesso em: 10 de julho de 2008.

TONHATI, Tania. *Política e Internet*: o governo eletrônico da Prefeitura de São Paulo (2001 – 2006). 2007, 182p. . Dissertação (Mestrado) – Centro de Educação e Ciências Humanas, Universidade Federal de São Carlos, São Carlos, 2007.

YILDIZ, Mete. E-government research: Reviewing the literature, limitations, and ways forward Government. *Information Quarterly*, n. 24, 2007, pp. 646–665.

Fédéralisme brésilien et pouvoir local (Référendum et participation active dans les processus décisionnels municipaux)

Par Martonio Mont'Alverne Barreto Lima,
docteur en Droit de la Johann Wolfgang Goethe
Universität zu Frankfurt am Main,
professeur Titulaire de l'Université de Fortaleza
en droit constitutionnel,
Procureur Général de Fortaleza.

Résumé

Les mécanismes de démocratie directe au Brésil (référendum, plébiscite et initiative populaire) ont été consacrés à tous les niveaux de la Fédération brésilienne : Villes, États, District fédéral.

Ainsi, la Ville de Fortaleza a adopté la Loi municipale n° 8.025 du 25 juin 1997 qui a réglementé la procédure de participation directe des citoyens aux décisions du pouvoir local. L'année suivante, a été promulguée la Loi fédérale n° 9.709 du 18 novembre 1998, qui a réglementé les mécanismes de démocratie directe prévus par l'article 14 de la Constitution fédérale du Brésil. La Ville de Fortaleza ayant ainsi adopté ses propres règles sans attendre la Loi fédérale, le risque existe d'éventuelles divergences entre ces deux textes.

Le présent travail se donne précisément pour objet d'enquêter sur ce problème de compatibilité, en analysant notamment les appréciations de constitutionnalité que le Tribunal suprême fédéral a portées sur les deux lois. Et au-delà, il se propose de réfléchir sur le rôle du pouvoir local dans la fortification de la démocratie directe, dans un pays récemment rallié à la démocratie comme le Brésil.

Extent and Meaning of Constitutional Autonomy of Municipality : Culture over Local Power

The reflection about municipalities, local power, its extent and meaning represents nothing more than an attempt to examine carefully this unique phenomenon of constitutionalism in Brazil, which innovated before a worldwide perspective, when incorporated municipality to its federative pact in a condition identical to the other entities of this federation, which traditionally and in almost all foreign experiences, already made part of any federative model.

The intention of this work consists, precisely from the current state of affairs, in trying to understand the possible explanations to the current situation, after twenty years of the enactment of the Federal Constitution of 1988. As a diagnosis of the current situation, there is the verification that municipality autonomy is seen as unfavorable to the federative pact, possibly dissociating State authority, and even official intellectual voices literally exclude municipality from the Brazilian Federation! It is what this attempt will try to face, through concrete and objective reasons, the perspective of authorizing a new culture of constitutional and political understanding about the role of Municipality in the Constitution of 1988. Thus, this entity might be analyzed from the strengthening of both the federal state and the constitutional dirigisme, eliciting from the Constitution its political power, necessary to be put into effect. As it is observed, it is neither a normative approach nor related to semantic challenges which are currently explained by language theories applied to the constitutional universe. I leave this task to the ones in Brazil who have done it so far, since they have greater authority for such discussions.

I will fall back on the perspective of the "Principle of Hope"[1], with the idea of "no resignation, but succeeding rather than failure",[2] not for the idealistic incentive for the constitutional realization of broken promises, instead, the straightforward warning that this wait shouldn't be neither passive nor "imprisoned into nothingness".[3]

I. The national reflection over local power and municipality in the brazilian constitutionalism

The existence of a political-municipalist thinking in Brazil, attached to the strong tradition of local power in the political experience, contributed to the decisive presence of Municipality in the Republic's Constitution. The municipalist reflection is verified since the first half of the twentieth century, where the work of the former Minister of the Federal Supreme Court, Victor Nunes Leal, called "Coronelismo, Enxada e Voto – O Município e o Regime Representativo no Brasil", published for the first time in 1949, is a great example. When the phenomenon of "coronelismo" is framed as an "essentially ruling party"[4] system, the author also diagnoses the symbiosis between government and the private sector that hamper national development. Similarly, a paradigmatic study about power in Brazil – highlighting local power – is Raymundo Faoro's "Os Donos do Poder", published in 1958. His work emphasizes the patrimonialistic nature of the creation relations of the Brazilian Federal State, that is, with personal determinants in the practice of state authority, local level government included. Finally, a third intellectual reflection about local power is given by Maria Isaura Pereira de Queiroz, "O Mandonismo Local na Vida Política Brasileira", published in 1969. Following the steps of

---

[1] All translations are mine, except where indicated.
[2] Bloch, Ernst: O Princípio Esperança, v.1, p. 13.
[3] Id. ib.
[4] LEAL, Victor Nunes. Coronelismo, Enxada e Voto, p. 254.

her predecessors, this author concludes that the "misunderstandings in public and private sectors" turn out to be proof that "the municipal fights show much more interest and doggedness than the state and federal ones".[5] In an entirely divergent tone of the previously mentioned reflections, Francisco José de Oliveira Vianna's work, "Instituições Políticas Brasileiras", published for the first time in 1949, also shares the same opinion about local power in Brazil. There's no doubt that the first group of intellectuals is critic about the reality of the Brazilian political and constitutional universe, contributing – even nowadays – to the adoption of new constitutional paths in the challenge of local government. These reflections did not leave behind the distortions that came from the patrimonialistic practice of the local government, and by no means sentenced the experience of local power's autonomy to inexistence or to absolute inefficiency. Not tending to idealism, it can be assured that these Brazilian thinkers – Victor Nunes Leal, Raymundo Faoro, Maria Isaura Pereira de Queiroz – set grounds to the believe that it is possible the establishment of local autonomy, realizing that it will be a task for the Brazilian institutionality to mitigate such challenges. It is not what Oliveira Vianna says in his fierce criticism to any idea of municipal self-government; which even after twenty years of the Federal Constitution' effectiveness, is supported by a significant part of the Brazilian political and intellectual sections. Oliveira Vianna's widespread skepticism over local power, while there's the recognition of the clannish nature of our local politics, just like the other mentioned authors, led him to the understanding that "there's no reason to be ashamed of our clans, of playing politics and its complex politicians: we are like this because we cannot be different; and just being this way is that we will be the way we are".[6] While the first group of critic authors means an overcome of political reality, Oliveira Vianna sticks to realism, no willingness of change, absolutely no hope, based on the belief that the Brazilian society didn't

---

[5] QUEIROZ, Maria Isaura Pereira de. O Mandonismo Local na Vida Brasileira, p.127.
[6] VIANNA, Francisco José de Oliveira. Instituições Políticas Brasileiras, p. 129.

definitely have a vocation for political maturity or institutional development, especially if it dealt with political and institutional ideas in favor of municipality.

At last, another contribution to the municipalist discussion, now in an economic and geographic version, came with the publication of Aroldo Azevedo's works in 1956 ("Vilas e Cidades do Brasil Colonial: Ensaio de Geografia Urbana Retrospectiva"); Nestor Goulart Reis Filho's (1968: "Evolução Urbana do Brasil"), and Fany Davidovitch's (in 1978, with "Escalas de Urbanização: Uma Perspectiva Geográfica do Sistema Urbano Brasileiro"). In this area, the work with most impact is probably Milton Santos' beginning in 1969. The latest re-edition , in 2008, of his work "A Urbanização Brasileira", establishes a new paradigm, as it appeared for the first time in 1993, when the phenomenon of Brazilian urbanism was irreversibly consolidated, and held by the new Federal Constitution at that time. The fact that more than eighty percent of the Brazilian population lives in the cities, discards the rural origin of constitutional, economic and political formation of the country, giving special credit to Milton Santos' work. Eros Roberto Grau's work, "Direito Urbano", published in 1983, shows local power aspects that cannot be forgotten, such as the political, economic and geographic ones. In this innovative analysis, jurists' ideas about the always insolvable problems of the great urban conglomerates and the metropolitan areas with their economic centrality in national life are taken into account. Not without a reason, the new constitutional requirements acquire new strength for their effectiveness based on concrete experiences and not on theoretical speculations, reinforcing the importance of all these reflections.

The starting point for the constitutional outlining of Municipality, done by the National Constitution Convention of 1987/88, consists in the objectivity of this historic and political accumulation. Being part of the modern constitutionalism, the Federal Constitution of 1988 imposed municipality as a Federal entity, beyond any doubt, in the statement located in the head provision of its first Article. The Constitution also established the constitutional guidelines that embody how municipality is part of the Federation, in the Articles 29, 29-A, 30 and 31. As there is no ideal type of federation[7], each of the real experiences of political-state organizations can decide for its federalism, where it is important the existence of distinct powerhouses, in hierarchical order, but with different areas of activity, that is, with different competences. Thus, the federation turns out to be a way of state organization that permits conflicts, inasmuch as autonomous centers of political and administrative decisions coexist. What guarantees each federation unit is, however, the normative constitutional outlook of how these conflicts will be solved without the continuity of commitment and coexistence of the whole nation.

Municipality, as a Brazilian federal entity, has its competences outlined, in the ranges of the political-administrative area and in the stages of the Judicial Branch, due to the legislative and executive conflicts over their area of activity, which the ruling constitution has imposed for the distinct units of the Brazilian Federation. Even though the understanding of the principle of subsidiarity pontificates the idea that "priority should be given to the smaller social unit, rather than the larger one"[8], as a strengthening element of the federative pact, the issue of municipal competence, such as in the case of supplementation of the state and federal legislation if applicable (Article 30, II of the Federal Constitution), remains undefined. This vague stance has not rarely represented the moment which causes the consolidation of the Brazilian Federative Pact, since court disputes bring all federal entities to inaction or overlap of actions, ending in real political and administrative drama.

Even with these digressions and the explicit imposition of Article 1° of the Federal Constitution, there are voices which state that Municipality is not a Federation entity. It's what José Nilo de Castro thinks. For this author, Municipality is not represented in the Senate, does not have an Accounting Court –

---

[7] BERCOVICI, Gilberto. Desigualdades Regionais, Estado e Constituição, p.145.
[8] BARACHO, José Alfredo de Oliveira, O Princípio da Subsidiariedade, p.49.

"except São Paulo and Rio"[9], cannot propose amendments to the Constitution, its rules are not subject to the direct concentrated control before the Federal Supreme Court, and it does not have Judiciary. These absences make impossible for municipality to have its condition of entity in the Federation, and according to the same thought, a federative pact with municipality does not exist. Nevertheless, the distinctions between States and Municipalities were determined by the same Federal Constitution. The will of the Constituent Assembly decided to include Municipality in a federative level identical to the Union, States and the Federal District, keeping the municipal peculiarity, however. It is an authorized exception by the same normative hierarchic level, the same Constitution. As there's no universally approved concept of federalism, each society can organize its federalism according to its own wishes and cultural, economic, historical/geographical, social and political characteristics. José Nilo de Castro's line of thought seems pointless, since his point of view has been agreed by few.[10] In relation to the concentrated control of constitutionality of municipal rules in abstract before the Federal Supreme Court, interesting and new parameters have appeared in the Brazilian Constitutional legal scene, specifically after Law 9.822, of December 3rd, 1999, that regulates the claim of non-compliance with a fundamental precept, provided for by Article 102, paragraph 1° of the Republic's Constitution.[11] In this respect, Gilmar Ferreira Mendes highlights that "insecurity remained, due to the lack of a prompt mechanism to control the constitutionality of municipal law before the Federal Constitution. It should also be observed that because of the different structure of the Brazilian Federation, some communal entities have similar importance, at least in the economic and social level, compared to many federal entities, turning the lack of an efficient normative control into a serious matter".[12]

---

[9] CASTRO, José Nilo. Direito Municipal Positivo, p.53.
[10] As in TAVARES, Nelson Nery. Curso de Direito Municipal Brasileiro, p.97
[11] As in TAVARES, André Ramos. Tratado da Argüição de Preceito Fundamental, p.150.
[12] MENDES, Gilmar Ferreira. Argüição de Descumprimento de Preceito Fundamental, p.70.

Therefore, by virtue of the economic and political importance of some Brazilian municipalities, the Federal Supreme Court's attention has been drawn to – as it has been in episodes involving States – when the matter is the direct control of constitutionality of municipal laws, empowered by the legislative provision of item I, in the first Article of Law 9.822/99, which also established the pertinence of the claim of non-compliance with a fundamental precept when related to the controversy in law or state or municipal normative federal act.[13]

It can be concluded that the Brazilian constitutionalism presents difficulties to fully view the incorporation of municipality as a Federal entity.

II. The constitution of 1988 and the dialogue with the institutional reality about municipality

If analyzed through the point of view of normative rationality, which is part of any constitutional text, Municipality is found in the Constitution in a somewhat articulated manner, where on one hand, the interaction between Articles 23 and 24 needs to be pointed out, and Article 31 on the other hand, also. A description of the competences of the Brazilian Federative Pact is given here, intending to show the issue – not yet settled – about the political-constitutional meaning of legislative competence for local interest concerns. It's exactly where the meaning extent of the concept of Municipality's autonomy as an entity of Federation could be brought into focus. But this has not been done, neither by doctrine nor by court precedents.

There is an apprehension about assigning responsibilities to local power that were never given before, "taking higher values into consideration", such as the traditional experience: local rulers would not know the extent of union, an intrinsic idea of federation, what would lead the national federative experience to an institutional chaos, apart from economic and political

---

[13] Related to the unconstitutionality of this legal provision, ROCHA, Fernando L. Ximenes. Controle de Constitucionalidade de Leis Municipais, p.112.

considerations from public and private players, who must plan a nationwide performance.

As previously mentioned, the two situations are apart from each other: 1) the constitutional outlining; and 2) of how the *status quo* of concrete is shown. The understanding that as in the issue of competences, Municipality can supplement federal and state legislation as appropriate, besides corresponding to the strengthening of the Constitution, also benefits political and economic development, once the local power economic development in its own account is possible, as it is said in Giovani Clark's work, about "Municipality in view of Economic Law".[14]

III. Municipal autonomy and the ruling political constitutionalism. strengthening of state and local power

The strengthening of local government competences does not mean the weakening of State, but the opposite. If Hegel, in his "The German Constitution" claimed in a peremptory manner on the first words of his work, that "Germany is not a state",[15] the philosopher based his assertion in the existence of diverging and disjunctive political elements in the not yet unified Germany – the work is from 1803 – that obstruct State action to accomplish its "stateliness" (Staatlichkeit)[16] that is, its exercise of state authority. The dissemination of this Hegelian idea was decisive in Germany, confirmed by the influence of Hegelian philosophy in the German national thinking on State power, according to the graceful work of Herman Heller on the subject: "Hegel and the national thinking of State power in Germany", published for the first time in 1921.[17] Thus, conservative historians and jurists, such as Constantin Röβler,

---

[14] As in CLARK, Giovani. O Município em face do Direito Econômico, p. 131.
[15] HEGEL, G. W. Friedrich. Die Verfassung Deutschlands, p.461. In the original: "Deutschland ist kein Staat mehr".
[16] Id.Ib.
[17] As in HELLER, Hermann. Hegel und der nationale Machtstaatsgedanke in Deutschland. Allen: Stuttgart, 1963.

Gustav Droysen, Johannes Plenge and Max Duncker better portray the Hegelian influence about State being power, to guarantee the stateliness of its own existence during the Bismarck era. Hegel was seen as a philosopher who rejected any type of abstract and universalist moral to justify State power, but who understood that "State governs, independently of how and who is in charge, because it has power, and is the one to dispose power; that is the *Summa* of politics".[18]

It seems possible the concern that the need of the exercise of state authority is an element that characterizes stateliness, that is, State has authority to mediate internal conflicts. There is no incompatibility of this premise with democratic principles. On the contrary: in the exercise of stateliness, State power is restricted to the constitution to give it authority, since it is duly constituted and never constituting, considered the democratic dimension in the formation of State. In the ruling Federal constitution of 1988, this digression has other considerations: 1) the ruling federal state interferes and exercises its authority on the very limits of the law, as imposed by the constituent power; 2) this imposition, in Brazil, derives from a concrete constituent democratic process, entailing the actions to be part of the political and institutional reality in the Brazilian society; 3) the presence of the State democratic power, according to the constitutional rules, in all cases, confirms State authority, always convergent to the constitution, and ratifies the constitutional principles which characterize the social ruling constitutionalism, whichever they are, and State intervention in economy and politics.

If there is the premise of activities in a ruling and respective manner, also practiced by Municipalities, and accepted by society, the only conclusion drawn is that the ruling and democratic authority will be found in every corner of the country, by local government, what confirms the presence of the Federal Constitution in municipal places, even in the farthest ones. Federal or regional authority will probably not act

---

[18] These are G. Dorysen's words, as in HELLER, Hermann, p. 178. In the original: "Der Staat, in welcher Form, in wessen Hand er sei, herrscht, weil er Macht hat, und ist Herr, um die Mach zu haben; das ist die Summa aller Politik".

the same way, since the centralism in Republican Brazil proved the opposite: national or regional authority was forced to give way to local power particularisms, since there are no attributions to this local power in the constitutions of each period. Local power is free, in the constitutional and political point of view, safeguarded by the physical distance of national and regional powers, and acting for its particular and disjunctive interest of the former rulers, compromising stateliness. When competences are attributed to local government in a constitutional reality, power and stateliness are shared, as determined by the constituent pact, and they will work as direct authorities of the Constitution, and not depend on the convenient understanding of national regional power.

This is the reason why the use – and acceptance – of Municipality as a full entity of Federation would represent the strengthening of the ruling Constitution and not its weakness. Because of this, recognizing local power as a legitimate representative of State authority, in the full application of its constitutional competences, provides a ratifying understanding of the Federal Constitution, and strength in its twenty years.

IV. Hope persists

It has not been uncommon the support to the conservative criticism of the Republic Constitution in relation to the promises that the Brazilian reality could not keep. The aims of this constitutionalist criticism are the extensive list of rights and the individual guarantees, the social rights, in the constitutional economic law – where interest price control of twelve percent annually, as in the first text of the Constitution brought great excitement – and at last, the organization of the federative pact, as I have tried to explain in the beginning of this paper. On the other hand, opposers to the conservative criticism reacted through idealistic speeches, insisting on the keeping of all these "aims", as if time alone would solve the challenge of broken promises. The defenders of the new social and political order of Brazilian constitutionalism may have not realized that intellectual and political players weakened such promises, in all

State levels, legitimizing their liberal argument which says that legality must fit reality, nothing else. In a broader point of view, the main argument was about the great amount of provisions in the Constitution, what would make "free" economic and social development impossible. "Free" the Constitution from its own chains would represent the remission of its sins, and only this way, Brazil could develop. Politics in law was denied, in order to hide a law politics to be introduced and followed.

If there is the want to face conservative criticism, there is the need to deal with the hope issue in a realistic way and in accordance with the Federal Constitution and its emancipatory potential of awareness in a society. Here, the reference to Ernst Bloch's "Principle of Hope", from 1955, is used as an interesting analytical point of view.

In the former German Democratic Republic, Ernst Bloch published his work of more than 1,500 pages, "The Principle of Hope"[19], which made him become a member of the Berlin Academy of Science[20]. Hope, as conceived by Bloch, deals with the human energy translated by the passion of success over failure. Hope, in this case, is not idealistic, but meaning the want as an overcoming of desire, as the former fulfills pulsion for life and for doing, the latter carries passivity in its nucleus (or even the angst of regret): "Nevertheless, as strong as it might be, desire diverges from want because of its passive mode, resembling anguish. In want, there is no work or activity. In contrast, every want is a want-to-do. (...)The one that wants, on the other hand, has established a preference: knows what prefers, choice was left behind (...) Want, is an active advance towards this aim, moves to the outside, has to be measured only by what was really given".[21]

The energy that moves hope is the want, the action, always forward, towards the aims imposed before man in society. It's where the criticism of Bloch, Hegel and Freud is based on. For

---

[19] Originally Das Prinzip Hoffnung, published in 1959, in the German Federal Republic, Suhrkamp, Frankfurt/M.
[20] CALDWELL, Peter C. Dictatorship, State Planning and Social Theory in the German Democratic Republic, p. 122.
[21] BLOCH, Ernst. O Princípio da Esperança, p.50/51.

Bloch, the first looks to the past, in order to immobilize the present – and the future – in the ideal form of what it is: "what is rational, that is real; and what is real, that is rational".[22] Freud represents to Bloch, the thought of present, without equally considering the future. The future, the infinite come-to-be in Marx´s, who had an universalist perspective.That's how the fundamental rights should be understood, in an emancipatory possibility. Freedom of speech, of thought, of assembly, the right to strike, should not be subject of guarantees. For Bloch, it is not right "of" something, but right "to", "towards" something. That is how "final freedom" would be a freedom that is not against order, but would be part of it, "an uncoerced structure of non-antagonistic society pure and simple".[23]

The Federal Constitution of 1988 is also a document of hope, proved by the "want-to-do" of its provisions. It's commonplace the affirmation that our constitutional text does not just symbolizes a "catalog" of good will. Therefore, it wouldn't be, according to Ernst Bloch, a puerile act of desire, fueled by the angst of immobilization. The normative and idealistic speeches against the Constitution, keep saying that "the Constitution was degraded", or that nothing has been done in the last twenty years, or appeal to the sophisticated "death of the ruling constitution". With this *status quo*, the potential "want-to-do" of the Constitution is extinguished and the speaker will probably appear as a vulnerable and wise elderly, a critic of the stagnation and inefficiency of the Constitution. Thus, "we change something so that nothing changes", as this idea is widespread in a significant part of the clever Brazilian politics!

It is not easy to incorporate the Brazilian constitutional order of 1988 nowadays, it's a challenge, keeping in mind that its effectiveness will depend on the Brazilian society and its efforts. If society is excluded from this task, leaving it to intellectual and political players, it will be the delight to the

---

[22] HEGEL, G. W. F. Gundlinien der Philosophie des Rechts, p. 14. Originally: *Was vernünfitg ist, das ist wirklich; was wirklich ist, das ist vernünftig.*
[23] As in the original. CALDWELL, P. Dictatorship, State Planning and Social Theory in the German Democratic Republic, p. 129.

ones who have always commanded and maintained their privileges, in a society that inherited not only slavery; but an enduring slavery culture. The hope that substitutes failure when the Brazilian Constitutional text is implemented, will be, at first glance, the acceptance that this constitutional text came to make changes. Apply interpretative criteria of nineteenth century hermeneutics, search for old paradigms of private law as a solution for conflicts in a society with extreme inequalities, such as the Brazilian society, coincides with the cancellation of constitutional hope. The difficulties of the constitutional implementation are not due to the gap between the text and Brazilian reality, but to the behavior of intellectual and political players, blocking structural innovations, either in the national or international level. Here, the argument of "death of the ruling constitution" which came up in the last five years, gains strength against the constitution of realistic hope.

It is not without good reason that the federative challenge over local power – as constitutional innovation and believe in the success of the ruling State's introduction also in the first level of citizens' lives – is discredited, even though the constitutional text is not open for questions about its positive nature. It is the reason why the government's viability is reaffirmed by local power – as a ratification level of the ruling democratic constitutional State – there's no greater expectation than the convergence with hope that our 1988 constitutional text brought us.

Références

BARACHO, José Alfredo de Oliveira. O Princípio da Subsidiariedade,

BERCOVICI, Gilberto. Desigualdades Regionais, Estado e Constituição. São Paulo: Max Limonad, 2003.

BLOCH, Ernst. O Princípio Esperança. Rio de Janeiro: Ed. Contraponto/Ed. da Universidade Estadual do Rio de Janeiro, v. 1, 2005.

CALDWELL, Peter C. Dictatorship, State Planning and Social Theory in the German Democratic Republic. Cambridge: Cambridge University Press, 2003.

CASTRO, José Nilo. Direito Municipal Positivo. Belo Horizonte: DelRey, 2002.

CLARK, Giovani. O Município em face do Direito Econômico. Belo Horizonte: DelRey, 2005.

COSTA, Nelson Nery. Curso de Direito Municipal Brasileiro. Rio de Janeiro: Forense, 2002.

HEGEL, Georg Wilhelm Friedrich. Die Verfassung Deutschlands (1800-1802). In: G.W.F. Hegel: Frühe Schriften, Werk 1. Suhrkamp Taschenbuch: Frankfurt/M., erste Auflage, 1986.

. Grundlinien der Philosophie des Rechts. In: G.W.F. Hegel; Hauptwerke in sechs Bänden. Darmstadt: Wissenschaftliche Buchgesellschaft, Bd. 5, 1995.

HELLER, Hermann. Hegel und der nationale Machtstaatsgedanke in Deutschland. Allen: Stuttgart, 1963.

LEAL, Victor Nunes. Coronelismo, Enxada e Voto. São Paulo: Alfa-Ômega, 1986.

MENDES, Gilmar Ferreira. Argüição de Descumprimento de Preceito Fundamental. São Paulo: Saraiva, 2008.

QUEIROZ, Maria Isaura Pereira de. O Mandonismo Local na Vida Política Brasileira. São Paulo: Instituto de Estudos Brasileiros da Universidade de São Paulo, 1969.

ROCHA, Fernando L. Ximenes. Controle de Constitucionalidade de Leis Municipais. São Paulo: Atlas, 2002.

TAVARES, André Ramos. Tratado da Argüição de Preceito Fundamental. São Paulo: Saraiva, 2001.

VIANNA, Fco. José de Oliveira. Instituições Políticas Brasileiras. Belo Horizonte/Rio de Janeiro/São Paulo: Ed. Itatiaia/Ed. da Universidade Federal Fluminense/Ed. da Universidade de São Paulo, vols. 1 e 2, 1987.

La soumission des projets de loi et de règlement à l'opinion publique en Chine

Par Ellen Lemesle,
doctorante à l'Université du Havre

« Il faut parfaire le système démocratique, enrichir les modes démocratiques, élargir la voie démocratique, mettre en place des élections démocratiques, des politiques démocratiques, une gestion démocratique, et un contrôle démocratique et protéger les droits des citoyens à l'information, la participation, l'expression et au contrôle ». Ainsi s'exprimait le président chinois Hu Jintao, secrétaire général du comité central du Parti, dans un rapport du 15 octobre 2007 qu'il a présenté lors du 17ᵉ congrès du Parti Communiste Chinois (PCC). Comme le montre cet extrait, ce rapport consacre une large partie à la promotion de la démocratie socialiste, le terme 民主 (minzhu : démocratie) apparaissant 55 fois, notamment au sein de la sixième partie intitulée « Raffermir de façon inébranlable le développement de politiques démocratiques socialistes »[1]. Les dirigeants chinois, loin de bannir toute idée de démocratisation du régime, en font au contraire l'éloge tout en prenant soin de ne pas tomber dans la vénération du modèle démocratique occidental. En effet, la démocratie vantée par le président Hu est la démocratie socialiste, ou encore la

---

[1] 胡锦涛在中国共产党第十七次全国代表大会上的报告, Rapport de Hu Jintao lors du 17ᵉ congrès du Parti Communiste Chinois, en ligne, http://cpc.people.com.cn/GB/64093/67507/6429848.html.

démocratie aux caractéristiques chinoises, censée s'accommoder avec le système du parti unique. Dans un discours prononcé lors du XVIIIe Congrès du Parti en octobre 2011, le président chinois a pu confirmer sa position en mettant en garde contre les forces hostiles étrangères qui tentent d'occidentaliser et de diviser la Chine[2]. Cette mise en avant d'un nouveau modèle de démocratie, éloigné de la théorie rousseauiste, peut être envisagée comme une solution alternative. Les dirigeants chinois se trouvent effectivement dans l'obligation de tenir compte de l'image projetée à l'étranger (la négation absolue de la démocratie n'est ainsi plus envisageable) mais dans l'impossibilité de « faire des compromis sur le principe du monopole politique du Parti »[3].

Cependant, malgré cette apparente fracture entre la démocratie occidentale et la démocratie aux caractéristiques chinoises, différents mécanismes participatifs, directement inspirés de processus mis en œuvre dans nos démocraties, ont été importés dans le système législatif chinois. En effet, la loi du 15 mars 2000 relative au travail législatif met en avant la participation citoyenne au processus législatif en prévoyant dans son article 5 : « La loi doit refléter la volonté du peuple, faire rayonner la démocratie socialiste, et protéger le peuple en passant par plusieurs procédés de participation législative ». Cette participation peut prendre concrètement plusieurs formes précisées, en partie par cette même loi. Selon ses articles 34 et 58, les organes législatifs, et les gouvernements adoptant des décrets, doivent écouter l'opinion des citoyens par la voie de réunions, audiences publiques, et autres moyens. Les réunions ici évoquées sont en général organisées de façon informelle et permettent surtout à des experts (notamment des juristes) de s'exprimer sur un projet, ce qui ne s'apparente pas réellement à un mécanisme de démocratie participative. Plus intéressantes

---

[2] Voir « Pékin dénonce les « forces hostiles » de l'Occident qui menacent sa culture », *Le monde*, 6 janvier 2012.
[3] SCHUBERT Gunter, « La démocratie peut-elle coexister avec le parti unique ? Pour une appréciation nuancée des élections villageoises et cantonales en Chine », in *La Chine et la démocratie*, Dir. Mireille DELMAS-MARTY et Pierre-Etienne WILL, Fayard, 2007, p. 715.

sont les audiences publiques, qui permettent aux citoyens concernés de faire connaître leur opinion. En outre, un autre mécanisme a pu se développer dans la pratique : la sollicitation de l'opinion publique sur un texte donné, qui permet aux citoyens de donner leur avis sur un projet de loi ou de règlement, et au législateur, ou à l'administration à l'origine de la consultation, de saisir le degré de satisfaction de la population à propos d'un texte, et d'en tirer les conséquences.

La soumission des projets de loi ou de règlements à l'opinion publique s'inspire de mécanismes développés dans les démocraties occidentales, au sein desquelles la démocratie participative tend à émerger en tant que modèle alternatif à la fois à la démocratie directe et à la démocratie représentative. Il s'agit en effet de développer la participation citoyenne pour davantage de démocratie. La transposition au sein du régime chinois suscite la perplexité dans la mesure où il ne peut s'agir d'un modèle alternatif à la démocratie représentative, et encore moins à la démocratie directe, puisque le pouvoir exercé ne peut que provenir du Parti, représentant (imposé) du peuple tout entier, intermédiaire obligé entre le peuple et ses dirigeants. Il ne s'agit donc absolument pas ici de pallier les lacunes de la représentation. De quoi s'agit-il donc précisément ? Les mécanismes de participation citoyenne peuvent-ils s'apparenter, en Chine à des moyens ayant pour objectif la promotion de la démocratie ? L'intégration de mécanismes participatifs est-elle symbolique d'une évolution du régime chinois vers davantage de prise en compte de l'opinion publique ? Afin de répondre à ces questions, il convient d'étudier dans quelle mesure la participation des citoyens est effective. En effet, l'opinion de la population est-elle susceptible d'entraîner des effets juridiques concrets, traduisant une véritable prise en compte des avis manifestés ? En cas de réponse positive, il sera possible d'affirmer que la soumission des projets de loi et de règlement à l'opinion publique chinoise peut s'apparenter à un véritable mécanisme de démocratie participative. À défaut, l'instauration de telles procédures ne peut être le symbole d'une véritable démocratisation du régime.

L'opinion publique est censée se manifester par différentes voies après sollicitation de l'avis des citoyens sur un projet de loi ou de règlement. Mais la question de savoir s'il s'agit d'une véritable participation nécessite d'étudier plus en détail ces mécanismes participatifs (I). Mais, même si ces procédés semblent s'apparenter à une prise en compte de l'opinion des citoyens, ils ne peuvent être réellement qualifiés de démocratiques en l'absence des caractéristiques essentielles et nécessaires à un tel régime (II).

I. Les différents mécanismes de sollicitation de l'opinion publique

Il est possible de distinguer deux mécanismes destinés à solliciter l'opinion publique : les audiences publiques, qui peuvent se rapprocher des enquêtes publiques françaises (A). Un second procédé peut être dégagé, dont la traduction est par ailleurs délicate. Littéralement on peut parler de « recherche de l'opinion publique », ou encore de « consultation », « sollicitation » de l'opinion publique » (B). Les deux mécanismes doivent être distingués dans la mesure où le second s'inscrit dans une approche beaucoup plus large de la participation.

A. Les audiences publiques

Les audiences publiques se sont développées dans un premier temps de façon empirique, avant d'être consacrées par la loi. Les domaines qu'elles concernent sont très variés et la procédure se caractérise par une grande hétérogénéité.

1. Un développement empirique

Les audiences publiques font leur apparition officielle dans l'article 34 de la loi sur le travail législatif du 15 mars 2000 qui les mentionne comme l'un des moyens de recueillir l'opinion publique. Mais avant cette consécration législative, elles s'étaient déjà développées dans la pratique, sans base légale. Le succès de ces expérimentations a donc conduit le législateur chinois à reconnaître leur existence et même parfois à rendre obligatoire leur organisation avant l'adoption d'un projet.

Les premières audiences législatives apparaissent à Shenzhen, dans la province du Guangdong, à la fin des années 1990. En 1997, Le gouvernement municipal organise un système d'audiences publiques dans le cadre de la définition des prix publics. Puis en juillet 1999, le même gouvernement met en place un système d'audience législative lors de la réforme des autorisations administratives.

L'audience publique législative fait son apparition dans une législation nationale dans la loi sur les prix du 29 décembre 1997, entrée en vigueur le 1er mai 1998. Son article 23 prévoit en effet que pour fixer le prix des activités publiques liées aux intérêts vitaux des masses, le prix des services publics et des marchandises dont la gestion fait l'objet d'un monopole naturel, le gouvernement doit organiser une audience publique afin de recueillir l'opinion des consommateurs, des gestionnaires, etc. C'est ainsi dans le domaine de la fixation des prix publics que s'est dans un premier temps développée la pratique de la consultation du public concerné via une audience publique. On peut également mentionner la loi de 1996 sur la sanction administrative qui prévoit la tenue de telles audiences, mais il s'agit ici non pas d'audiences législatives mais administratives organisées pour protéger les droits de l'administré qui fait l'objet d'une sanction administrative individuelle.

La loi de 2000 sur le travail législatif évoque l'audience publique comme un moyen utilisable au sein du processus législatif en général, et non pas limité à un domaine particulier. Mais elle n'en définit pas les modalités, et ne mentionne pas les matières dans lesquelles l'audience doit être, ou peut-être, organisée. Il n'en demeure pas moins que l'audience publique devait connaître une extension tant dans l'espace que dans les domaines concernés.

2. Une multitude de domaines concernés

Le domaine de l'audience législative va connaître un développement certain en matière d'urbanisme et d'environnement. Ainsi, par exemple, la loi sur l'étude d'impact environnemental du 28 octobre 2002 prévoit dans son article 11 que lorsqu'un projet est susceptible d'avoir des effets négatifs sur l'environnement et qu'il touche le droit à l'environnement public, l'organe chargé du projet doit organiser une audience publique. Il s'agit ici d'une disposition visant à faire participer la population à la protection de l'environnement en lui permettant de manifester son opinion, éventuellement son désaccord. Le citoyen est ici avant tout mis en avant comme un acteur de la protection de l'environnement.

En matière d'urbanisme, la loi du 28 octobre 2007 sur la planification urbaine et rurale mentionne dans ses articles 26 et 46 la possibilité de recourir à une audience publique pour l'adoption et la modification des plans urbains et ruraux. En outre, l'article 11 du règlement du 19 janvier 2011 relatif à l'expropriation dans les zones urbaines et à son indemnisation prévoit l'organisation d'une audience publique lors de projets d'expropriation qui concernent la rénovation des zones insalubres. En réalité, tout projet en matière d'urbanisme est susceptible de donner lieu à l'organisation d'une enquête publique. De nombreux projets d'urbanisme touchent également à la matière environnementale, d'où le développement de l'audience publique dans ces deux matières. Il peut s'agir d'un projet de construction d'une usine qui donne lieu à débat car l'usine en question génère de la pollution mais qu'elle est susceptible d'apporter de nouvelles ressources financières à la ville.

L'audience publique est également très répandue en matière de fixation des prix, tels que ceux de l'électricité, des billets de train, etc. Mais si ces domaines semblent privilégiés, il n'existe aucune uniformité, et l'audience publique peut concerner des questions très diverses. Par exemple, en 2001, le gouvernement de Pékin a organisé une audience publique à propos de la décision d'interdire la distribution de sacs en plastique dans les supermarchés. La même année, le gouvernement de Canton a consulté l'opinion des citoyens sur la réalisation du projet « cité universitaire » avec l'organisation d'une audience publique.

Ce procédé participatif connaît un certain succès : dès décembre 2002, le système d'audience publique a été adopté par toutes les assemblées provinciales. Mais il n'existe aucune uniformité, tant sur la procédure, que sur le champ d'application. Au-delà des audiences publiques prévues comme étant obligatoires par la loi, les assemblées populaires et les gouvernements locaux y ont régulièrement recours.

3. La procédure d'audience publique

L'audience publique peut être considérée comme un mécanisme participatif dans la mesure où il s'agit ici de convoquer les citoyens à participer à une forme d'enquête publique, plus précisément à une réunion au cours de laquelle ils auront la possibilité de s'exprimer. Les grandes lignes du projet ont été définies et les citoyens sont appelés à donner leur opinion sur ce projet.

C'est en principe l'autorité publique à l'origine d'un projet de loi ou de règlement qui dispose de l'initiative d'organiser une audience publique. Mais dans la pratique, il est apparu que les citoyens eux-mêmes peuvent être à l'origine d'une audience publique. On peut citer à ce titre le cas de la ville de Hangzhou qui a décidé en août 2011 d'organiser une audience publique sur les prix des taxis. Cette décision a été prise à la suite d'une grève des chauffeurs de taxi[4].

Une autre affaire, plus intéressante au regard de son ampleur, peut être mentionnée. Il s'agit de l'affaire PX qui s'est déroulée dans la ville de Xiamen (province du Fujian). Le gouvernement de Xiamen avait en effet décidé d'installer une usine pétrochimique de paraxylène. La publication du projet, déjà approuvé, donne lieu à une vague d'opposition de la part des habitants de la ville qui manifestent le 7 juin 2007 malgré la décision du gouvernement adoptée à la fin du mois de mai de suspendre le projet. Sous la pression des habitants de la ville, une audience publique, a lieu en décembre de la même année. Sur les 107 participants, 91 se sont dits opposés au projet qui

---

[4] « Hangzhou to hold public hearing on taxi fares after strike », *Quotidien du peuple*, version en anglais, 10 août 2010.

sera finalement non pas complètement abandonné mais déplacé à Zhangzhou (dans la même province)[5].

En général, un nombre réduit de personnes participe à l'audience publique. S'il y a plus de candidats que de participants, une sélection est faite, en principe, au hasard. Ce type de mécanismes est par conséquent davantage réservé aux règlements locaux, qui concernent un nombre de personnes relativement peu élevé. Cependant, une première expérience a eu lieu au niveau national en septembre 2005 lors de la modification de la loi sur l'imposition des revenus individuels.

L'audience publique se caractérise donc par l'organisation d'une réunion au cours de laquelle les participants pourront échanger leurs avis et faire entendre leur opinion auprès de l'autorité en charge du projet. Tous les citoyens qui souhaiteraient y participer n'en ont cependant pas toujours la possibilité. Mais il existe un autre procédé de soumission d'un projet de loi ou de règlement à l'opinion publique qui permettra une participation plus large au sein des citoyens.

B. La sollicitation de l'opinion publique sur un texte rédigé

Les textes en chinois font référence au 征求公众意见(*zhengqiu gongzhong yijian*) soit littéralement « recherche de l'opinion publique ». Ce mécanisme a été institué officiellement par une décision de la conférence des dirigeants du comité permanent de l'Assemblée Populaire Nationale du 15 avril 2008 qui prévoit que désormais les projets de loi délibérés par le comité permanent passeront par une publication sur le site de l'Assemblée Populaire, et par une sollicitation de l'opinion publique. Le gouvernement central (Conseil des Affaires d'État) s'est lancé dans une procédure semblable pour les textes qui sont étroitement liés aux intérêts des citoyens.

---

[5] « Locals oppose Xiamen chemical plant at public hearings », *Agence Xinhua*, 14 décembre 2007.

1. Les modes de manifestation de l'opinion des citoyens

Les projets de loi, ou de règlements, finalisés, rédigés peuvent être soumis à l'avis de la population avant leur adoption définitive. Le texte est publié sur internet avec un avis de consultation de l'opinion publique sur ce texte. Les citoyens peuvent faire connaître leur opinion par plusieurs voies : téléphone, courrier, mail, fax, ou via la plateforme internet. Dans la publication, il est précisé quels sont les moyens autorisés pour le texte en question. Par exemple, pour le règlement relatif à la résorption des embouteillages à Pékin, seules les réponses par lettres ou fax étaient admises, alors que pour le règlement sur l'expropriation, la deuxième sollicitation a admis les avis par lettres, fax, mails, ou encore par le système mis en ligne par le Conseil des Affaires d'État (CAE). Ce système est accessible sur le site internet du gouvernement concerné qui permet de recueillir les opinions des citoyens. Le projet est consultable en ligne et pour chaque article, il est possible de cocher : « d'accord », « pas d'accord », ou « sans avis ». Un encadré laisse la place à l'internaute pour expliquer son désaccord, ou faire des remarques sur la disposition en question. On peut supposer que les réponses sont traitées de manière très rapide et efficace, le législateur ayant ainsi des statistiques sur les articles faisant l'objet d'une opposition massive, ou au contraire d'un consensus au sein de la population. Contrairement aux lettres, appels, ou fax, qui nécessitent un traitement de l'opinion manifestée, le système en ligne permet d'avoir très rapidement un aperçu des articles qui provoquent une opposition de la population.

2. Un développement impressionnant

Cette soumission à l'opinion publique des textes juridiques connaît un large succès. Le nombre de textes qui en ont fait l'objet ne cesse d'augmenter ces dernières années. En effet, entre 1988 et 2007, 14 lois ont donné lieu à une sollicitation de l'opinion publique, alors qu'entre 2008 et 2009, 30 projets de loi rédigés par le comité permanent de l'assemblée, 70 décrets du CAE et 29 arrêtés locaux ont été concernés. En 2011, plus de cinquante textes nationaux ont déjà été publiés pour consultation de l'opinion publique[6]. C'est le cas, par exemple, de la loi modifiant la loi sur les marques, d'un règlement sur la gestion des pesticides, de la loi sur la santé mentale, etc. Les arrêtés des ministères sont particulièrement nombreux. Il est possible à ce titre de citer l'arrêté relatif à la gestion de la sécurité portuaire, la décision relative aux autorisations administratives liées aux animaux sauvages, etc.

Le cas du règlement sur l'expropriation du 19 janvier 2011 constitue un cas particulier car pour la première fois en Chine, un règlement a fait l'objet de deux sollicitations de l'opinion publique, à un an d'intervalle. Après une première sollicitation, le gouvernement a entrepris une modification du règlement, et a soumis une nouvelle fois le texte à l'opinion publique pour s'assurer de la satisfaction et de l'appui des citoyens. Il a souhaité montrer qu'il prenait réellement en compte l'opinion publique. Cela s'explique par le fait que l'expropriation est un sujet particulièrement sensible en Chine, qui a entraîné des conflits extrêmes. Plusieurs cas de meurtres, suicides, et surtout immolations d'individus expropriés ont été relayés par la presse, faisant monter la colère de la population en la matière. Il y avait ainsi une véritable attente de la population en la matière, ce qui explique la volonté de solliciter, à deux reprises, l'opinion publique, et surtout d'obtenir l'approbation de la population afin de calmer les revendications montantes. Lors de cette sollicitation, les citoyens se sont montrés particulièrement préoccupés par le problème de la définition d'un but d'intérêt public pouvant donner lieu à une expropriation, et par les critères d'indemnisation.

3. L'absence de modalités précises d'organisation

La consultation de l'opinion publique est un procédé qui ne fait l'objet d'aucune organisation juridique et qui se développe de façon empirique, comme c'est souvent le cas en Chine. Peut-être une norme interviendra-t-elle, *a posteriori*, en la matière. Ainsi, aujourd'hui, il n'existe pas d'uniformité dans la procédure suivie par les autorités en charge de la consultation. Les modes

---

[6] Chiffres valables au 1er novembre 2011.

de transmission des opinions varient selon les situations. Parfois les avis pourront être transmis par mail, d'autres fois, ce ne sera pas le cas. De même, en ce qui concerne la durée pendant laquelle les citoyens peuvent s'exprimer, elle varie généralement entre une semaine et un mois. Enfin, et surtout, et c'est ici un point de contestation chez les juristes, il n'y a aucune obligation de publication des résultats de la consultation. Parfois, le gouvernement ou l'assemblée mentionne les points qui ont fait l'objet de remarques et la façon dont il en a été tenu compte par le législateur, mais il arrive que le texte soit directement adopté sans aucune référence aux opinions qui ont été manifestées. Ce fut le cas pour l'arrêté sur la période d'interdiction de la pêche dans la rivière des perles publié le 21 octobre 2011, trois mois après la consultation, sans aucune précision sur les résultats de la sollicitation de l'opinion publique.

Mécanismes participatifs récents en Chine, ces procédés constituent-ils pour autant des mécanismes de démocratie participative ? On peut en douter notamment à cause du manque d'effectivité de ces procédures.

II. La participation sans la démocratie ?

Le doute quant au caractère démocratique des mécanismes de sollicitation de l'opinion publique sur les projets de loi et de règlement provient du fait que ces normes ne sont pas toujours appliquées dans la pratique (A) et que le Parti communiste chinois cherche avant tout à protéger la pérennité du système communiste en Chine (B).

A. Les difficultés à faire respecter la hiérarchie des normes

La participation à l'élaboration des lois et règlements a été soutenue par les autorités chinoises. Mais pour que cette participation ait un sens, encore faut-il que ces normes soient applicables, et appliquées. Si elles demeurent de simples directives sans effet juridique réel, la participation n'a que peu d'intérêt. Les tribunaux sont les organes les plus en mesure de contraindre au respect des normes de toutes sortes. Mais on s'aperçoit ici que la loi et les règlements sont susceptibles d'être écartés au profit de normes inférieures. C'est particulièrement le cas dans les litiges impliquant des intérêts locaux.

1. Les limites du pouvoir juridictionnel

Les difficultés des tribunaux se manifestent à deux niveaux. Tout d'abord, d'un point de vue objectif, le juge n'est pas toujours en mesure de faire respecter la loi ou le règlement. En effet, il n'existe pas de recours juridictionnel contre les actes règlementaires illégaux. La loi sur le contentieux administratif de 1989 n'a pas ouvert la voie du recours en annulation aux actes administratifs abstraits (actes règlementaires)[7]. Ainsi, un règlement contraire à une loi qui a été adoptée par la voie de la sollicitation de l'opinion (et qui a reçu un large consensus de la population) ne sera pas annulé car le recours sera déclaré irrecevable.

De plus, pour cette même raison, le juge n'est pas en mesure de contraindre l'administration à respecter les procédures d'audience publique, même lorsque celles-ci sont expressément prévues par la loi. Ainsi, par exemple, tout recours en annulation contre un règlement qui intervient en matière de fixation des prix publics, et qui a été adopté sans organisation d'une enquête publique, sera irrecevable. Les règlements sont en outre écartés du recours par voie d'exception. Ainsi, une décision individuelle contraire à la loi qui a fait l'objet d'une sollicitation de l'opinion, mais conforme à un règlement inférieur ne sera pas non plus annulée. Ce peut être le cas par exemple lorsqu'un gouvernement municipal met en place une procédure d'expropriation en se fondant sur un règlement local prévoyant la réalisation d'un projet d'urbanisme qui ne répond absolument pas à un intérêt public, alors que la présence d'un intérêt public est une exigence légale. On peut parler ici d'écran règlementaire, dans la mesure où le règlement fait écran à l'application de la loi. Par conséquent, la loi a beau être élaborée

---

[7] L'article 12 de la loi sur le contentieux administratif du 4 avril 1989 prévoit en effet que sont irrecevables les demandes d'annulation des actes administratifs réglementaires

démocratiquement, si le droit applicable y est contraire, la participation démocratique n'a plus aucun intérêt.

Il faut d'autre part souligner que dès lors qu'un gouvernement local est impliqué dans une affaire, le tribunal, dont les ressources financières et humaines dépendent de l'assemblée populaire locale, ne se préoccupe guère de l'application de la loi, ou du règlement, quand bien même ces dispositions auraient été élaborées selon un procédé démocratique. Ce manque d'indépendance des juridictions vient fortement nuancer les apports des procédés démocratiques décrits ci-dessus. Les difficultés à faire respecter la hiérarchie des normes viennent donc relativiser l'importance des mécanismes participatifs, dans la mesure où la participation ne semble pas effective.

2. Le débat autour de l'origine démocratique des normes applicables

C'est un double problème qui se pose en l'espèce : d'un point de vue technique, d'une part, il s'agit du problème de la hiérarchie des normes et du respect de la loi et des règlements par des normes qui leur sont inférieures. La loi, adoptée via la participation des citoyens n'est pas toujours respectée, ce qui permet de relativiser l'effectivité de cette participation. D'autre part, les lacunes dans le respect de la hiérarchie des normes pointent le problème de l'origine ultime du droit. Qui doit en effet être à l'origine du droit chinois ? D'après les discours politiques de ces dernières années, c'est manifestement le peuple qui est mis en avant. Mais si le droit applicable est d'origine bureaucratique, les mécanismes participatifs semblent bien inutiles. Or il apparaît que dans la pratique, en cas de conflit entre la loi ou le règlement, même adopté selon une procédure participative, et une norme locale, c'est cette dernière qui trouve à s'appliquer. Il apparaît donc que la participation n'est effective que dans la mesure où les citoyens adoptent les mêmes conceptions que leurs dirigeants, et plus particulièrement leurs dirigeants locaux. En cas de désaccord entre les citoyens et leur administration, c'est l'administration qui a le plus de chance d'imposer son point de vue juridiquement. En outre, dès lors que les citoyens sont opposés au législateur quant au contenu du texte sur lequel leur opinion est sollicitée, ils ne pourront même pas rendre public leur point de vue puisque c'est l'autorité à l'origine de la consultation qui maîtrise la publication des résultats. Dès lors, la participation apparaît non pas comme un outil de développement de la démocratie, mais avant tout comme un mécanisme visant à légitimer les choix juridiques des dirigeants.

B. Un instrument de (re)légitimation entre les mains du Parti

À l'heure où le PCC est confronté à des soulèvements populaires et à des mouvements de contestation, la participation citoyenne apparaît être une solution de relégitimation de l'action politique menée par le parti.

1. Le Parti Communiste Chinois déstabilisé

La question qui s'est posée en premier lieu était de savoir pourquoi la République populaire de Chine souhaite importer des procédés issus des démocraties occidentales ? Est-ce une réelle ouverture à cette démocratie, un renouveau du régime chinois dans un contexte plus démocratique ? C'est plutôt vers une réponse inverse que l'on semble pouvoir se tourner.

La Chine est en effet depuis quelques années confrontée à une explosion des « incidents de masse ». On a pu faire référence ci-dessus aux méthodes extrêmes auxquelles ont recours des expropriés, mais il ne s'agit en aucun cas de phénomènes limités à l'expropriation. Les dirigeants sont de façon générale confrontés à une montée du mécontentement social qui se manifeste de façon violente et qui met en péril l'harmonie de la société.

Le Parti a décidé de réagir face à ces montées de violence au sein de la population, et tente de relégitimer son action, afin de ne pas perdre complètement pied dans cette vague de contestation. Présentée comme un mécanisme de promotion de la démocratie, la participation des citoyens à l'élaboration du droit est un des moyens utilisés en réaction. Il s'agit ainsi, via la sollicitation de l'opinion publique, de redonner une voix au peuple, qui se sent complètement exclu du système politique, malgré la continuité dans l'affirmation selon laquelle le PCC est le parti du peuple tout entier. Avec cette participation, les citoyens se voient, en théorie, offrir la possibilité de prendre en main une partie de la législation. Or, si la soumission des projets de loi et de règlement à l'opinion publique ressemble fort à un procédé de démocratie participative, le but poursuivi avec l'instauration de ces pratiques semble être avant tout la recherche d'un soutien au sein de la population, et non pas la consécration de la démocratie.

2. Un modèle éloigné de la démocratie participative occidentale

La démocratie occidentale ne peut pas se distinguer, aujourd'hui, de l'État de droit, notamment de la protection des droits de l'homme. Toutefois, la protection des droits de l'homme en Chine fait l'objet de larges critiques, et dans tous les domaines : droits de la défense, droit à la vie, liberté de réunion, droit à la vie privée, etc. L'atteinte à la liberté d'expression est particulièrement problématique dans une démocratie. Pour pouvoir exercer le pouvoir politique de façon éclairée, encore faut-il être en mesure d'accéder à une information variée, ce qui n'est absolument pas le cas en Chine, État autoritaire au sein duquel les dissidents politiques sont réduits au silence, les avocats gênants pour le pouvoir enfermés, et la presse censurée. En outre, de nombreux sites internet jugés néfastes sont inaccessibles. De plus, seul le PC joue un rôle dans le système politique. Il est seul habilité à désigner lui-même les autres partis démocratiques (qui sont au nombre de huit actuellement) susceptibles d'intervenir dans la formation de la loi. En outre, l'organisation étatique est calquée sur celle du parti, qui par conséquent est présent à tous les échelons administratifs. Ainsi le PCC dispose d'une mainmise sur l'ensemble du système : sur les institutions législatives (nationales ou locales), administratives, et judiciaires. On est ici bien loin d'un système démocratique, comme on l'entend dans une approche pluraliste.

Les membres du PCC n'ont absolument pas l'intention de renoncer à ce monopole, et ne souhaitent pas se tourner vers une démocratisation du régime qui mettrait en péril la réalisation du socialisme. L'apparente libéralisation et démocratisation dans l'adoption des décisions n'est qu'un moyen d'assurer la pérennité du système et de calmer l'agitation sociale. Il ne s'agit donc en aucun cas d'une transition douce vers la démocratie (telle qu'on l'entend en occident aujourd'hui). La Chine est bien loin d'un modèle pluraliste, condition essentielle des démocraties actuelles. Le développement de ces mécanismes n'est pas pour autant sans intérêt.

3. Un avenir tributaire de l'attitude des citoyens chinois

Le peuple chinois ne semble pas, pour l'heure, totalement convaincu par la sollicitation de son opinion. En effet, les enquêtes publiques ne font pas toujours l'objet d'un réel enthousiasme. Le problème est d'ailleurs soulevé par la presse officielle qui a admis qu'on était loin du but fixé, et que le système d'audience est globalement décevant. Le cas de Dongguang, dans le Guangdong, est d'ailleurs illustrateur : il n'y a eu aucun volontaire pour participer à l'audience publique. De même, fin 2010, le journal de la jeunesse chinoise a révélé une enquête montrant que 84,5% des sondés estiment que le recueil des opinions ne constitue qu'une simple formalité pour le législateur[8].

Il semble donc que la population chinoise soit pour le moins mesurée quant aux effets positifs générés par la sollicitation de son opinion. Tous ces procédés sont pourtant issus d'une demande de la part des citoyens qui se sentent très éloignés du pouvoir. On a d'ailleurs vu que les Chinois pouvaient s'en servir pour manifester leur mécontentement face à un projet ou une situation. Il ne faut donc pas non plus se limiter à dénoncer ces mécanismes comme étant uniquement des instruments aux mains des dirigeants chinois. Leur apparition montre qu'il existe une véritable aspiration de la part de la population pour davantage de démocratie, aspiration qui, pour l'heure, reste déçue. L'avenir de ces mécanismes participatifs est tributaire de l'attitude des citoyens chinois. Le PCC aujourd'hui déstabilisé

---

[8] (LIU Wei, « Les experts suggèrent de passer par un système en ligne pour recueillir l'opinion publique », *Le temps de la démocratie et du droit*, 21 février 2011).

devra prendre en compte les attentes de la population en la matière. À défaut, le risque d'effondrement du système n'est pas à écarter, mais à nouveau, le futur du régime chinois dépend de son peuple, au moins autant que des choix des dirigeants actuels.

*
* *

Les procédés de soumission des projets de loi et de règlement constituent, malgré des apparences démocratiques, un instrument aux mains du parti et la participation ne peut pas être considérée comme ayant des effets pratiques considérables. Le manque d'effectivité qu'elle traduit puise son origine dans des problèmes juridiques bien plus profonds : manque d'indépendance de la justice, absence d'application du principe de légalité, etc.

Il est donc apparu, avec l'exemple chinois, que la participation pouvait émerger, non pas pour soutenir la démocratie, mais bien au contraire pour empêcher son développement et maintenir au pouvoir un parti unique autoritaire et peu soucieux des droits de l'homme et des libertés considérées comme fondamentales dans nos démocraties occidentales. Or il existe parfois un amalgame entre participation et démocratie, comme si la participation ne pouvait qu'être démocratique et la démocratie qu'être participative. Mais il semble manifeste que les deux peuvent être distingués. Ainsi, la démocratie participative ne peut qu'avoir en Chine comme objectif la conservation du socialisme et la relégitimation de l'action des gouvernants. Qu'en est-il en occident aujourd'hui ? L'objectif est-il réellement de promouvoir la démocratie rousseauiste, ou bien de relégitimer l'action des représentants ?

TROISIÈME PARTIE

Interrogations sur l'effectivité
de la démocratie participative

La démocratie interne
dans les partis politiques brésiliens

Par Gina Marcílio Vidal Pompeu[1],
directrice du Centre de sciences juridiques
de l'Université de Fortaleza

D'après les recherches mises en œuvre par l'Institut Brésilien de Géographie et de Statistique (IBGE), le Brésil présente, en 2010, une population de 192 304 735 d'habitants. Ce chiffre fait du pays la cinquième nation la plus peuplée de la planète, derrière la Chine, l'Inde, les États-Unis et l'Indonésie. En effectuant une recherche près du site du Tribunal Supérieur Électoral, on constate que le Brésil compte 135 804 433 d'électeurs répartis dans ses 5 régions, ainsi que 200 392 résidents à l'extérieur. Il faut préciser que le vote au Brésil est obligatoire, et que la preuve du vote est exigée à plusieurs occasions, notamment pour l'obtention du passeport ou lors de la sollicitation d'un travail.

L'appartenance partisane est une condition essentielle de l'exercice de la citoyenneté active, c'est-à-dire du droit de se présenter aux élections et d'occuper des fonctions publiques de représentation dans le Législatif ou dans l'Exécutif. On observe toutefois que l'absence d'instituts d'éducation politique partisane, divulguant dans la transparence les programmes

---

[1] Docteur en Droit de l'Université Fédérale de Pernambuco. Maître en Droit de l'Université Fédérale du Ceará. Enseignante à l'Université de Fortaleza. Directrice du Centre de Sciences Juridiques d'UNIFOR. Membre du comité d'édition de *Revista Pensar* du Centre de Sciences Juridiques d'UNIFOR. Consultante Juridique de l'Assemblée Législative de l'État du Ceará.

politiques des partis et leurs statuts, ainsi que les révélations par les médias des cas de corruption au sein du personnel politique, provoquent l'éloignement de la population. L'idée persiste d'une absence de démocratie interne dans les partis politiques. Le Tribunal Supérieur Électoral (04/2010) évalue à seulement 13 861 573 le nombre d'électeurs affiliés aux 27 partis enregistrés, ce qui ne représente que 10,5% des électeurs.

La Constitution Fédérale de 1988, appelée *A Cidadã* (La Citoyenne), qui a un fort aspect démocratique et populaire, exalte la souveraineté populaire, la participation politique directe et indirecte. Elle énumère dans le premier article ses fondements, parmi lesquels se trouvent la dignité humaine et le pluralisme politique. Au milieu des années 80, le Brésil sortait d'une période de dictature militaire, caractérisée par l'irrespect des libertés individuelles et par une censure vigoureuse, qui a duré de 1964 jusqu'à 1980. À cette époque-là, le Brésil connaissait seulement le bipartisme – le parti ARENA, en faveur du Gouvernement militaire, et le MDB, s'opposant au gouvernement. En réaction contre ce scénario, la Constitution de 1988 réserve aux partis politiques un chapitre particulier où elle proclame qu'il s'agit de personnes morales de droit privé, néanmoins d'intérêt public.

Par ailleurs, la Loi n° 9.096, du 19 septembre 1995, réglemente la création, la fusion, l'incorporation, le fonctionnement et l'extinction des partis politiques. Les articles 1 à 7 disciplinent la matière, en réaffirmant que les partis politiques sont des personnes morales de droit privé, qui visent à assurer l'authenticité du système représentatif, la défense des droits fondamentaux, la souveraineté nationale et le régime démocratique.

Pour s'inscrire au registre du statut partisan près du Tribunal Supérieur Électoral, chaque parti doit avoir un caractère national et compter au minimum 0,5 % des votes lors de la dernière élection de la Chambre des Députés. Ces votes doivent être distribués entre un tiers ou plus des États, avec un minimum de participation de 10 % de l'électorat dans chacun de ces États. En 2010, 27 partis ont été dûment enregistrés par le Tribunal Supérieur Électoral.

Dans une décision historique rendue en 2007, le Suprême Tribunal Fédéral, le gardien de la Constitution, a affirmé que le mandat politique appartient au parti et non au candidat. De cette façon, ceux qui sont élus sous l'étiquette d'un certain parti, et ensuite migrent vers d'autres partis, perdent leur mandat. Cette décision, qui interprète de façon constructive la Constitution de 1988, garantit ainsi le système de représentation populaire et le respect du choix de l'électeur.

Il est possible de conclure que la Constitution brésilienne glorifie la participation des partis politiques dans la procédure de consolidation de la démocratie brésilienne. Le Suprême Tribunal Fédéral s'est prononcé en faveur de la fidélité partisane, et s'est montré hostile à la personnalisation du pouvoir. Il a déterminé que le mandat appartenait au parti et non au candidat. Il garantit ainsi des élections libres et honnêtes.

Il faut néanmoins analyser un sujet qui échappe à l'emprise du droit positif, et qui est perceptible dans la législation (loi n°. 9,096/95) quand elle affirme : « art.3° est assurée, au parti politique, l'autonomie pour définir sa structure interne, son organisation et son fonctionnement » : il s'agit de *la démocratie interne dans les partis politiques.*

L'opinion personnelle qui va être exposée sur la question aura certainement une relation directe avec l'expression "eu e às minhas circunstâncias" « moi et mes circonstances », comme dirait Ortega y Gaset (1967), en raison de la position de l'auteur de cet article qui est affilié à un parti politique, est fonctionnaire de la Maison Législative, avec le poste de Consultante Technique Juridique à l'Assemblée Législative de l'État du Ceará depuis 1983, et habite dans une région défavorisée d'un pays périphérique, dont la caractéristique essentielle est l'inégalité sociale et régionale.

Le Brésil, pays démocratique et État de Droit, continue à représenter le profil de la réalité décrite par Ferdinand Lassalle (2001), pour qui existe la constitution symbolique, qui se différencie des facteurs réels de pouvoir. La croissance économique brésilienne du XXIe siècle n'a pas fait disparaître l'existence d'une minorité de citoyens, et d'une majorité de sous-citoyens. Les premiers, aux commandes des partis politiques, amènent à confirmer la loi des oligarchies décrites par Roberto Michels, au début du XXe siècle.

Le site internet du Tribunal Supérieur Électoral, en présentant le profil de l'électorat au Brésil en 2010, indique un pourcentage formé par 6% d'analphabètes, c'est-à-dire plus de 8 millions d'électeurs; 14,5 % de semi-analphabètes, ce qui concerne plus de 19 millions d'électeurs; et 33 % (près de 45 millions) de personnes qui n'ont pas réussi à suivre jusqu'au bout l'enseignement fondamental (huit ans d'études). De cette addition, il ressort que 53,6 %, c'est-à-dire près de 73 millions d'électeurs, ne comprennent pas le contenu des programmes des partis politiques. Victor Nunes Loyal (1997) assure que la pauvreté du peuple, spécialement des régions agricoles, et par conséquent son retard civique et intellectuel constitueront un obstacle au développement de la vie publique brésilienne.

La formation du capital humain (Baqueiro, 2000, 2007), à travers l'éducation systématique (Pompeu, 2005), est essentielle pour tisser le filet de fraternité inhérente au capital social (Putnam, 1996), et ainsi fournir une société consciente de sa responsabilité devant le développement collectif par la participation politique (Solomon ; Fleurs, 2002).

Pour cette partie défavorisée du peuple, ce qui compte est le discours verbal, ce sont les promesses de jours meilleurs, promesses d'atteindre l'effectivité des droits sociaux, comme: la santé, l'éducation, le logement, les loisirs, le travail... Promesses qui se répètent au long de l'histoire politique brésilienne tous les 2 ans, au moment de la succession des élections locales, étatiques et fédérales (Solomon ; Fleurs, 2002).

Devant cette réalité, persiste la tentation d'adhérer à la conclusion de Roberto Michels (1962), et d'affirmer qu'au Brésil règne la Loi de fer des oligarchies. Les propriétaires du pouvoir empêchent la démocratie interne dans les partis politiques, ils évitent la discussion sur les projets des partis politiques et entravent la naissance de nouveaux chefs. Ils négligent l'éducation des masses, qui serait envisageable par des instituts d'éducation politique, et rendent impraticables la connaissance et le renouvellement.

On exposera l'histoire de la formation des partis politiques brésiliens (I) avant d'analyser l'insuffisance de leur démocratie interne (II).

I. Les partis politiques brésiliens

À la fin du XIXe siècle, le Brésil a connu beaucoup de transformations économiques et sociales produites par le processus d'industrialisation. Cela a provoqué, comme en Europe et aussi aux États-Unis, le développement du mouvement ouvrier, des partis de masse, des syndicats, des coopératives, des organisations d'assistance aux travailleurs et l'accroissement de conflits d'idées et d'intérêts.

L'analyse du processus de formation des partis politiques au Brésil démontre que la contestation de l'ordre politique est intrinsèquement liée au développement économique et à la volonté de conquérir des droits sociaux.

Les trois premiers groupes politiques apparus après l'indépendance du Brésil ont été : les défenseurs de la monarchie constitutionnelle ; les partisans de la Couronne Portugaise ; et les défenseurs du modèle républicain de l'Amérique du Nord qui voulaient plus d'indépendance pour les provinces. Dans la classification classique des partis de Duverger (1982), ils se rangent tous les trois parmi les partis de cadres : ils ne regroupaient en effet pas un grand nombre de participants, mais cherchaient à regrouper les figures les plus marquantes de la société.

De 1822 à 1840, un parlement a fonctionné sans l'existence formelle de partis politiques. À partir de 1840, ont émergé le parti libéral et le parti conservateur. Après l'annonce de la république, en 1889, et surtout avec la fin du régime monarchique au Portugal, en 1910, le parti monarchiste au Brésil s'est effondré. La question du rétablissement du régime monarchique a été posée par plébiscite, en 1993, après la promulgation de la Constitution de 1988. Le rétablissement du régime monarchique a obtenu 6 840 609 voix et le maintien de la forme républicaine 43 253 679 (BRÉSIL, TSE, 2010).

On observe que le Brésil vivait encore à la fin du XIXe siècle sous un régime monarchique, avec une oligarchie latifundiaire et esclavagiste, néanmoins le développement du capitalisme a fait apparaître aussi la classe ouvrière. La nouvelle classe et ses contestations enflammées par les idées de l'anarchisme, qui a accompagné les immigrés italiens, ont fomenté les premières luttes ouvrières. Les salariés immigrés défendaient l'idée de l'égalité sociale nécessaire. Des anarchistes proclamaient même l'autonomie des travailleurs et faisaient opposition aux organismes de représentation, tels que les partis et le parlement.

La forme du gouvernement monarchique est tombée, mais la république rêvée par Rui Barbosa[2] et consacrée dans la première constitution républicaine de 1891 n'a pas modifié les facteurs réels du pouvoir. Les oligarchies agraires du café ou de l'élevage du bétail se faisaient représenter au moyen des partis républicains des États du sud et du sud-est (le PRM, le PRP, le PRHRGS). Ces oligarchies se croyaient éternelles; elles se montraient sourdes aux revendications des travailleurs et aux appels de la population des régions du nord et nord-est; et elles ignoraient aussi le mécontentement des jeunes militaires.

La classe ouvrière a grandi dans les centres urbains et elle a commencé à affronter la bourgeoisie industrielle. Pendant le Congrès Ouvrier Brésilien, en 1906, sous l'influence anarco-syndicaliste, est apparue la Confédération Ouvrière Brésilienne (COB). Les premières assemblées des masses ouvrières ont prospéré et une décennie ensuite, en 1917, elles ont fait naître une grève dans le secteur manufacturier qui s'est répandue dans plusieurs États brésiliens. La grève revendiquait des meilleurs salaires, et l'abolition du travail malsain et nocturne des femmes

---

[2] Carlos Henrique Cardim, diplomate de carrière et enseignant universitaire a écrit sur la trajectoire de Rui Barbosa, « notable homme public » brésilien qui a inséré le Brésil dans le contexte international. L'idéologie politique brésilienne dans les premières décennies de la république, entre la crise et la créativité sont examinées dans CARDIM, Carlos Henrique. *La racine des choses. S'écroule Barbosa : le Brésil dans le monde*. Rio de Janeiro : Civilisation Brésilienne, 2007.

et des mineurs de 18 ans. Elle a exprimé aussi un caractère politique d'opposition à l'État et à ses institutions, qui jusqu'à ce moment refusaient de reconnaître l'existence de droits au prolétariat.

Le mouvement anarchiste a été violemment réprimé, néanmoins il a apporté à la presse le débat de la question sociale et des droits des travailleurs et, finalement, le mouvement de 1917 a cédé la place au Parti Communiste Brésilien, créé en 1922, maintenu clandestinement jusqu'en 1945.

En s'appuyant sur le mécontentement suscité par la « Politique *Café com leite* » des originaires de São Paulo et de Minas Gerais qui se remplaçaient à la Présidence du pays, le Parti de l'Alliance Libérale a fait un coup d'État en 1930 et a amené Getúlio Vargas au pouvoir. L'Alliance combattait les élections frauduleuses et avait comme objectifs le vote secret, l'indépendance du judiciaire, l'amnistie pour les lieutenants impliqués dans les diverses rébellions contre le pouvoir de l'État au long des années 1920, la protection de l'exportation du café, une nouvelle assemblée constituante et les réformes sociales.

Getúlio Vargas a incorporé les exigences syndicales et il les a adoptées comme sujet de sa campagne politique et a unifié les lois sur le droit du travail dans la Consolidation des Lois Travailleuses. En 1932, il a promulgué le Code Électoral dans lequel il crée le Tribunal Supérieur de Justice Électorale, il établit aussi le vote secret et permet le vote féminin. Getúlio Vargas, après avoir gouverné quatre ans sans accomplir la promesse de sa campagne électorale de convoquer une Assemblée Constituante, promulgue la Constitution brésilienne de 1934, dans laquelle se trouvent consacrés les droits sociaux, et le vote obligatoire dès l'âge de 18 ans.

Le Gouvernement du Président Getúlio Vargas, qui dure 15 ans, prend des mesures controversées classées ultérieurement en trois périodes : le provisoire (1930-1934), le constitutionnel (1934-1937), le dictatorial connu comme « Estado Novo », l'État Nouveau (1937-1945).

Dans la période constitutionnelle, plusieurs partis apparaissent, quelques-uns avec l'idéologie nazie-fasciste, comme l'Action Intégrale Nationale, qui utilisait un uniforme et avait un salut propre « anauê ». En 1937 l'Action Intégrale envahit le Palais du Gouvernement et essaye de faire un coup d'État. Cette attaque n'obtient pas de succès et provoque la suppression de tous les partis et l'extinction de la Justice Électorale, ainsi que des persécutions politiques de la part de Getúlio Vargas, qui ne permet pas la réalisation d'élections. Il accorde la Constitution de 1937 et reste au pouvoir jusqu'en 1945. Au niveau des États, Getúlio installe des gouverneurs nommés par lui (In Villa, 2001), ce qui a renforcé la personnalisation du pouvoir, qui influencera les partis politiques dans la seconde moitié du XXe siècle.

À la fin de la 2e Guerre Mondiale et après la victoire des Alliés, il y avait dans le monde entier une soif de démocratie et de défense de la liberté et des droits humains. Il n'existait pas d'espace pour un État dictatorial. Le Gouvernement accorde alors l'amnistie aux personnes poursuivies par le régime, il permet la libre organisation des partis politiques, y compris le Parti Communiste qui en sort fortifié. La Justice Électorale est réinstallée par Getúlio Vargas, qui bientôt est éloigné. Le Président du Suprême Tribunal Fédéral reste à la Présidence de la république jusqu'à la réalisation des élections directes. Eurico Gaspar Dutra est élu comme Président pour initier un nouveau processus de démocratisation, en réalité pour continuer la même politique, une fois qu'il a obtenu l'aide de Getúlio Vargas pour se faire élire.

Pendant la période qui s'étend entre les coups d'État, de 1946 à 1964, les partis politiques ont connu un fort militantisme: le PSB, le PTB (lequel a réélu Getúlio Vargas), le PSD (qui a élu Eurico Gaspar Dutra et Juscelino Kubitschek), le PSP, le PDC (lequel a élu Jânio Tableaux), l'UDN et le PCB.

Le Brésil a vécu une courte période de régime parlementaire, de 1961 à 1963, quand Jânio Quadros (PDC) a renoncé à la Présidence du pays, et qu'il a été remplacé par le Vice-président João Goulart (PTB), considéré de gauche et avec une forte et intense participation dans les syndicats et dans les mouvements ouvriers.

Tous les mouvements ont été étouffés avec la chute de João Goulart et la prise du pouvoir par le Régime Militaire de la Révolution de 1964, qui a suspendu les élections et éteint les partis politiques. Il a imposé de fait le bipartisme, en empêchant la création d'autres partis que l'ARÈNE et le MDB, (le Mouvement Démocratique Brésilien), créés en 1965. De 1964 à 1985, la présidence du Brésil a été occupée par des militaires, période d'exception et de restriction de la liberté d'expression, par conséquent d'atrophie de l'État démocratique de droit.

À partir de 1980, le Brésil est passé à une époque de renouveau politique, avec l'amnistie des exilés politiques hostiles au régime militaire, avec des élections directes pour les gouverneurs et sénateurs et l'organisation de nouveaux partis politiques. En 1985 a été élu au scrutin indirect un président civil Tancredo Neves, qui est décédé avant même d'arriver à la présidence, en laissant ainsi la place à son vice-président José Sarney, qui a hérité de l'une des plus grandes dettes externe et interne de la planète, d'une inégalité sociale incontestée conjuguée avec une haute inflation.

Le MDB et l'ARÈNE ont été supprimés. Pour les remplacer, ont été créés le PMDB (Parti du Mouvement Démocratique Brésilien), et le PDS (Parti Démocratique Social). Sont apparus, à leurs côtés, le PDT (Parti Démocratique Travailliste); le PP (Partido Popular); le PTB (Parti Travailliste Brésilien), et le PT (Parti des Travailleurs) qui ont constitué une innovation dans le tableau politique des partis de masse, en réussissant à s'attacher des directions syndicales, des leaders de gauche et divers mouvements populaires.

À partir de 1988 le pluripartisme se fait présent comme fondement de la Constitution brésilienne, agent du processus de démocratisation et du système représentatif. Avec 27 partis enregistrés au TSE, en 2010 (voir les pièces ci-jointes en annexe), le multipartisme est même aujourd'hui victime de son succès. Certains partis, dits de loyer, servent en effet seulement à abriter des candidats qui ont besoin d'un pavillon de complaisance pour concurrencer les candidats officiels de leur parti d'origine, avec la complicité de ce dernier, si bien que le parti d'origine finit en soutenant deux candidats, celui par lui indiqué et celui du parti loué.

Le conservatisme de la coupole, décrit par Duverger (1982), ne se dispose jamais à abandonner le pouvoir et déploie tous les stratagèmes possibles pour s'y maintenir. Comme l'observe António Carlos Klein (2002, p.135), « il se crée un paradoxe: une oligarchie à l'intérieur d'une démocratie » ; l'attachement au pouvoir de ses détenteurs incite à ne pas pratiquer la démocratie interne.

Tout cela pour dire que les partis politiques brésiliens s'analysent tantôt comme des partis de cadres qui favorisent ouvertement les notables, tantôt comme de pseudo-partis de masses qui favorisent des factions en pratiquant ce qu'on appelle la démocratie centralisée et verticale. Dans les deux cas, les décisions viennent des chefs nationaux et sont exécutées par les autres membres du parti dans les sphères de l'État et de la commune.

Pendant les périodes de crise et de contestation, les partis attirent l'attention et parviennent à convaincre les citoyens de s'engager. Par contre quand ces mêmes partis arrivent au pouvoir, le discours de gouvernance, de la nécessité de coalitions pour le maintien au pouvoir, est un discours qui prédomine et qui frustre les citoyens.

La corruption, l'intensité de la personnalisation du pouvoir, l'enrichissement illicite, le détournement de ressources publiques, l'oubli de l'intérêt public sont des pratiques routinières dénoncées quotidiennement par la presse brésilienne.

Pourtant, parmi les modèles théoriques, on reconnaît la supériorité du système représentatif et proportionnel qui, malgré ses imperfections, est ce qui respecte le mieux les exigences de la justice, de l'équité et de la représentativité, sans compromettre la stabilité du gouvernement.

Selon Klein (2002) l'existence de la démocratie dépend de la relation étroite entre la sphère externe des partis (les personnes qui votent à chaque élection avec une conviction momentanée) et leur sphère interne (les militants engagés dans l'action politique). La sphère interne anime l'externe et doit refléter les pensées diverses de la société. Si le parti néglige la démocratie interne entre ses militants, en conséquence il s'éloignera des désirs ardents et des avis de la société. Selon l'auteur, les insuffisances dans la représentativité font que le système ressemble plus à une oligarchie éclairée qu'à une démocratie (Klein, 2002, p.135).

II. La démocratie interne dans les partis politiques et la participation

Comme le démontre le texte précédent, les partis sont indépendants pour définir leur structure et leur fonctionnement interne. Ils doivent respecter les déterminations constitutionnelles et de la loi n° 9,096/95, en ce qui concerne le respect de la souveraineté nationale, du régime démocratique, des droits humains fondamentaux, ainsi que l'explicite interdiction de recevoir de l'argent étranger ou encore de donner une instruction militaire ou paramilitaire et d'utiliser des uniformes.

Ce sont des personnes juridiques de droit privé, cependant ils rendent des comptes au Tribunal des Comptes et sont soumis à la Justice Électorale. Le Tribunal Supérieur Électoral enregistre les statuts du parti afin qu'il participe à la procédure électorale, qu'il reçoive aussi des ressources spécifiques et ait l'accès gratuit à la radio et à la télévision. Le registre assure l'exclusivité de l'utilisation du sigle et des symboles.

Au Brésil, la division politique et administrative se fait dans les villes, dans les États et dans le district fédéral. Les élections ont lieu dans trois sphères distinctes : les élections municipales (le maire, le maire adjoint, et les conseillers municipaux) ; les élections générales et de l'État (le gouverneur, le vice-gouverneur, les députés de l'État, les députés du district, les députés fédéraux et les sénateurs) ; et les élections présidentielles (le Président et le Vice-président de la République).

Dans ce contexte, le parti doit communiquer à la Justice Électorale la constitution de son équipe de direction et les noms de ses responsables aux niveaux fédéral, de l'État et municipal. De cette façon, le Tribunal Supérieur Électoral enregistre ces renseignements dans la sphère nationale. De son côté, le Tribunal Régional Électoral - TRE enregistre les représentants et les délégués choisis dans la sphère de l'État. Enfin la section municipale du parti peut encore faire enregistrer près des Juges Électoraux ses délégués locaux.

La loi n° 9 096, du 19 septembre 1995 réglemente les partis politiques; d'un autre côté la loi n° 9 504, du 30 septembre 1997, réglemente les élections; la Loi Complémentaire n° 135, du 4 juin 2010, inclut des hypothèses d'inéligibilités qui visent à protéger la probité administrative et la moralité dans l'exercice du mandat. Néanmoins il n'existe pas de législation qui traite de la démocratie interne dans les partis politiques. Cette matière est réservée au pouvoir discrétionnaire des partis et à leurs statuts.

La représentation démocratique ne s'épuise pas dans le résultat électoral (Sarti, 1980) et exige la démocratisation des institutions partisanes au moyen de la garantie de participation aux décisions. La performance institutionnelle des partis exige l'administration des conflits entre des secteurs internes du parti lui-même, ainsi qu'entre ceux-ci et le public.

Ângelo Panebianco (1988) établit la nécessité de connaître les relations de pouvoir qui définissent la dynamique interne des partis. Initialement, il faut identifier les alliances privilégiées et voir comment les relations de pouvoir se reproduisent et se modifient devant les diverses exigences et les pressions. Selon l'auteur, les partis tendent à se constituer par pénétration territoriale. Cela signifie que le centre du parti contrôle les associations périphériques. Ils peuvent au contraire se constituer par diffusion territoriale. Dans cette hypothèse, le parti naît spontanément des associations locales et ne prend qu'ultérieurement forme dans la sphère nationale. Une troisième hypothèse apparaît lorsqu'une institution, ou un chef charismatique, conçoit le parti comme bras politique. Dans tous les cas, le parti tend à évoluer d'un système de solidarité (tous sont égaux et coopèrent) vers un système d'intérêts (concurrence, conflits, bureaucratisation). Avec cette évolution, le parti cesse d'être un instrument et il se transforme en une fin pour lui-même.

Au Brésil, la meilleure manière de connaître un parti se fait à partir de l'observation de ses statuts et de leur corrélation avec les pratiques politiques. Les statuts contiennent le nom, la dénomination raccourcie, l'établissement du siège dans la Capitale Fédérale - Brasília, ainsi que les règles d'affiliation et d'exclusion de leurs membres, et les droits et les devoirs des affiliés. Ils déterminent l'organisation du parti et la manière dont il est dirigé. Ils identifient sa structure, sa composition, et les compétences des sections dans les sphères municipales, de l'État et aussi nationale. Ils déterminent la durée des mandats et le processus d'élection des membres. Ils établissent les règles de loyauté et de discipline partisane et le processus pour sanctionner les infractions.

Les statuts servent aussi à déterminer les conditions et la procédure de choix des candidats aux charges et fonctions électives. Ils fixent les normes et procédures inhérentes aux finances, à la comptabilité, aux contributions des affiliés, aux diverses sources de recettes du parti ainsi qu'aux sommes que les candidats peuvent dépenser lors de leur propre élection.

Enfin, ils indiquent les critères de distribution des ressources du parti entre les sections aux niveaux municipal, de l'État et national. En cas de pratique illicite, la responsabilité n'est pas solidaire. Qui a fauté en répond individuellement. L'exercice comptable du parti doit annuellement être envoyé à la Justice Électorale, jusqu'au 30 avril de l'année suivante.

Selon Jaime Cardenas Gracia (2001), pour évaluer le degré de démocratie interne il faut considérer quatre éléments: le niveau de respect et la garantie des droits fondamentaux à l'intérieur du parti, l'organisation et les procédures internes, les chaînes d'idées au sein de l'organisation et, finalement, les instruments de contrôle de la vie interne partisane.

La démocratie interne viabilise les décisions majoritaires, et empêche l'exclusion des droits des minorités. Elle rend possible le consensus, mais accepte la dissidence. Elle stimule la tolérance et le libre débat d'idées sur le programme des partis politiques et sur les lois. Pour Cardenas Gracia (2001), la fonction d'attirer la société au débat et l'individu à la participation est la plus grande fonction du parti politique.

Malgré la rapidité parfois nécessaire dans l'adoption des décisions politiques, et la compréhensible recherche d'unité partisane pour affronter l'intense jeu politique, il est possible d'énumérer quelques instruments de démocratie interne dans les partis politiques. Ces mécanismes, offerts aux militants, doivent précéder la prise de décision. Parmi eux figurent notamment :

1. Participation directe ou par le biais de représentants dans les assemblées générales et dans la confection de l'ordre du jour ;

2. Droit de voter et d'être élu pour toutes les positions du parti;

3. Régularité dans les positions et dans les équipes de direction ;

4. Responsabilité pour les positions occupées ;

5. Révocabilité des positions et possibilité de remplacement ;

6. Caractère collégial des centres de décision et respect du principe majoritaire dans les décisions ;

7. Liberté d'expression au sein du parti ;

8. Accès à l'affiliation et liberté de se désaffilier ;

9. Publicité des causes et de la nature des mesures de sanction ou d'expulsion du parti ;

10. Droit à être entendu et de présenter sa défense devant une instance neutre, avant l'imposition de toute sanction ;

11. Droit d'attaquer devant la Justice de l'État, les sanctions du parti ;

12. Accès aux informations sur tous les sujets et au débat libre d'idées, droit à la connaissance des comptes sur l'administration des biens et ressources du parti, avec le droit de les réfuter ;

13. Droit à la pratique du vote, du plébiscite et du référendum pour les décisions principales ;

14. Compétences expresses et déterminées pour chaque section du parti et autonomie pour l'exercice des fonctions dans chaque sphère de pouvoir ;

15. Existence d'organes et procédures pour régler les disputes internes, ainsi que pour interpréter les programmes ;

16. Droit à l'individualisation de la sanction ou de l'expulsion, qui jamais ne pourra se produire collectivement.

Les organes de contrôle garants des mécanismes ci-dessus indiqués doivent être des agences neutres du parti lui-même. Ces agences ont comme mission la plus importante d'éviter les pratiques qui excluent, qui empêchent la discussion d'idées et le renouvellement du pouvoir. Le bon fonctionnement du contrôle interne dans les partis évitera le recours à la sphère judiciaire et la judiciarisation de la politique.

Au Brésil, de telles agences existent. Il s'agit des agences suivantes :

- agences de délibération – Elles garantissent le bon fonctionnement des conventions municipales, régionales et nationales. Le résultat des conventions doit néanmoins être paraphé par la Justice Électorale ;

- agences de direction – Elles garantissent le bon fonctionnement des directoires des districts municipaux, régionaux et nationaux ;

- agences d'action ou d'exécution – Elles garantissent le bon fonctionnement des commissions exécutives des districts municipaux, régionaux et nationaux ;

- agences de coopération – Elles garantissent le bon fonctionnement des Conseils d'éthique, des inspecteurs, des instituts d'études politiques, des mouvements des travailleurs et des étudiants, des départements des jeunes et des femmes... ;

- agences d'action parlementaire – Elles contrôlent l'intégrité des représentants du parti dans les chambres municipales, dans les assemblées législatives, dans la Chambre Fédérale et dans le Sénat Fédéral.

Les statuts du parti devront dire qui compose les conventions et qui pourra voter. En règle générale, les conventions se composent des dirigeants du parti, des membres du directoire, des parlementaires, des sénateurs et des députés. Les conventions municipales sont les plus démocratiques. Elles permettent le vote d'un simple affilié (Candido, 2010, p.105). Quand il s'agit du choix de candidats aux charges publiques électives, dans la majorité des partis, ces conventions deviennent élitistes et elles n'utilisent pas le mécanisme d'un homme, un vote ; elles n'autorisent à voter que les délégués du parti, qui ont été choisis dans les conventions municipales.

Le Tribunal Supérieur Électoral au Brésil a contribué au discrédit de la théorie « à un homme, un vote » et à l'inhibition de la démocratie interne dans les partis politiques, quand il a décidé que la convention pouvait déléguer à une Commission Exécutive le choix des candidats.

C'est ce qui a pu être observé lors de l'affaire du choix du Ministre Relator José Gerardo Grossi (BRÉSIL, TSE, 2010 - jurisprudence des tribunaux)[3].

N'existe pas dans le système électoral brésilien de candidature douteuse, vu que seuls les candidats désignés par les partis peuvent concourir aux élections. De ce constat, on déduit l'importance des conventions. Dans les conventions municipales, en règle générale tous les affiliés participent et votent pour choisir les délégués. Dans les conventions de l'État, les affiliés peuvent participer, néanmoins votent seulement les délégués du parti. Tous les affiliés sont convoqués personnellement ou par proclamation, un « quorum » étant nécessaire pour valider les délibérations dans la convention (Velloso ; Agra, 2009, p.130-132).

Les candidats homologués dans les conventions doivent enregistrer leurs candidatures à la Justice Électorale, laquelle vérifie leur domicile électoral dans cette circonscription et leur filiation partisane.

---

[3] RO - RESSOURCE HABITUELLE n° 1329 - Belém/PA
Arrêt du 24/10/2006. Journaliste () Min. JOSÉ GERARDO GROSSI.
Publication : PSESS - Publié dans Session, 24/10/2006.

La structure partisane obéit à la hiérarchie commandée par les directives du directoire national, selon un schéma de démocratie centralisée. Le directoire national doit établir les normes qui réglementeront les choix partisans, en les publiant dans le Quotidien Officiel (Diário Oficial) de l'Union 180 jours avant les élections, selon les termes de l'article 7° de la Loi n° 9.504/97.

La « coalition » est la jonction provisoire de partis politiques pour disputer une élection conjointement. Elle participe à la procédure électorale comme si elle était un seul et même parti politique, avec les mêmes droits et obligations. Elle doit présenter une dénomination propre, qui sera utilisée dans tout le matériel publicitaire avec la mention de tous les partis qui l'intègrent. Elle prend effet depuis les conventions jusqu'à la réalisation des élections.

En 2002, le TSE avait établi que les partis politiques coalisés pour l'élection nationale ne pouvaient pas se coaliser pour les élections de l'État avec des partis politiques qui avaient, isolément ou dans une alliance opposée, candidaté à la Présidence. Le Sénat et la Chambre des Députés ont approuvé l'Amendement Constitutionnel n°52, publié dans la D.O.U du 9 mars 2006, qui a rendu aux partis politiques leur liberté pour adopter les critères de choix et le régime de leurs coalitions électorales, sans obligation d'attache entre les candidatures aux différents niveaux : national, de l'État, du district ou municipal.

Manuel Alcântara Saez (2002) présente une étude qui corrèle la démocratie interne au moyen d'élections primaires en Amérique latine avec le sentiment de confiance envers les partis et les hommes politiques. Il conclut sa recherche en se déclarant en faveur des élections primaires. Les élections primaires favorisent la responsabilité horizontale. Elles dynamisent la société en faisant participer les militants à la prise de décisions importantes pour la vie partisane. Ainsi ces personnes se sentent des acteurs de l'avenir politique, ce qui contribue à la diminution des décisions claniques ou clientélistes, qui séparent la politique de la société.

Les données présentées par Alcântara Saez (2002) reflètent l'insatisfaction de la société par rapport aux partis politiques : 79% des interviewés affirment qu'ils ne font pas confiance aux partis politiques; 70% se présentent même comme non intéressés par la politique. Les sentiments suscités par la politique au Brésil sont en ordre d'importance décroissant : la méfiance, l'irritation, l'ennui et l'indifférence. On observe néanmoins, dans une autre question, que 68% reconnaissent que le pays ne peut pas fonctionner sans hommes politiques.

En 2010, on observe l'affaiblissement des partis politiques et le renforcement de la personnalisation du pouvoir. Le TSE a autorisé le Président Lula à participer à des programmes de télévision et de radio en faveur de candidats officiels. Dans certains États, plusieurs concurrents, qui briguent la même place de gouverneur, se réclament tous du soutien de Lula.

On assiste ainsi au Brésil, en 2010, à une confirmation de l'analyse faite par Moisei Ostrogorski, en 1912 : le gouvernement est un monopole dans les mains d'une classe, qui constitue un groupe séparé de la société. Ce gouvernement peut être exercé par une seule personne, qui s'appuie sur cette classe, et qui, malgré la forme républicaine de l'État, jouit des pouvoirs d'un autocrate. La grande masse de la population supporte ce jeu avec indifférence ou passivité (Ostrogorski, 2008, p.24).

*
* *

Il est possible de constater que la Constitution brésilienne de 1988 élève le pluripartisme au rang de fondement constitutionnel. Elle subordonne en effet à la nécessité d'une filiation partisane l'exercice de la citoyenneté active. Comme personnes de droit privé, les partis politiques sont protégés dans la libre détermination de leur fonctionnement interne, selon les règles adoptées par leurs statuts.

Les partis sont ainsi présentés comme des bastions de la démocratie, de la liberté de pensée et du droit d'opposition.

Néanmoins il n'existe pas de loi qui réglemente la démocratie interne dans les partis politiques.

L'absence de démocratie interne dans les partis politiques constitue un vrai cancer qui ôte aux citoyens l'envie de participer à la vie politique. Les raisons collectives qui justifient la recherche de la conquête du pouvoir politique disparaissent lentement. Ne restent plus que des factions qui visent à préserver certains intérêts économiques.

Dans l'immense fédération brésilienne, terre de contrastes et de contradictions, où n'existe pas de financement public des campagnes électorales ni de démocratie interne dans les partis politiques, on peut mesurer la pertinence de l'analyse de Roberto Michels, de 1911, de la Loi de fer des oligarchies et du retour constant à la personnalisation du pouvoir. Dom Pedro II, Rui Barbosa, Getúlio Vargas, Juscelino Kubistchek, Luis Inácio Lula da Silva, considérés par quelques-uns comme des hommes d'État, sont des chefs de l'exécutif qui se sont trouvés placés au-dessus du bien et du mal politique dans l'histoire politique brésilienne.

Les partis politiques au Brésil n'ont pas comme caractéristique la représentation populaire, en raison de leur nombre très faible d'adhérents. Dans ce contexte, on remarque que la dernière décennie du XXe siècle a été marquée par une mobilisation politique extérieure aux partis, au moyen d'organisations non gouvernementales (ONG), qui développent des projets sociaux ou, encore, par l'intermédiaire des associations et des Conseils communautaires qui maintiennent des forums de contrôle social de l'utilisation des ressources publiques.

Face à cette situation, les partis doivent faire des alliances avec les mouvements sociaux, et améliorer leur démocratie interne pour fortifier les liens entre le militantisme et les intérêts sociaux.

Bien loin de cet objectif, le Président Lula a accentué la crise d'identité du parti des travailleurs. Il a en effet négligé la démocratie interne dans ce parti et désigné, en 2010, comme successeur à la Présidence de la République, sa ministre, Chef de la Maison Civile, Dilma Roussef. Pour le militant du PT

Charles Alcântara, de l'État du Pará, «le PT s'est rendu aux intentions d'une coterie partisane, qui l'a kidnappé et il s'est éloigné de son militantisme ». On remarque qu'encore une fois, avec l'approbation populaire, un chef de l'exécutif détourne les attentes de l'État démocratique de droit.

On peut remarquer que la démocratie interne dans les partis, ne prend place que dans les sphères des conventions municipales, qui sont animées par des débats passionnés entre les citoyens et les chefs des partis locaux. Au niveau étatique et national, les délégués se dépersonnalisent et se laissent guider par les orientations des chefs qui surveillent tout. La concrétisation de la démocratie représentative est la plus grande justification de l'existence des partis politiques, malheureusement ils ne se montrent pas toujours à la hauteur de cette ambition.

La seule façon d'améliorer la démocratie interne dans les partis politiques est de valoriser la formation du capital humain, au moyen d'une éducation systématique, instrument de responsabilité sociale et de participation politique, d'engagement partisan et d'effectivité des droits sociaux.

Références

ALCÁNTARA SÀEZ, Manuel; FREIDENBERG, Flávia. *Partidos políticos de América Latina* : países Andinos. Salamanca: Universidade de Salamanca, 2001.

ALCÁNTARA SÀEZ, Manuel. *Experimentos de democracia interna* : las primárias de partidos en América latina. Working paper#293. April 2002. Disponível em: <http://kellogg.nd.edu/publications/workingpapers/WPS/293.pdf>. Acesso em: 10 ago. 2010.

ARENDT, Hannah. *A promessa da política*. Tradução de Pedro Jorgensen jr. 2ed. Rio de Janeiro: Difel, 2009.

BAQUERO, Marcello. *A vulnerabilidade dos partidos políticos e a crise da democracia na América Latina.* Porto Alegre: Universidade Federal do Rio Grande do Sul, 2000.

BAQUERO, Marcello. *Capital social, desenvolvimento sustentável e democracia na América Latina.* Porto Alegre: Universidade Federal do Rio Grande do Sul, 2007.

BRASIL. Constituição (1988). *Constituição da República Federativa do Brasil.* 44. ed. São Paulo: Saraiva, 2010.

BRASIL. Lei n.º.9.096, de 19 de setembro de 1995. Dispõe sobre partidos políticos, regulamenta os arts. 17 e 14, § 3º, inciso V, da Constituição Federal. Brasília: DOU de 20.9.95.

BRASIL. Lei nº. 9.504, de 30 de setembro de 1997. Estabelece normas para as eleições. Brasília: DOU de 1º.10.97.

BRASIL. Lei Complementar nº135, de 4 de junho de 2010. Altera a Lei Complementar nº 64, de 18 de maio de 1990, que estabelece, de acordo com o § 9º do art. 14 da Constituição Federal, casos de inelegibilidade, prazos de cessação e determina outras providências, para incluir hipóteses de inelegibilidade que visam a proteger a probidade administrativa e a moralidade no exercício do mandato. Brasília: DOU de 7.6.2010.

BRASIL. Tribunal Superior Eleitoral. Estatística do Tribunal Superior Eleitoral – Eleições 2010. Disponível em: <www.tse.gov.br>. Acesso em: 21 ago. 2010.

CARDENAS GRACIAS, Jaime. Partidos políticos y democracia. *Cuadernos de divulgación de la cultura democrática,* México: Instituto Federal Electoral, n.8, 4. ed. 2001.

CÂNDIDO, Joel J. *Direito eleitoral brasileiro.* 14. ed. Bauru: EDIPRO, 2010.

CARDIM, Carlos Henrique. *A raiz das coisas.* Rui Barbosa: o Brasil no mundo. Rio de Janeiro: Civilização Brasileira, 2007.

DUVERGER, Maurice; GUIMARÃES, Aquiles; PAIM, Antonio. *Curso de introdução ao pensamento político brasileiro* - Partidos políticos e sistemas eleitorais no Brasil. Brasília: Universidade de Brasília, 1982.

INSTITUTO BRASILEIRO DE GEOGRAFIA E ESTATÍSTICA – IBGE. Disponível em: <http://www.ibge.gov.br>. Acesso em: 22 ago. 1010.

KLEIN, Antonio Carlos. *A importância dos partidos políticos no funcionamento do Estado*. Brasília: Brasília Jurídica, 2002.

LASSALLE, Ferdinand. *A essência da constituição*. 8. ed. Rio de Janeiro: Lúmen Júris, 2009.

LEAL, Victor Nunes. *Coronelismo, enxada e voto* : o município e o regime representativo no Brasil. Rio de Janeiro: Nova Fronteira, 1997.

MITCHEL, Robert. *Political parties*. A sociological study of the oligarchical tendencies of modern democracy. Translated by Eden and Cedar Paul. With an introduction by Seymour Martin Lipset. New York: The Free Press, 1962.

ORTEGA Y GASSET, José. *Meditações do Quixote*. São Paulo: Livro Íbero Americano, 1967.

OSTROGORSKI, Moisei. *La democracia y los partidos políticos*. Presentacion de Antonio Lastra. Madri: Trotta, 2008.

PANEBIANCO, Angelo. *Political parties* : organization & power. Cambridge: Cambridge University Press, 1988.

POMPEU, Gina V. Marcilio. *Direito à educação* : controle social e exigibilidade judicial. Fortaleza: ABC, 2005.

PUTNAM, Robert. *Comunidade e democracia* : a experiência da Itália moderna. Tradução Luiz Alberto Monjardim. Rio de Janeiro: Fundação Getúlio Vargas, 1996.

SARTI, Ingrid. *Porto vermelho*. Rio de Janeiro: Paz e Terra, 1980.

SOLOMON, Robert C.; FLORES, Fernando. *Construa confiança* : nos negócios, na política e na vida. Tradução Zaida Maldonado. Rio de Janeiro: Record, 2002.

VELLOSO, Carlos; AGRA, Walber de Moura. *Elementos de direito eleitoral*. São Paulo: Saraiva, 2009.

VILLA, Marco Antonio. *Sociedade e história do Brasil* - O Estado Novo. Brasília: Instituto Teotônio Vilela, 2001. v. X.

Sites électroniques

CEARÁ. Tribunal Regional Eleitoral. Disponível em:<www.tre-ce.gov.br>. Acesso em: 10 ago. 2010.

DEMOCRACIA socialista. Disponível em: <http://www.democraciasocialista.org.br/ds/index>. Acesso em: 10 ago. 2010.

ELEIÇÃO 2010. Disponível em: <http://www.eleicao2010.net/2010/06/08/indice-de-aprovacao-de-lula-75/>. Acesso em: 10 ago. 2010.

LATINO barometro. Disponível em:<http://www.latinobarometro.org/latino/license.jsp>. Acesso em: 10 ago. 2010.

ANNEXES

Nombre d'électeurs par Région brésilienne

Consulta Evolução do Eleitorado		
Pesquisa por Região - -		
Região		%
NORDESTE	36.727.931 36.727.931	0
SUDESTE	58.936.436 58.936.436	0
CENTRO-OESTE	9.695.987 9.695.987	0
EXTERIOR	200.392 200.392	0
SUL	20.252.770 20.252.770	0
NORTE	9.990.917 9.990.917	0
BRASIL	**135.804.433 135.804.433**	**0**

Fonte: Estatística do Tribunal Superior Eleitoral – Eleições 2010- www.tse.gov.br

1. Degré d'instruction des électeurs brésiliens

Brasil

Grau de Instrução	Qt	%
NÃO INFORMADO	152.863	0,113
ANALFABETO	8.007.074	5,905
LÊ E ESCREVE	19.783.865	14,589
ENSINO FUNDAMENTAL INCOMPLETO	44.920.034	33,126
ENSINO FUNDAMENTAL COMPLETO	10.306.449	7,600

ENSINO MÉDIO INCOMPLETO	25.711.089	18,960	
ENSINO MÉDIO COMPLETO	17.862.015	13,172	
SUPERIOR INCOMPLETO	3.725.143	2,747	
SUPERIOR COMPLETO	5.135.509	3,787	
Subtotal	**135.604.041**		

Exterior

Grau de Instrução	Qt	%	
NÃO INFORMADO	1	0,000	

ANALFABETO	241	0,120	
LÊ E ESCREVE	3.721	1,857	
ENSINO FUNDAMENTAL INCOMPLETO	15.523	7,746	
ENSINO FUNDAMENTAL COMPLETO	13.045	6,510	
ENSINO MÉDIO INCOMPLETO	21.260	10,609	
ENSINO MÉDIO COMPLETO	56.355	28,122	
SUPERIOR INCOMPLETO	27.805	13,875	
SUPERIOR COMPLETO	62.441	31,159	

Subtotal	200.392
Total	135.804.433

Fonte: Estatística do Tribunal Superior Eleitoral – Eleições 2010 – www.tse.gov.br

2. Registre des partis politiques au Tribunal Supérieur Électoral

0001 SIGLA	NOME	DEFERIMENTO	PRESIDENTE NACIONAL	Nº
1 PMDB	PARTIDO DO MOVIMENTO DEMOCRÁTICO BRASILEIRO	30.06.1981	MICHEL TEMER	15

#	Sigla	Nome	Data	Presidente	Número
2	PTB	PARTIDO TRABALHISTA BRASILEIRO	03.11.1981	ROBERTO JEFFERSON MONTEIRO FRANCISCO	14
3	PDT	PARTIDO DEMOCRÁTICO TRABALHISTA	10.11.1981	CARLOS LUPI	12
4	PT	PARTIDO DOS TRABALHADORES	11.02.1982	JOSÉ EDUARDO DE BARROS DUTRA	13
5	DEM	DEMOCRATAS	11.09.1986	RODRIGO MAIA	25
6	PCdoB	PARTIDO COMUNISTA DO BRASIL	23.06.1988	JOSÉ RENATO RABELO	65

7	PSB	PARTIDO SOCIALISTA BRASILEIRO	01.07.1988	EDUARDO CAMPOS	40
8	PSDB	PARTIDO DA SOCIAL DEMOCRACIA BRASILEIRA	24.08.1989	SÉRGIO GUERRA	45
9	PTC	PARTIDO TRABALHISTA CRISTÃO	22.02.1990	DANIEL S. TOURINHO	36
10	PSC	PARTIDO SOCIAL CRISTÃO	29.03.1990	VÍCTOR JORGE ABDALA NÓSSEIS	20
11	PMN	PARTIDO DA MOBILIZAÇÃO NACIONAL	25.10.1990	OSCAR NORONHA FILHO	33

12	PRP	PARTIDO REPUBLICANO PROGRESSISTA	29.10.1991	OVASCO ROMA ALTIMARI RESENDE	44
13	PPS	PARTIDO POPULAR SOCIALISTA	19.03.1992	ROBERTO FREIRE	23
14	PV	PARTIDO VERDE	30.09.1993	JOSÉ LUIZ DE FRANÇA PENNA	43
15	PTdoB	PARTIDO TRABALHISTA DO BRASIL	11.10.1994	LUIS HENRIQUE DE OLIVEIRA RESENDE	70
16	PP	PARTIDO PROGRESSISTA	16.11.1995	FRANCISCO DORNELLES	11

17	PSTU	PARTIDO SOCIALISTA DOS TRABALHADORES UNIFICADO	19.12.1995	JOSÉ MARIA DE ALMEIDA	16
18	PCB	PARTIDO COMUNISTA BRASILEIRO	09.05.1996	IVAN MARTINS PINHEIRO*	21
19	PRTB	PARTIDO RENOVADOR TRABALHISTA BRASILEIRO	28.03.1995	JOSÉ LEVY FIDELIX DA CRUZ	28
20	PHS	PARTIDO HUMANISTA DA SOLIDARIEDADE	20.03.1997	PAULO ROBERTO MATOS	31
21	PSDC	PARTIDO SOCIAL DEMOCRATA CRISTÃO	05.08.1997	JOSÉ MARIA EYMAEL	27

22	PCO	PARTIDO DA CAUSA OPERÁRIA	30.09.1997	RUI COSTA PIMENTA	29
23	PTN	PARTIDO TRABALHISTA NACIONAL	02.10.1997	JOSÉ MASCI DE ABREU	19
24	PSL	PARTIDO SOCIAL LIBERAL	02.06.1998	LUCIANO CALDAS BIVAR	17
25	PRB	PARTIDO REPUBLICANO BRASILEIRO	25.08.2005	VITOR PAULO ARAÚJO DOS SANTOS	10
26	PSOL	PARTIDO SOCIALISMO E LIBERDADE	15.09.2005	HELOISA HELENA	50

| 27 | PR | PARTIDO DA REPÚBLICA | 19.12.2006 | ALFREDO NASCIMENTO | 22 |

Fonte: Estatística do Tribunal Superior Eleitoral – Eleições 2010 – www.tse.gov.br

3. Nombre et pourcentage d'électeurs affiliés à un parti politique

Eleitorado WEB - Consulta Filiação Partidária
Pesquisa Brasil - Todos Partidos
Dados Referentes a Abril / 2010

Partido	Eleitores	%
DEM	1.102.062	7,95
PC DO B	268.924	1,94

PCB	16.010	0,115
PCO	2.876	0,021
PDT	1.126.737	8,128
PHS	113.761	0,821
PMDB	2.316.053	16,708
PMN	194.057	1,4
PP	1.368.843	9,875
PPS	445.980	3,217
PR	731.413	5,277
PRB	220.219	1,589

PRP	189.904	1,37
PRTB	92.926	0,67
PSB	491.411	3,545
PSC	299.539	2,161
PSDB	1.314.059	9,48
PSDC	140.549	1,014
PSL	168.515	1,216
PSOL	40.546	0,293
PSTU	12.530	0,09
PT	1.392.864	10,048

PT DO B	133.909	0,966
PTB	1.156.176	8,341
PTC	148.255	1,07
PTN	100.228	0,723
PV	273.227	1,971
TOTAL	**13.861.573**	

Fonte: Estatística do Tribunal Superior Eleitoral – Eleições 2010 – www.tse.gov.br

Libéralisme et démocratie participative

par Antoine Siffert,
doctorant à l'Université du Havre

Dans les années 1980, de nouvelles procédures démocratiques permettant de favoriser l'expression des citoyens et la participation du public à la prise de décisions collectives émergent dans deux contextes politiques et institutionnels différents : les démocraties représentatives et libérales, d'une part, et les régimes plus autoritaires mais néanmoins convertis au capitalisme, d'autre part. Aussi peut-on s'interroger sur les liens existant entre le courant libéral et l'aspiration à la démocratie participative[1].

Les dysfonctionnements de la démocratie représentative ont créé les conditions favorables au développement de nouveaux procédés démocratiques[2]. En effet, la nécessité de renforcer la participation des citoyens à la prise de décision politique[3] est

---

[1] Nous entendons la démocratie participative au sens large, c'est-à-dire comme l'ensemble des nouveaux procédés délibératifs et participatifs. Voir l'article 11 du Traité de l'Union européenne qui désigne à la fois les processus susceptibles de « faire connaître et d'échanger publiquement leurs opinions » et les procédés permettant au public de prendre part plus directement à la décision publique.
[2] « La notion de démocratie participative s'est imposée […] pour enrichir et critiquer en même temps le fonctionnement des institutions représentatives. », Rosanvallon. P, *La légitimité démocratique. Impartialité, réflexivité, proximité,* Seuil, 2008, p. 322.
[3] « L'idée d'un inéluctable renforcement de la participation des citoyens à la prise de décision politique gagne par ailleurs chaque jour du terrain dans la plupart des grandes démocraties occidentales. Les notions de « participation », de « consultation », de « débat citoyen » y font l'objet d'une valorisation

justifiée par la crise de la représentativité. Or, cette crise résulte de l'exagération du principe de l'indépendance des gouvernés par rapport aux gouvernants cher à la tradition libérale. Méfiante à l'égard de l'expression directe de la souveraineté populaire[4], celle-ci s'est satisfaite de la forme représentative de la démocratie et d'une définition restrictive de la citoyenneté. Aussi, les conceptions libérales de la démocratie peuvent-elles être qualifiées de négatives dans la mesure où il importe moins aux penseurs libéraux de confier le pouvoir au peuple que d'éviter la tyrannie de celui-ci[5]. En outre, alors que le suffrage censitaire caractérise la naissance de l'État libéral, la crise de ce dernier trouve sa source dans l'avènement du suffrage universel. C'est dire que la recherche d'une participation plus directe des citoyens à la prise de décision politique ne peut que susciter les réticences des libéraux. Pour autant, au lieu de s'opposer à cette tendance des démocraties modernes, le libéralisme a su s'accommoder de ce nouvel « impératif participatif »[6] par la prise en charge de la volonté du peuple.

Face à la revendication d'une souveraineté du peuple plus effective dans l'organisation de la démocratie, la réponse libérale consiste à favoriser l'expression de la volonté des citoyens mais sans que celle-ci ne lie, en droit, la prise de

---

systématique dans le vocabulaire politique. », Blondiaux. L, *Le nouvel esprit de la démocratie. Actualité de la démocratie participative*, Seuil, La république des idées, 2008, p. 6.

[4] « Du même coup, on se méfie de la « volonté », suspecte d'être la matrice de tous les dérèglements, le siège de tous les préjugés, la législation des désirs les plus irrationnels. », Rosanvallon. P, « Guizot et la question du suffrage universel au XIXe siècle, in *François Guizot et la culture politique de son temps*, *Actes du colloque de la Fondation Guizot-Val Richer*, Textes rassemblés et présentés par Valensise. M, Le Seuil, 1991, p. 131.

[5] L'impérieuse nécessité de limiter la souveraineté du peuple est affirmée entre autres par Benjamin Constant dans ses *Principes de politique* : « La souveraineté étant une chose abstraite et la chose réelle, l'exercice de la souveraineté, c'est-à-dire le gouvernement, étant nécessairement remis à des êtres d'une autre nature que le souverain, puisqu'ils ne sont pas des êtres abstraits, il faut prendre des précautions contre le pouvoir souverain, à cause de la nature de ceux qui l'exercent, comme l'on en prendrait contre une arme trop puissante qui pourrait tomber en des mains peu sûres. », Constant. B, *Principes de politique*, Hachette Littérature, 1997, p. 42.

[6] Blondiaux. L, op.cit., p. 15.

décision des gouvernants. Il est question de nouveaux procédés délibératifs. Fidèles à la tradition libérale, et dans la continuité des théories de la souveraineté nationale, ces nouvelles procédures visent à préserver une conception unitaire de la volonté générale tout en maintenant une certaine distance entre la volonté du peuple et la décision politique. À la différence des libéraux classiques, les néolibéraux contestent la séparation entre les sphères politique et économique puisque qu'ils subordonnent la prise de décision publique à la logique du marché. L'espace public est ainsi un marché comme un autre au sein duquel les décisions sont le résultat de l'agrégation des préférences individuelles. Les premières expériences des procédés participatifs, dans la mesure où elles aboutissent à une certaine privatisation des décisions davantage orientées par l'intérêt que par la raison citoyenne, véhiculent cette conception néolibérale de la démocratie.

Soit qu'elles servent à compenser les faiblesses de la démocratie représentative, soit qu'elles illustrent une nouvelle façon d'envisager la démocratie, les nouvelles procédures délibératives et participatives révèlent tant l'emprise libérale (I) que néolibérale (II) sur la condition démocratique.

I. L'emprise libérale sur l'« impératif participatif » : la démocratie délibérative

La mise en place d'un espace délibératif centré sur la raison (A) et déconnecté de la prise de décision politique (B) révèle l'emprise de la pensée libérale sur les nouvelles formes d'organisation de la démocratie.

A. L'institutionnalisation de la délibération

Afin de maîtriser les conséquences électorales de l'avènement du suffrage universel, les libéraux du XIXe siècle comptaient sur la formation de l'opinion pour tirer la volonté des nouveaux citoyens vers la raison. La presse[7], les partis politiques[8] et les programmes d'éducation[9] étaient sollicités par les penseurs et les gouvernements libéraux pour accompagner le développement de la démocratie libérale fondée sur le principe représentatif.

Face au nouvel « impératif participatif », conséquence de la crise de la démocratie représentative, l'éthique de la délibération, développée par Jürgen Habermas[10], repose sur le même optimisme libéral : la possibilité de canaliser les velléités de la souveraineté populaire. L'institutionnalisation du débat public doit en effet servir de médiateur entre les volontés et la raison afin de façonner l'expression de la volonté du peuple. Il s'agit en effet, à travers l'organisation d'un « débat public » fondé sur l'égalité des participants, d'une part, et le consensus, d'autre part, de remettre en question les volontés des citoyens par la confrontation, de les soumettre au filtre de la raison et ainsi de dégager une expression de la volonté générale plus audible par les gouvernants. La « conférence de citoyens » se distingue du « débat public » dans la mesure où un panel

---

[7] « [...] dans nos grands empires modernes, avec leur grande population, les citoyens ne peuvent que par la presse communiquer entre eux, et prendre acte de leur opinion : par elle seule l'autorité peut recevoir d'eux et leur rendre lumière, et cet échange est nécessaire pour que les citoyens et l'autorité marchent dans les même voies. », de Remusat. C, *De la liberté de la presse*, Paris, 1819, p. 12.

[8] « [...] l'existence des partis et des agents électoraux correspond tout simplement au fait que la masse électorale est incapable d'agir autrement que les moutons de panurge. », Schumpeter. J, *Capitalisme, socialisme et démocratie* cité par Bevort. A, *Pour une démocratie participative*, Presses de Sciences Po, Paris, 2002, p. 54.

[9] « L'objectif du libéralisme du XIXe siècle, au moment de l'élargissement du suffrage universel et des progrès de la démocratie, avait été de mettre en place des moyens de contrôle pour que le vote populaire ne puisse détruire le principe qui préside à l'octroi même du droit de vote [...] Il avait fait le pari que l'éducation et l'exercice des libertés dans le cadre constitutionnel, la pratique des droits politiques notamment, transformeraient progressivement le *demos*.», Audard. C, *Qu'est-ce que le libéralisme ? Éthique, politique, société*, Gallimard, 2009, p. 668.

[10] Habermas. J, « La souveraineté populaire comme procédure. Un concept normatif d'espace public », in Girard. C et Legoff. A, *La démocratie délibérative. Anthologie de textes fondamentaux*, Hermann Editeurs, Paris, 2010, p. 167.

représentatif de la société est constitué pour celle-là alors que celui-ci est ouvert à tous les participants mais ils sont tous deux fondés sur le modèle délibératif.

En droit français, le » débat public » a été institutionnalisé par la mise en place de la Commission nationale du débat public (CNDP) par la loi « Barnier » du 2 février 1995 relative à la protection de l'environnement. Son fonctionnement a été précisé par la loi du 27 février 2002 relative à la démocratie de proximité puis par les lois « Grenelle I et II » des 3 août 2009 et 12 juillet 2010[11]. La CNDP, saisie des projets de « débats publics » a pour mission de veiller à la régularité de leur déroulement. L'ouverture de la participation au public, les bonnes conditions d'information des participants, le calendrier du débat et la loyauté des échanges sont ainsi encadrés afin que les vertus de la discussion emmenée par « une rationalité coopérative »[12] aboutissent à surmonter les oppositions et débouchent sur une solution raisonnable. En effet, les participants doivent veiller à la rationalité de leurs positions qu'ils ont à justifier par des arguments rationnels accessibles à autrui.

Dans la mesure où ces débats publics sont ouverts à tous les participants, qu'ils s'adressent aux citoyens et qu'ils comptent sur la Raison pour dégager l'expression d'une volonté générale, le modèle délibératif est fidèle à la conception classique de la démocratie libérale qu'il est censé revitaliser. D'ailleurs, les principales illustrations de ces débats institutionnalisés tels que les états généraux de la santé, lancés en juillet 1998 pour préparer la loi de 2002 sur les droits des malades ou le « débat national sur l'avenir de l'école » lancé en 2003 en vue de l'adoption de la loi d'orientation de 2005 révèlent que les procédés délibératifs et la démocratie représentative sont complémentaires. En effet, alors que le principe représentatif permet au citoyen d'accéder à la désignation des gouvernants, le

---

[11] Voir la description du statut de la CNDP à l'annexe 3 du rapport du Conseil d'État consacré aux nouvelles formes de consultation et de participation, Conseil d'État, Rapport public 2011, Consulter autrement, participer effectivement, EDCE, n°62, p. 147.
[12] Blondiaux. L, op.cit., p. 42.

principe délibératif lui ouvre les portes de la délibération. Mais parce que ces « débats publics » n'ont qu'un caractère consultatif, le citoyen, conformément à l'appréhension libérale, demeure tenu à l'écart de la prise de décision.

B. La délibération déconnectée de la prise de décision[13]

Les procédures délibératives sont caractérisées par leur autonomie par rapport au processus décisionnel[14]. Qu'ils aient pour fondement juridique un texte national, communautaire ou international, ces procédés ne peuvent avoir tout au plus que de « l'influence » sur la prise de décision comme le stipule, par exemple, l'article 6 de la Convention d'Aarhus relative à la participation dans le domaine environnemental et ratifiée par la France en 2002[15]. En effet, étant donné leur caractère essentiellement consultatif, ils sont dépourvus de tout effet juridique. De la même manière que les démocraties représentatives sont caractérisées par la prohibition du mandat impératif, les effets des procédés délibératifs sont cantonnés par leur caractère consultatif. Si le citoyen de la démocratie délibérative est peut-être plus informé et plus entendu que celui de la démocratie représentative, il n'est pas moins écarté du processus formel de décision. Conséquence de la méfiance des libéraux à l'égard de la participation directe des citoyens à la prise de décision politique, cette déconnexion entre délibération et décision révèle la même emprise libérale sur les procédés délibératifs que représentatifs.

---

[13] « Ce qui prévaut, le plus souvent, c'est le sentiment d'une déconnexion entre le débat et le processus décisionnel. », Conseil d'État, Rapport public 2011, op.cit., p. 73.

[14] « L'originalité profonde du modèle introduit par le Débat public ne tient pas à la portée des débats organisés, qui n'ont pas d'impact direct sur la décision, mais à la conception de la délibération publique qui anime l'action de la CNDP.», Blondiaux. L, op.cit., p. 56.

[15] « Chaque partie prend des dispositions pour que la participation du public commence au début de la procédure, c'est-à-dire lorsque toutes les options et solutions sont encore possibles et que le public peut exercer une réelle influence. », Convention sur l'accès à l'information, la participation du public au processus décisionnel et l'accès à la justice en matière d'environnement, article 6-4.

Si elles ne lient pas juridiquement les gouvernants, les procédures délibératives peuvent avoir d'autres fonctions. Au-delà de favoriser l'acceptabilité sociale de l'action publique et ainsi de légitimer les décisions des gouvernants, ces procédés permettent à ces derniers de maîtriser l'institutionnalisation de la défiance et de la contestation. Aussi permettent-ils, en court-circuitant la formation de corporations, de syndicats ou d'associations censés polariser la contestation et s'opposer au pouvoir politique, d'atomiser les résistances aux choix publics. Or, le libéralisme français se caractérise par la sacralisation de la relation entre les individus et un Etat nécessairement hostile aux corps intermédiaires. L'atomisation des contre-pouvoirs, conséquence de l'institutionnalisation du débat public est une raison de plus pour le libéralisme français de s'accommoder de la démocratie délibérative.

II. L'emprise néolibérale sur « l'impératif participatif » : la démocratie participative

L'éclatement de l'espace public (B) généré par le modèle du marché (A) résulte de l'emprise néolibérale sur les nouveaux procédés participatifs.

A. Le marché au cœur du système démocratique

Alors que la matrice des procédés délibératifs peut s'apparenter au forum[16], celle des procédés participatifs épouse la logique du marché. La finalité de ces nouvelles procédures n'est pas l'expression d'une volonté générale censée éclairer la décision politique mais l'agrégation des préférences individuelles en vue d'orienter la régulation des intérêts en présence. À la différence de la démocratie délibérative, les

---

[16] « Ceci nous indique que les principes du forum doivent différer de ceux du marché. Une très ancienne tradition, qui remonte à la polis grecque suggère que la politique doit être une activité ouverte et publique et non pas l'expression solitaire et privée des préférences que nous éprouvons dans nos activités de vente et d'achat. », Elster. J, Le marché et le forum. Trois variétés de théorie politiques, in Girard. C et Le Goff, op.cit., p. 135.

procédés participatifs opèrent un réel transfert du pouvoir de décision des gouvernants aux participants[17], mais ces participants sont sélectionnés. Deux principes permettent de sélectionner et de hiérarchiser les voix des participants aux procédés participatifs. Premièrement, ne participent que les acteurs ayant un intérêt à la décision concernée. Secondement, ces participants mandatent des « représentants » capables d'exprimer et de coordonner les intérêts organisés[18]. Les budgets participatifs, emblématiques des nouveaux procédés participatifs, fonctionnent sur ce modèle[19] qui permet *in fine* aux intérêts les plus puissants et les mieux organisés d'accéder à la prise de décision[20]. Puisque le modèle sous-jacent aux procédés participatifs est le marché, qu'il a pour principe l'intérêt et pour finalité la régulation de ces derniers, il est possible d'émettre l'hypothèse d'une certaine emprise néolibérale sur la démocratie participative.

Dès lors, l'introduction des procédés participatifs est souvent liée à la réalisation de la réforme de l'État et en particulier de la modernisation des services publics[21]. En effet, dans la mesure où ils véhiculent une logique managériale, leur utilisation a pour finalité l'amélioration des performances de l'administration. Cependant, s'ils peuvent apparaître comme

---

[17] Il faut cependant préciser que si ce transfert de pouvoir de décision aux participants est réel, il demeure résiduel : « Dans l'hypothèse la plus haute, celle du budget participatif, la part de décision laissée au jugement populaire reste résiduelle et porte sur une fraction, parfois infime, du budget total de la collectivité considérée. », Blondiaux. L, op.cit., p. 78.

[18] « Les procédures participatives reposent traditionnellement sur un principe de sélectivités : elles s'adressent pour l'essentiel aux intérêt organisés, en passant par la médiation de « représentants », capables d'exprimer les attentes des différents groupes sociaux. », Chevalier. J, Délibération et participation, Rapport Conseil d'Etat 2011, op.cit., p. 197.

[19] Blondiaux. L, op.cit., p. 50.

[20] Chevalier. J, Délibération et participation, op.cit., p. 205

[21] « L'institutionnalisation d'une démocratie participative constitue par ailleurs une pression conséquente en faveur de la modernisation de l'administration en favorisant sa réactivité et sa responsabilisation, la société civile pouvant aller jusqu'à exercer un véritable contrôle du fonctionnement des services publics. », Bacqué. M-H, Rey. H et Sintomer. Y, La démocratie participative urbaine face au néo-libéralisme, Mouvements n°39/40 2005, p. 124.

des moyens efficaces de bonne gouvernance, ils s'avèrent des instruments de dépolitisation des questions publiques davantage au service de l'intérêt de l'usager que de la volonté du citoyen[22].

B. Les nouveaux champs de la démocratie

Alors que le principe délibératif, fondé sur la logique procédurale théorisée par Jürgen Habermas, a pour finalité la revitalisation de l'espace public, le principe participatif, tel qu'il est saisi par les procédés participatifs aboutit à l'éclatement de l'espace public. D'une part, on observe un morcellement du champ démocratique : parce que les procédés participatifs s'adressent davantage aux intérêts organisés que directement au citoyen, ils perdent leur caractère civique pour revêtir une dimension plus circonscrite et catégorielle. Aussi peut-on observer que les rares expériences de démocratie participative sont cantonnées à des champs bien déterminés[23]. Les budgets participatifs s'adressent avant tout à l'habitant d'un quartier sur des sujets urbanistiques[24] ; les procédés participatifs de modernisation de l'Administration s'adressent à l'usager d'un service public particulier[25].

---

[22] « La participation y prend la forme d'une « gestion urbaine de proximité » dans laquelle le rôle des conseils de quartiers se limite essentiellement au relais de plaintes localisées. Cette dépolitisation de la discussion se pratique avec l'assentiment, sinon l'encouragement, des élus, qui se réservent ainsi la maîtrise des conditions de politisation des problèmes. », Blondiaux. L, op.cit., p. 66.
[23] « Le champ d'intervention des nouvelles instances participatives est enfin très restreint. Il concerne soit la gestion d'affaires complexes et controversées particulières, comme on l'a dit, soit l'organisation des pouvoirs locaux. Il n'y a donc nullement une démocratie participative au sens général du terme […] Il est en tout cas patent qu'elles n'ont qu'une portée limitée d'un point de vue proprement politique. », Rosanvallon. P, *La légitimité démocratique*, op.cit. p. 325.
[24] Bacqué. M-H, « Dispositifs participatifs dans les quartiers populaires, héritage des mouvements sociaux ou néolibéralisme ? », in Bacqué. M-H, Rey. H, et Sintomer. Y, *Gestion de proximité et démocratie participative. Une perspective comparative*, p. 81.
[25] Jaglin. S, « La participation au service du néolibéralisme ? Les usagers dans les services d'eau en Afrique subsaharienne », in Bacqué. M-H, Rey. H et Sintomer. Y, op.cit., 271.

Parallèlement à ce morcellement de l'espace public, on assiste, à travers les procédés de démocratie participative, à sa privatisation. En effet, le principe participatif s'articule avec le principe de proximité, ce qui explique que les relatifs succès de la démocratie participative s'illustrent au niveau local, voire microlocal[26]. Dès lors, il semble que la démocratie participative peut tendre à cantonner le participant à la sphère privative dans la mesure où elle l'invite à prendre part à des décisions qui le concernent directement voire personnellement. Pour autant on ne saurait réduire cette privatisation à une individualisation. En effet, la privatisation de l'espace public correspond davantage à une colonisation du champ démocratique par les groupes d'intérêts que par les individus. Aussi la démocratie participative vise-t-elle moins à renforcer l'autonomie de l'individu dans sa sphère privée, finalité qui conserve au demeurant une dimension politique certaine, qu'à substituer au gouvernement politique la gouvernance économique.

*
* *

L'analyse des procédés délibératifs et participatifs confirme l'emprise des courants libéraux et néolibéraux sur « le nouvel esprit de la démocratie ». Les procédures délibératives permettent de revitaliser l'espace public mais de tenir la volonté générale à distance de la décision politique. Cette caractéristique illustre la méfiance du libéralisme à l'égard du politique mais révèle aussi que le libéralisme s'est toujours contenté de le tenir à une distance raisonnable des processus gouvernementaux. Au contraire, la mise en œuvre des procédés participatifs laisse percevoir que le néolibéralisme vise à la dépolitisation et à l'éclatement de l'espace public. Délibérément mais, en vain, il tente de détruire le politique et de consacrer la gouvernance économique.

---

[26] « La participation active des citoyens ordinaires à l'élaboration des choix collectifs se vit aujourd'hui à travers le monde essentiellement à l'échelle locale, sinon microlocale. », Blondiaux. L, op.cit., p. 49.

L'ambiguïté de la démocratie participative dans le droit de l'Union européenne

par Michel Bruno,
maître de conférences à l'Université du Havre,
doyen honoraire de la Faculté des Affaires internationales

« Vox populi vox Dei » selon l'adage, car comme Dieu, le peuple fait peur. Aujourd'hui comme Dieu, on cherche dans beaucoup de démocraties représentatives occidentales à l'éviter ou à l'apprivoiser. La démocratie participative est un moyen d'apprivoiser le peuple. Mais il faut rappeler certains points et faire quelques remarques sur cette notion même de démocratie participative avant tout.

En théorie, la démocratie participative est définie comme étant une forme de partage et d'exercice du pouvoir fondée sur le renforcement de la participation des citoyens à la prise de décision, ou encore elle désigne l'ensemble des dispositifs et des procédures qui permettent d'augmenter l'implication des citoyens dans la vie politique et d'accroître leur rôle dans la prise de décision[1]. Toutefois, il faut noter l'ambiguïté même de cette notion car la démocratie est de fait et doit être en droit participative. On peut d'ailleurs faire remarquer que d'un point de vue étymologique les termes de « démocratie participative » sont impropres car il s'agit d'un pléonasme. Le peuple

---

[1] Voir notamment M. Koebel pour lequel la démocratie participative ne donnerait pas plus de pouvoir au citoyen in « Les travers de la démocratie participative », Sciences Humaines, Les grands dossiers n°6, 2007 p. 30 à 34 et « Le pouvoir local ou la démocratie improbable » Les éditions du Croquant, 2006.

souverain dans une démocratie doit participer au vote des lois. Le développement d'une démocratie dite « participative » marque donc l'échec de la démocratie en tant que telle. La vocation du peuple dans une démocratie digne de ce nom c'est de participer directement ou par le biais de ses représentants élus à l'élaboration de la loi. Le développement de cette « nouvelle » démocratie débute à partir des années 1970, avec la création de « jurys citoyens » et l'adoption de « budgets participatifs » sur le plan local notamment au Brésil à Porto Alegre ou en Allemagne sous l'impulsion du professeur Peter Dienel dans la ville de Wuppertal. Les « jurys citoyens » composés en général d'une vingtaine de personnes tirées au sort ou sélectionnées, sont organisés avant les décisions ou bien après pour les évaluer. On a ensuite créé des « sondages délibératifs »[2] mais bien souvent à l'échelle nationale, ou des « consultations citoyennes » dont les méthodes diffèrent car ces consultations sont ouvertes à certains citoyens directement concernés par la norme projetée ou bien à tous les citoyens concernés. On pense aussi aux enquêtes publiques ou aux enquêtes d'utilité publique pratiquées en France depuis 1810 et dans beaucoup de démocraties préalablement à des opérations d'expropriation et/ou des opérations d'aménagement du territoire ayant des répercussions sur l'environnement. Il y a encore les pétitions ainsi que l'initiative populaire. Le droit de pétition existe en France depuis la Révolution. Il y a aussi la cyberdémocratie ou démocratie par internet. Toutes ces différentes formes de consultations des citoyens ou d'interventions des citoyens dans le processus normatif sont donc classées dans ce que l'on appelle la démocratie dite participative. Avec toutefois une exception pour l'initiative populaire et le droit de pétition lorsqu'ils permettent d'aboutir à un référendum et qui s'apparentent dans ce cas à de la démocratie directe.

---

[2] Les « sondages délibératifs » ont été imaginés par le professeur américain J. Fishkin et sont protégés au titre de la propriété intellectuelle. Les termes mêmes utilisés sont une marque déposée. Voir J. Fishkin : « The voice of the people », Yale University Press, 1995.

Les États qui pratiquent la démocratie directe sont peu nombreux et elle est toujours associée à la démocratie représentative. On pense à la Suisse bien sûr et à certains États fédérés des U.S.A. notamment. Toutefois si la démocratie dite participative s'est développée c'est pour pallier aux manques de la démocratie représentative lorsqu'elle ne pratique pas ou peu le référendum. Le développement de cette « nouvelle » démocratie démontre l'échec de la démocratie représentative qui souhaite ainsi se racheter une vertu nouvelle et/ou se donner bonne conscience. Sur le plan local, cette démocratie peut permettre d'associer le peuple aux décisions et essayer de faire correspondre au mieux les décisions locales avec les désirs des administrés. Mais elle peut aussi être instrumentalisée par les édiles pour servir leurs intérêts et/ou leur volonté de faire adopter un texte.

Sur le plan national, cette démocratie paraît plus encore improbable mis à part peut-être l'initiative populaire débouchant sur un vote du Parlement et encore, elle peut être l'œuvre d'une minorité de citoyens, minorité très motivée et déterminée. De même les panels de citoyens à l'échelle nationale, bien que représentatifs de la société, peuvent se tromper dans leurs décisions. Ainsi plus la démocratie dite participative s'éloigne de la base, plus il y a de risque d'erreurs décisionnelles ou de décalage entre le décideur et le citoyen. Il en va de la démocratie participative comme de la démocratie représentative. En plus, il y a de grands risques pour que la démocratie dite participative soit instrumentalisée et serve sur le plan national les intérêts de l'oligarchie élective. Pour J. Habermas, il faut « parvenir à une entente rationnellement motivée » en mettant en œuvre un véritable débat public pour que la démocratie participative soit réelle[3].

Ainsi plus un État est grand plus les marges d'erreur augmentent dans une démocratie représentative. Les correctifs apportés par la démocratie dite participative au plan national peuvent limiter les décalages entre les citoyens et le Gouvernement à condition que les outils participatifs utilisés ne

---

[3] J. Habermas : « Droit et démocratie. Entre faits et normes », Gallimard 1997.

soient pas détournés de leur fonction apparente. A fortiori, lorsque l'on est en présence d'un État fédéral, d'une organisation internationale ou encore d'une entité juridique propre comme l'Union européenne, les décisions des institutions sont encore plus éloignées des administrés et les correctifs que peuvent apporter les solutions participatives aux projets de décisions beaucoup plus aléatoires et sujettes à caution[4].

Dans le cas de l'Union européenne, l'introduction de la démocratie dite participative pose problème de ce point de vue comme d'ailleurs dans toutes les entités possédant de vastes compétences décisionnelles, un vaste territoire et de très nombreux citoyens.

De plus, la démocratie dite participative n'a de sens que dans le cadre d'une véritable démocratie. Or l'Union européenne a longtemps fonctionné avec un déficit démocratique constant et s'est construite, s'est réalisée avec et peut-être grâce à ce déficit démocratique. Avec le traité de Lisbonne de 2007 entré en vigueur le 1er décembre 2009, le déficit démocratique de l'Union européenne est en grande partie résorbé mais pas totalement. Par ailleurs, les outils participatifs mis en œuvre au sein de l'Union souffrent du passif communautaire et de l'absence aujourd'hui encore d'un véritable processus normatif démocratique. Le libéralisme prôné par les traités s'est donc imposé aux peuples européens au détriment de la démocratie, alors même que ces traités prônent le respect des droits de l'Homme et de la démocratie par les États membres.

L'ambiguïté de la démocratie participative dans le droit de l'Union européenne est donc latente. Mais elle peut devenir un outil performant pour permettre l'adéquation entre gouvernants et gouvernés si elle est utilisée à bon escient. Cette ambiguïté s'apprécie au regard de la construction européenne (I) et

---

[4] Pour A. Fung, la démocratie représentative souffre de déficits démocratiques qu'il faut résorber grâce à la démocratie participative. Voir A. Fung « Démocratiser le processus d'élaboration des politiques », Télescope, vol. 17 n°1 p.1 à 19.

s'apprécie aussi au regard des outils participatifs utilisés (II) dans le cadre de la procédure normative.

I. Une « démocratie participative » reposant sur des fondations peu démocratiques

D'emblée la question qui se pose c'est de savoir si la démocratie européenne existe. En effet, il n'y a pas de peuple européen mais des peuples européens. L'Union européenne est donc un agrégat de démocraties représentatives. On peut donc dire que l'Union européenne est un regroupement de démocraties européennes partageant les mêmes valeurs ou tout au moins possédant des valeurs proches. De plus, la citoyenneté européenne n'est pas une véritable citoyenneté et se heurte parfois aux identités nationales. La démocratie européenne est pour l'heure une fiction ou pour être moins sévère ne peut se concevoir pour le moment que comme une Union de démocraties mais non comme étant substantiellement une démocratie.

La rédaction et l'adoption des traités européens successifs témoignent en faveur de la faiblesse de la démocratie européenne (A). Le droit communautaire dérivé témoigne également de la faiblesse des fondations de l'Union européenne en matière démocratique (B).

A. Les traités des Communautés européennes marqués par leur faiblesse démocratique

Il faut commencer ici par noter les paradoxes existant dès le début de la construction européenne. Tout d'abord, six démocraties européennes s'allient pour créer trois Communautés européennes : la CECA en 1951 puis la CEE et la CEEA en 1957 avec une assemblée européenne démunie en matière normative.

Ainsi des compétences sont attribuées aux Communautés européennes sans que les peuples représentés au sein de l'Assemblée européenne ne puissent intervenir efficacement dans la procédure décisionnelle. Ainsi les parlements nationaux n'ont plus ces compétences et l'assemblée européenne ne peut pas intervenir à leur place et prendre le relais ou si peu.

L'assemblée européenne au départ n'est que consultée et son avis ne lie pas la plupart du temps le Conseil des ministres. De sorte que les États membres réunis au sein du Conseil des ministres sont tout-puissantspour décider de ce qui est bon ou non pour les populations européennes sans que les représentants de ces peuples n'interviennent.

Ensuite, second paradoxe étonnant, ces six démocraties ont décidé que pour adhérer aux Communautés, il fallait respecter le principe démocratique et les droits de l'homme. Alors même que ces six démocraties ont réalisé au sein des Communautés une procédure normative non respectueuse du principe démocratique et donc non respectueuse des droits de l'homme et du citoyen...

De plus, la ratification de ces trois traités institutifs n'a pas fait l'objet dans les États où cela était possible d'une ratification populaire. Ces traités fondamentaux retirant aux représentants des peuples leur pouvoir de légiférer auraient dû être soumis à un accord populaire. Ce sont les représentants des peuples siégeant dans les parlements nationaux qui se sont dépossédés d'un pouvoir souverain délégué par le peuple, ce qui juridiquement et politiquement ne leur était pas permis dans la plupart des États. Mais même avec une ratification populaire, peut-on admettre un transfert de souveraineté vers une entité non respectueuse du principe démocratique ? Officiellement, on ne parle pas de transfert de souveraineté notamment en France pour sauver la face juridique mais d'attribution de compétences. Avec le développement des Communautés et la création de l'Union européenne, il faut bien admettre que les Parlements nationaux se sont dessaisis du pouvoir de faire les lois dans certains domaines que les peuples européens leur avaient confié. D'autant plus que la Cour de justice des Communautés européennes l'indique dès 1967 dans l'arrêt Neumann : « Les États membres ont accepté de limiter leurs droits souverains ».

L'acte unique européen de 1986 est sans doute le traité européen le plus important de la construction européenne en ce sens qu'il opère un virage important par rapport à la souveraineté du peuple et par rapport à la souveraineté nationale, virage que les traités suivants ne feront qu'amplifier.

Ce texte de 1986 supprime les frontières entre États membres afin de créer à l'horizon 1993 un marché unique ou un espace sans frontières pour la libre circulation des marchandises, des services, des capitaux et des personnes. La suppression des frontières est un acte éminemment symbolique pour un État. Ce traité aurait dû recevoir l'adhésion des peuples concernés dans les États membres où cela était possible. Mais il est passé « en catimini » par la ratification parlementaire sauf en Irlande.

En 1992, le traité de Maastricht instituant l'Union européenne est ratifié de justesse par les Français et a été rejeté par les Danois que l'on a fait voter à nouveau afin d'obtenir un oui. On peut légitimement ici se poser la question de savoir si la démocratie est respectée. Certains rétorquent que la démocratie est respectée puisque les Danois ont fini par dire oui. S'agissant des traités suivants d'Amsterdam en 1997 et de Nice en 2001, les citoyens consultés n'ont été que les Irlandais. Irlandais qui ont rejeté dans un premier temps le traité de Nice. Si pour le traité d'Amsterdam, il n'était pas nécessaire qu'il y ait référendum dans les États où cela était possible en revanche pour le traité de Nice la procédure référendaire s'imposait. En effet, ce traité qui prévoit une vaste réforme institutionnelle pour accueillir douze nouveaux États membres, aurait dû recevoir l'accord des citoyens européens où cela était possible.

La même remarque s'applique pour le traité d'Athènes en 2003 qui prévoit justement l'élargissement de 15 États membres à 27 États membres qui a suivi aussi la voie parlementaire. Là aussi on nous rétorquera que la démocratie représentative a été respectée. S'agissant du traité de Lisbonne de 2007, c'est la copie révisée du traité de 2004 établissant une constitution européenne qui avait été rejetée par les citoyens français et néerlandais. Ce traité de Lisbonne n'a pas été soumis au verdict populaire alors qu'il aurait dû l'être à nouveau en France et aux Pays-Bas compte tenu du fait que ce traité de 2007 était très proche du traité de 2004. Seuls les Irlandais ont été sollicités mais à deux reprises afin d'obtenir le oui ! En dehors des traités, le droit dérivé est aussi contestable.

B. Un droit de l'Union européenne dérivé marqué aussi par sa faiblesse démocratique

Le Conseil de l'Union européenne a très longtemps décidé seul, ainsi toutes les normes fondamentales du droit communautaire dérivé ont été adoptées entre 1957 et 1993 par le Conseil des ministres et donc seulement par les États membres. Ainsi toute la base du droit communautaire dérivé s'est développée dans le cadre d'un déficit démocratique surprenant pour des démocraties dignes de ce nom. De sorte que toute la base juridique communautaire et de l'Union européenne s'est construite pendant 35 ans dans la négation même de l'esprit démocratique. Certains font remarquer que les États membres par le biais de leurs ministres représentent aussi les populations respectives de chaque État membre. C'est nier le principe même de la séparation des pouvoirs. Principe qui doit être respecté dans toute démocratie représentative. Si l'on peut éventuellement admettre que pour lancer la construction européenne, il était nécessaire que les Parlements nationaux se dessaisissent de leurs compétences législatives au profit de leurs gouvernements respectifs, il fallait que cela soit fait pour un temps très court avec une délégation en bonne et due forme et un contrôle des parlements nationaux.

Le champ est donc laissé libre aux gouvernements des États membres et à la Commission européenne pour imposer le libéralisme économique. Les traités voulus par les États membres ont donc confié des compétences décisionnelles au Conseil des ministres qui lui-même peut déléguer le pouvoir décisionnel à la Commission européenne. La Commission européenne pouvait donc à son tour exercer éventuellement un pouvoir normatif délégué sans aucun contrôle démocratique. Certains objecteront que depuis l'origine des Communautés et de l'Union européenne, l'Assemblée européenne tout d'abord puis le Parlement européen pouvaient adopter une motion de censure et renverser la Commission européenne, ce qui ne s'est pas produit. Plus grave, les institutions européennes se sont autosaisies à partir de 1969 et surtout de 1974 de questions ne figurant pas dans les traités institutifs et cela donc sans aucune légitimité pour le faire. De nouvelles politiques communes ont été ainsi mises en œuvre sous l'impulsion à la fois du Conseil européen, du Conseil des ministres et de la Commission européenne. On pense à la politique régionale, à la politique de recherche-développement, à la politique de protection de l'environnement, à la politique de protection des consommateurs notamment. Ces politiques n'ont été codifiées qu'ensuite avec l'Acte unique de 1986 et avec le traité de Maastricht de 1992. Les institutions européennes ont donc, pendant plusieurs années sans fondement juridique, développé de nouvelles politiques communes en s'appuyant simplement sur leurs liens indirects avec l'économie. Ces nouvelles politiques imposées par les États membres à leurs propres parlements nationaux n'avaient donc aucune assise démocratique pour être mises en œuvre. Ainsi, les parlements nationaux ont été mis devant la politique du fait accompli et n'ont pu valider le transfert ou l'attribution de compétences que lorsque ces nouvelles politiques ont été codifiées par l'Acte unique européen et par le traité de Maastricht. Ces nouvelles politiques ont donc été mises en œuvre et imposées aux peuples européens d'une part sans accord préalable de leurs représentants siégeant dans les parlements nationaux et d'autre part sans que les représentants des peuples européens siégeant au parlement européen ne donnent leur accord[5]. À partir de l'entrée en vigueur du traité de Maastricht le 1er novembre 1993, il faut reconnaître l'évolution favorable pour combler le déficit démocratique. D'une part la procédure de codécision entre le Parlement européen et le Conseil des ministres est créée même si elle n'est que balbutiante à l'origine car réduite à certains domaines. D'autre part les parlements nationaux sont associés à la prise de décision communautaire. Par la suite les traités d'Amsterdam, de Nice et de Lisbonne n'auront de cesse de combler ce déficit démocratique. Aujourd'hui le Parlement

---

[5] A ce propos certains auteurs évoquent l'utilisation de la théorie dite « fonctionnaliste » pour développer la construction européenne.

européen est associé à toutes les décisions, la codécision est généralisée et les Parlements nationaux sont également associés et ils participent aux décisions.

Toutefois une question épineuse reste en suspens et concerne le Conseil de l'Union européenne. Depuis l'Acte unique européen de 1986 le vote à la majorité qualifiée au sein du Conseil de l'Union européenne a été mis en œuvre et s'est progressivement généralisé. Ce qui signifie que même si certains États ne veulent pas d'un texte communautaire, ils pourront être mis en minorité au sein du Conseil de l'Union européenne. Cela signifie aussi que même si certains Parlements nationaux sont réticents voire opposés à un texte, ils peuvent ainsi se le voir imposé à la fois par le Conseil de l'Union européenne et par le Parlement européen. De plus, le Conseil de l'Union européenne n'est pas une chambre législative composée d'élus. De surcroît les parlementaires européens n'ont pas le droit d'initiative des textes de l'Union européenne. Le pouvoir législatif de l'Union européenne est donc composé de représentants des exécutifs nationaux réunis au sein du Conseil et de parlementaires européens sans droit d'initiative. Nous sommes loin d'une vraie démocratie. Il ressort de cette première partie que la démocratie dite participative sur le plan de l'Union européenne repose sur des bases, des fondations fragiles et qu'une réelle démocratie participative ne peut s'appuyer que sur une démocratie effective.

L'ambiguïté de la démocratie participative à l'échelle européenne est remarquable aussi quant aux outils participatifs utilisés actuellement et à leurs limites.

II. Une « démocratie participative » reposant sur des outils participatifs à améliorer

Il faut ici distinguer d'une part les outils participatifs dans le cadre des institutions de l'Union européenne et les initiatives autres provenant d'ONG ou de think tanks (laboratoires d'idées) utilisés jusqu'à l'entrée en vigueur du Traité de Lisbonne le 1ᵉʳ décembre 2009.

D'autre part, il y a depuis le traité de Lisbonne, le nouvel article 11 du traité de l'union européenne qui préconise la participation des citoyens européens au processus normatif en instaurant l'initiative citoyenne européenne et qui prévoit le développement d'autres procédés en faveur de la démocratie participative.

A. Les limites des outils participatifs utilisés jusqu'en 2010

Historiquement les citoyens des États membres ont pu être associés au processus normatif dès 1953 dans le cadre du droit de pétition instauré par l'assemblée de la CECA. Le droit de pétition prend de l'ampleur grâce à l'assemblée européenne commune aux trois Communautés. Face au développement et au succès croissant du droit de pétition, le Parlement européen institue une commission des pétitions en 1987. Puis un accord interinstitutionnel sur le droit de pétition est adopté par le Parlement européen, le Conseil et la Commission en 1989. Enfin, il est codifié par le traité de Maastricht en 1992 qui l'élargit à toute personne physique ou morale résidant ou ayant son siège dans un État membre.

Toutefois, ce droit de pétition trouve des limites dans le fait que le Parlement européen n'a toujours pas le droit d'initiative des textes de l'Union européenne. Ainsi si la pétition porte sur une nouvelle proposition de texte législatif ou sur l'amélioration d'un texte législatif, le Parlement européen ne peut que transmettre le document à la Commission européenne et éventuellement adopter une résolution allant dans le même sens que le pétitionnaire ou bien les pétitionnaires. Tout dépend finalement du bon vouloir de la Commission européenne. Ici, il faut mettre en exergue le fait que les parlementaires européens n'ont pas la possibilité comme dans toutes les démocraties membres de l'Union européenne de pouvoir comme les parlementaires nationaux déposer des propositions de loi. Les pétitions sont parfois d'ailleurs jugées irrecevables car elles concernent des questions relatives au droit interne des États membres. Outre le droit de pétition, d'autres outils participatifs existent. Le point de départ de ces autres outils dits participatifs pour l'élaboration des politiques européennes c'est le lobbying qui très tôt s'est manifesté auprès des institutions communautaires de façon désordonnée. La Commission européenne et le Parlement européen ont souhaité organiser le lobbying par la création du registre de transparence commun du Parlement européen et de la Commission européenne. Ainsi, toutes les associations, entreprises, organisations diverses, cabinets d'experts, personnes agissant en qualité d'indépendants qui veulent participer à l'élaboration des politiques de l'Union européenne doivent être inscrits sur ce registre.

La Commission européenne pour toutes ces propositions de textes organise des consultations dites publiques destinées aux personnes inscrites sur ce registre. Toutefois ces consultations publiques sont d'une part souvent effectuées en anglais seulement et d'autre part souvent limitées à une partie des personnes enregistrées. La sélection des personnes est effectuée en fonction de l'objet du texte et ne sont donc consultées que les personnes qui ont un lien direct avec le thème de la consultation organisée. Il en ressort que le simple citoyen européen est exclu de ces consultations dites publiques.

Par ailleurs, de temps à autre la Commission européenne opère des sondages d'opinion pour la mise en œuvre de certains textes. Il lui arrive aussi de mettre en œuvre des discussions et des débats sur internet ouverts à tous les citoyens européens mais là aussi souvent en anglais seulement. Le citoyen européen ordinaire peut en principe prendre part à la discussion mais son avis est noyé dans la masse des réactions et commentaires, et le plus souvent, il est nécessaire qu'il maîtrise bien la langue de Shakespeare.

Il faut évoquer aussi les programmes communautaires destinés à encourager notamment la participation des citoyens à la construction européenne. Tout d'abord, il y a une décision du Conseil du 26 janvier 2004 établissant un programme d'action communautaire pour la promotion de la « citoyenneté européenne active ». Ainsi, en juin 2005 après les référendums français et néerlandais rejetant le traité de 2004 établissant une constitution européenne, la Commission européenne a adopté un plan « D » : « Démocratie, Dialogue, Débat » appelé aussi programme « Debate Europe ». Un espace en ligne sur internet a été créé dans ce cadre afin de faire participer les citoyens européens. Ce site spécifique était disponible en 20 langues et proposait un forum de discussion sur l'avenir de l'Europe et une participation active des citoyens concernant la création de nouvelles normes communautaires. Ce site fut archivé le 28 février 2010, marquant l'échec de cette initiative. Ensuite, a été adoptée une décision le 12 décembre 2006 par le Parlement européen et le Conseil établissant pour la période 2007-2013 le programme « L'Europe pour les citoyens » visant à promouvoir « la citoyenneté européenne active » et destiné à financer notamment les initiatives d'ONG. Dans ce cadre, des consultations européennes de citoyens ont été organisées dans les 27 États membres en 2007 et en 2009. Ainsi en 2009, le groupe de recherches « Toute l'Europe » a coordonné une vaste consultation qui a débuté par la création de 27 sites internet nationaux. 250 000 citoyens européens ont pu s'exprimer ainsi sur le thème suivant : que peut faire l'Europe pour améliorer notre avenir économique et social à l'heure de la mondialisation ? Parmi tous ces citoyens 1 500 ont été sélectionnés pour participer dans chaque État membre à des panels représentatifs chargés de délibérer sur des propositions de textes. Enfin, un sommet européen des citoyens a réuni 150 citoyens européens à Bruxelles les 10 et 11 mai 2009. Des sondages délibératifs ont été également réalisés. Ainsi d'une part en 2007, le projet « Tomorrow's Europe » dans le cadre du plan D qui a réuni 362 citoyens des 27 États membres sur les enjeux sociaux et sur la politique étrangère de l'Union européenne. D'autre part, en 2009 le projet « Europolis » piloté par l'Université de Sienne qui a rassemblé un panel de 348 citoyens issus de tous les États membres, portant sur les questions d'immigration, le changement climatique et le processus décisionnel de l'Union Européenne.

Des conférences citoyennes ou dites de consensus ont aussi été réalisées dans le cadre du projet RAISE financé par le 6e programme commun de recherche-développement sur les sujets suivants : « La ville de demain », « les sciences neuronales »,

« l'Europe rurale » et « le transport ». L'ensemble de ces initiatives a eu des résultats mitigés. Mais le Traité de Lisbonne permet la mise en œuvre de nouveaux outils participatifs.

B. Les espoirs suscités par le nouvel article 11 du traité sur l'Union européenne

L'initiative citoyenne européenne (ICE) prévue par l'article 11-4 suscite beaucoup d'espoir mais aussi des interrogations.

Le règlement relatif à l'ICE a été adopté le 15 décembre 2010 et les premières initiatives citoyennes européennes ne pourront être lancées qu'à partir du 1er avril 2012. Toutefois dès le mois de décembre 2010 les associations Greenpeace et Avaaz ont remis la première initiative citoyenne européenne souhaitée par plus de 1 200 000 citoyens européens. Cette initiative citoyenne européenne est arrivée trop tôt et a été rejetée, mais il est intéressant de faire remarquer qu'elle demandait un moratoire sur les cultures d'OGM et la création d'un organisme éthique indépendant chargé de faire des analyses et de contrôler les incidences des cultures d'OGM sur les organismes vivants. Or, la Commission européenne a déjà autorisé des cultures transgéniques.

Ainsi comme c'est la seule Commission qui acceptera ou refusera de faire une proposition de texte fondée sur une initiative citoyenne européenne, il est évident qu'elle pourra difficilement se contredire en proposant un texte qui ira à l'encontre de décisions qu'elle a prises précédemment. D'autant plus que son refus de proposer un texte fondé sur une initiative citoyenne européenne sera insusceptible de recours.

On voit ici les limites de l'initiative citoyenne européenne qui est à comparer avec le droit de pétition ! Dans une véritable démocratie les parlementaires ont le droit d'initiative des lois. Toute initiative citoyenne européenne pourra donc être bloquée par la Commission européenne. En cas de refus de mettre en œuvre une initiative citoyenne européenne par la Commission, il aurait fallu prévoir la possibilité pour les parlementaires représentant les citoyens européens d'intervenir. De plus il paraît illogique que la Commission européenne ait la possibilité de bloquer une initiative citoyenne européenne sans aucun contrôle si ce n'est le contrôle portant sur le respect de la procédure effectué par la Cour de justice de l'Union européenne. Le Parlement pourra aussi éventuellement adopter une motion de censure si une ICE est rejetée par la Commission mais cela paraît improbable.

L'initiative citoyenne européenne se transformera dans le meilleur des cas en initiative de la Commission si l'initiative citoyenne européenne correspond à la politique de la Commission. Ainsi toute initiative citoyenne européenne qui ne serait pas politiquement correcte sera écartée. Au mieux même si l'initiative citoyenne européenne est reprise par la Commission, le Conseil des ministres pourra bloquer la procédure.

Finalement on peut dire que l'initiative citoyenne européenne porte mal son nom, il aurait fallu parler d'initiative de la Commission sur demande populaire. Deux autres aspects négatifs sont à relever. Tout d'abord les citoyens ordinaires non membres d'associations, de partis politiques, de syndicats ou d'ONG auront beaucoup de mal à trouver sur une période d'un an, un million de signatures dans au moins sept États membres. Toute initiative citoyenne européenne devra s'appuyer sur un réseau très dense comme celui de Greenpeace.

Ensuite il y a l'aspect financier. Comment des citoyens ordinaires, et même certaines associations ou ONG, pourront-ils trouver les financements nécessaires pour pouvoir présenter une initiative citoyenne populaire sachant qu'aucun financement européen ne sera accordé ?

Concernant les autres possibilités offertes par l'article 11 en matière de démocratie participative des questions se posent aussi. S'agissant de son paragraphe 3 il s'agit d'une codification de l'existant. En effet, il est ici stipulé : « En vue d'assurer la cohérence et la transparence des actions de l'Union, la Commission procède à de larges consultations des parties concernées ». On a déjà souligné les limites des consultations publiques organisés par la Commission. Il faudrait donc les améliorer pour les rendre vraiment accessibles à davantage de citoyens.

Concernant les paragraphes 1 et 2 de l'article 11, ils sont en partie déjà appliqués. Pour le paragraphe 1 : « Les institutions donnent par les voies appropriées, aux citoyens et aux associations représentatives la possibilité de faire connaître et d'échanger publiquement leurs opinions dans tous les domaines d'action de l'Union ». Il y a le droit de pétition devant le Parlement européen et il y a les subventions accordées aux ONG qui organisent des sondages sur l'Europe et des consultations citoyennes.

D'autres outils participatifs pourraient éventuellement voir le jour sur cette base juridique comme le suggère le Conseil Economique et Social Européen dans sa « feuille de route pour la démocratie participative en Europe » adoptée le 22 mars 2011[6].

Pour le paragraphe 2 : « Les institutions entretiennent un dialogue ouvert, transparent et régulier avec les associations représentatives et la société civile ». Ce dialogue existe déjà grâce notamment au Conseil Economique et Social Européen qui se propose de le renforcer.

Pour l'application de ces deux paragraphes le Conseil Economique et Social Européen demande l'adoption d'un livre vert par la Commission.

*
* *

Une véritable démocratie participative doit d'abord s'appuyer sur une démocratie réelle. Elle peut être efficace sur le plan local voire régional ou étatique mais dès lors que le territoire est trop vaste, elle semble illusoire ou en tout cas difficile à mettre en œuvre.

---

[6] Voir fiche CESE 3675/2011 sur www.cesc.europa.eu

Le défi à relever par l'Union européenne pour mettre en œuvre des outils participatifs efficaces paraît insurmontable à moins que d'une part elle ne se décide à jouer le jeu et à organiser régulièrement dans chaque région européenne des consultations citoyennes sur les propositions de textes qui intéressent de près les citoyens européens, et que d'autre part l'initiative citoyenne européenne ne soit pas que de la poudre aux yeux.

Pour l'heure, on ne peut que constater l'ambiguïté de la démocratie participative dans le droit de l'Union européenne car l'essentiel de la base juridique de l'Union européenne s'est constitué sans les citoyens européens voire même sans leurs représentants. De plus l'Union européenne n'est pas une démocratie mais une union de démocraties, et sa procédure normative est encore éloignée, malgré des progrès importants, d'une procédure normative démocratique ; enfin ses outils participatifs mis en œuvre sont pour le moment insuffisants.

La démocratie participative européenne existe peu et pas suffisamment. Parlons pour le moment simplement d'un embryon d'outils participatifs dans le cadre de l'Union européenne.

Si l'Union européenne souhaite ne pas s'éloigner des peuples qu'elle cherche à unir elle se doit d'aller vers eux car comme l'explique Pierre Rosanvallon : « le recours à l'élection ne suffit plus à asseoir l'autorité : un pouvoir démocratique doit se plier à des épreuves de validation qui sont autant de reflets des nouvelles attentes des citoyens »[7]. Et « l'élection qui reste une technique de prise de décision efficace ne peut plus constituer un principe de justification car l'idée qu'une fraction de la population, fût-elle majoritaire, définisse l'intérêt général ne va plus de soi dans une société de plus en plus considérée comme une mosaïque de minorités »[8]. Si cette remarque peut s'appliquer à un État comme la France, elle est d'autant plus

---

[7] P. Rosanvallon : « La légitimité démocratique. Impartialité, réflexivité, proximité » Seuil 2008 360 p., voir fiche établie sur comédie.org par P-Y. Guiheneuf.
[8] Op. cit. P. Rosanvallon voir aussi du même auteur « La contre-démocratie », Seuil, 2006.

vraie dans la mosaïque des mosaïques européennes : l'Union européenne. La démocratie participative qu'il vaudrait mieux dénommer « démocratie représentative et participative » ou bien « nouvelle démocratie » pour éviter le pléonasme est aujourd'hui un impératif pour chaque démocratie représentative et cela l'est encore davantage pour l'Union européenne qui est en mal de reconnaissance citoyenne et en recherche d'identité. Pour James Fishkin : « La plupart des citoyens (...) consacrent peu de temps et peu d'efforts à discuter des affaires publiques. Du point de vue de la théorie démocratique, c'est regrettable. Mais, nous pouvons faire l'expérience de savoir ce que les gens pensent lorsqu'ils sont incités à se conduire comme des citoyens idéaux »[9]. En effet, la démocratie participative renforce d'un point de vue institutionnel la démocratie représentative mais peut aussi ramener (ou amener) des citoyens à s'intéresser aux affaires publiques. La « survie démocratique » de l'Union européenne passe donc par un développement important de la démocratie participative pour combler (ou essayer de combler) le déficit démocratique d'une Europe construite le plus souvent sans les citoyens.

Mais comme le suggère le professeur Archon Fung de l'Université d'Harvard : « Les institutions de délibération et de participation du citoyen sont capables de resserrer les liens qui sont rompus dans le processus minimal de la politique représentative. Plutôt que de concevoir la délibération et la participation comme une alternative à la représentation, il est peut-être plus productif d'explorer quelles combinaisons d'institutions et de procédures favorisent les valeurs démocratiques comme la réceptivité de l'État dans divers contextes politiques »[10]. L'Union européenne doit donc innover

---

[9] J-S. Fishkin : « Vers une démocratie délibérative : l'expérimentation d'un idéal » in Hermès 31, 2001 p. 211 et 212, extrait de « Citizen Competence and democratic Institutions » sous la direction de S-L. Elkin et de K. Edward Solton, Pennsylvania State University Press 1999 p. 279-290, traduit de l'anglais par D. Reynié.
[10] A. Fung : « Démocratiser le processus d'élaboration des politiques », télescope, vol. 17 n°1 p. 16, traduction du chapitre « Democratizing the policy process » publié dans « The Oxford Handbook of public policy », Oxford University Press p.669-685.

en associant les citoyens européens directement au processus d'élaboration de ses politiques, en s'appuyant notamment sur les institutions nationales existantes telles que les assemblées régionales voire locales qui pourraient mettre en œuvre une démocratie participative relative à certains textes européens, relayant ainsi les institutions européennes déconnectées des citoyens des États membres de l'Union.

La votation helvétique à travers l'affaire des minarets

par Philippe Gast,
maître de conférences à l'Université du Havre

La démocratie participative, notion à la mode, bien que souvent associée à la démocratie directe du fait de la « participation » du peuple, en diffère néanmoins considérablement. En effet la plupart du temps la démocratie participative est un écran de fumée pour dissimuler un déficit de démocratie, dans lequel on va demander son avis au peuple par diverses méthodes (sondages d'opinion, avis à travers des enquêtes etc.) mais avis la plupart du temps non contraignant pour les décideurs (comme c'est souvent pratiqué actuellement en Chine par exemple).

À l'inverse dans la démocratie directe, le peuple participe à la décision de façon radicale puisqu'il en est à l'origine et la vote, répondant ainsi à la définition de la démocratie par Lincoln qui est reprise dans la Constitution française de 1958 : c'est « le pouvoir du peuple, par le peuple, pour le peuple » dont la technique parfaite apparaît comme celle pratiquée en Suisse depuis des générations : la votation.

Une votation récente a particulièrement fait parler d'elle, celle concernant l'interdiction des minarets.

En effet, le 1er mai 2007 seize personnalités politiques suisses, dont quatorze membres de l'Union démocratique du centre, parti dit « populiste », créent un comité d'initiative pour lancer une initiative populaire. [1]

Celle-ci prévoyait d'ajouter un alinéa 3 à l'article 72 de la Constitution fédérale décidant que « la construction de minarets est interdite ».

Le 8 juillet 2008, le texte soutenu par 114 137 signatures est déposé à la Chancellerie fédérale ; 113 540 sont déclarées valables le 28 juillet[2].

Le 29 novembre 2009, alors que les sondages prédisaient un rejet de l'initiative, celle-ci est acceptée à la double majorité du peuple (57,5 % de votes favorables) et des cantons (19,5

---

[1] Arrêté fédéral concernant l'initiative populaire « Contre la construction de minarets » *du 12 juin 2009 : L'Assemblée fédérale de la Confédération suisse, vu l'art. 139, al. 3, de la Constitution1, vu l'initiative populaire « Contre la construction de minarets » 2 déposée le 8 juillet 2008, vu le message du Conseil fédéral du 27 août 2008 arrête :*
Art. 1 : *L'initiative populaire du 8 juillet 2008 «Contre la construction de minarets» est déclarée valable et sera soumise au vote du peuple et des cantons. Elle a la teneur suivante :*
La Constitution est modifiée comme suit : Art. 72, al. 3 (nouveau) 3 La construction de minarets est interdite.
Art. 2 : *L'Assemblée fédérale recommande au peuple et aux cantons de rejeter l'initiative. Conseil national (Conseil des États, 12 juin 2009).*
[2] *Cf http://www.admin.ch/ch/f/pore/va/20091129/det547.html*
Publications des départements et des offices de la Confédération :
Initiative populaire fédérale «contre la construction de minarets». Aboutissement :
« *La Chancellerie fédérale suisse,*
vu les art. 68, 69, 71 et 72 de la loi fédérale du 17 décembre 1976 sur les droits politiques :
1,vu le rapport de la Section des droits politiques de la Chancellerie fédérale sur la vérification des listes de signatures déposées le 8 juillet 2008 à l'appui de l'initiative populaire fédérale «contre la construction de minarets»
2, décide :
    1. Présentée sous la forme d'un projet rédigé, l'initiative populaire fédérale « contre la construction de minarets » a abouti, les 100 000 signatures valables exigées par l'art. 139, al. 1, de la Constitution ayant été recueillies.
    2. Sur 114 137 signatures déposées, 113 540 sont valables.
3. La présente décision sera publiée dans la Feuille fédérale et communiquée au comité d'initiative «Contre la construction de minarets», Case postale 23,8416 Flaach ZH.28 juillet 2008 Chancellerie fédérale suisse ».

cantons sur 23) avec toutefois un taux d'abstention important de 46,24%[3].

Seuls les cantons de Bâle-Ville (48,4 %), Neuchâtel (49,3 %), Vaud (46,9 %) et Genève (40,3 %) refusèrent le texte.

Les résultats officiels au niveau national furent les suivants : Votes favorables : 1 535 010 (57,5 %) ; Votes défavorables : 1 134 440 (42,5 %) ; Taux de participation : 53,76 %.

Le projet de votation ayant été accepté par le peuple, la Constitution fut amendée dans son article 72 qui est désormais rédigé comme suit :

« *Art. 72 Église et État*

1 La réglementation des rapports entre l'Église et l'État est du ressort des cantons.

2 Dans les limites de leurs compétences respectives, la Confédération et les cantons peuvent prendre des mesures propres à maintenir la paix entre les membres des diverses communautés religieuses.

3 La construction de minarets est interdite. »[4]

Les réactions furent nombreuses tant en Suisse que dans le monde, surtout médiatique.

Certains, à l'origine de la votation, y voyaient un rejet de la menace intégriste d'un islam invasif rampant, profitant des libertés démocratiques très avancées en Suisse pour diffuser son idéologie ségrégationniste (homme/femme, croyant/non-croyant etc.) grâce à l'immigration et en violation de toute réciprocité (Peut-on construire une église ou un temple à la Mecque ? en Iran et même en Turquie où les orthodoxes ont toutes les peines du monde à ouvrir leur Séminaire ?).

---

[3] *Qui fait dire à certains que ce système favorise les minorités activistes, mais c'est une objection qui ne tient pas car l'information a été largement diffusée et le peuple a pu être éclairé tant par les débats médiatisés que par ceux des politiques dans le parlement fédéral.*

[4] *Accepté en votation populaire du 29 nov. 2009, en vigueur depuis le 29 nov. 2009 (AF du 12 juin 2009, ACF du 5 mai 2010 – RO 2010 2161; FF 2008 6259 6923, 2009 3903, 2010 3117).*

D'autres, surtout dans les médias français, (mais aussi les opposants suisses) y ont vu une dérive populiste portant atteinte à la liberté de religion des musulmans, (Amnesty international), de la xénophobie voire du racisme, parfois une « insulte aux musulmans » (Libération)[5].

Certains y ont vu une manipulation de la population par une question mal posée et tronquée (L'express)[6].

D'autres : « les Suisses ont voté ce que les Français pensent tout bas » (Le Monde)[7].

D'autres encore, envient la démocratie suisse où le peuple peut se prononcer sur son « identité nationale » confisquée en France par les politiciens (Marianne)[8].

D'autres conseillent aux 400000 musulmans suisses de fonder un parti islamique (Le Figaro)[9].

L'intellectuel musulman controversé Tariq Ramadan a jugé « catastrophique » le résultat du référendum. Pour lui, qui vit à Genève et enseigne à l'Université britannique d'Oxford, « les Suisses ont exprimé une vraie peur, un questionnement profond sur la question de l'islam en Suisse ».

Ce vote est « l'expression de certaines craintes au sein de la population au sujet des courants islamistes extrémistes » qu'il faut « prendre au sérieux », a déclaré la ministre de la police et de la justice Eveline Widmer-Schlumpf, une transfuge de l'UDC qui s'était opposée à l'interdiction.

Le parti des Verts a déclaré envisager un recours devant la Cour européenne des droits de l'homme à Strasbourg pour

---

[5] http://www.liberation.fr/monde/0101605697-les-suisses-auraient-vote-en-faveur-de-l-interdiction-des-minarets

[6] http://www.lexpress.fr/actualite/politique/le-vote-suisse-ou-les-limites-du-referendum-populaire_832032.html

[7] http://www.lemonde.fr/societe/article/2009/12/02/les-suisses-ont-ils-vote-tout-haut-ce-que-les-francais-pensent-tout-bas_1275194_3224.html

[8] http://www.marianne2.fr/Les-minarets-sur-le-Net-francais-Au-moins-les-Suisses-ont-vote_a182950.html

[9] http://www.lefigaro.fr/international/2009/12/08/01003-20091208ARTFIG00013-minarets-suisses-premiers-appels-a-annuler-le-vote-.php

violation de la liberté religieuse garantie par la Convention européenne des droits de l'homme.

En Europe, des mouvements d'extrême droite se sont réjouis, à l'image de la vice-présidente du Front national français, Marine Le Pen, qui a demandé aux « élites de cesser de nier les aspirations et craintes des peuples européens » (Le Point)[10].

La problématique essentielle qui se dégage de cet événement et des commentaires qu'il a suscités est de savoir si la votation peut porter atteinte à une liberté. En effet si la votation apparait comme l'essence de la démocratie et de la souveraineté populaire (I) elle peut néanmoins engendrer en théorie au moins, des risques d'atteintes à certaines libertés ou égalités et donc présenter un danger pour la démocratie (II) ce qui génère un paradoxe délicat à appréhender!

I. La votation apparaît comme la manifestation parfaite de la souveraineté populaire

La votation apparaît comme une technique ancienne utilisée dans les systèmes où le peuple est souverain (A) et qui est l'essence de la démocratie fondée sur les principes d'intérêt général, de liberté et d'égalité (B).

A. la votation, outil essentiel de la souveraineté populaire

La votation est un terme français[11] peu utilisé en France, que l'on peut définir comme le référendum d'initiative populaire et qui est l'expression la plus directe de la souveraineté populaire.

a) Sur le plan théorique la souveraineté populaire fut promue par Rousseau dans son « Contrat social » comme émanation de la « volonté générale » seule garantie de « l'intérêt général ». Même s'il ne faut pas confondre l'intérêt général et la somme des intérêts particuliers, comme le soulignait Rousseau -Ib. livre 2 ch 3 - il admet néanmoins qu'il

---

[10] http://www.lepoint.fr/actualites-monde/2009-11-29/referendum-les-suisses-votent-l-interdiction-des-minarets/924/0/399918
[11] Littré.

n'y a pas d'autre façon de connaître l'intérêt général que par la volonté générale émanée de la décision majoritaire du peuple lui-même.

Le débat est très ancien : il commença historiquement avec la « République » de Platon, qui prônait une République dirigée par des « philosophes », êtres rationnels, dotés de sagesse[12]. Il aspirait donc à une oligarchie[13] fondée sur la sagesse et la connaissance.

Il fut plus réservé à la fin de sa vie dans 'Les Lois' car il avait pris conscience de la corruptibilité des hommes... même des philosophes. En effet la connaissance et l'intelligence ne sont pas des garanties absolues d'objectivité, car tant qu'il y a un désir ou une aversion subjective, dans la psychologie d'un dirigeant, celui-ci agira forcément dans le sens de cette subjectivité : comme tout acte, le droit est fait pour ceux qui le font.

En théorie, seul un état mystique au-delà de tout désir et aversion (que l'on trouve par exemple dans les règles du Vinaya pittaka bouddhique – organisation des monastères qui prévoit outre une forme de démocratie directe[14], un respect du point de vue des moines « éveillés » car libérés de l'illusion de l'existence d'un « moi »[15]) – pourrait fonder un intérêt général dénué de toute considération subjective... (à supposer néanmoins qu'il y ait des signes objectifs de cet Éveil !).

---

[12] *Peut-être en réaction à la démocratie athénienne qui avait sombré dans l'oligarchie ploutocratique corrompue...*

[13] *Étymologiquement : gouvernement (arkê) d'un petit nombre (oligos).*

[14] *Cf le bouddhologue Mohan Wijayaratna : « Le moine Bouddhiste » (Cerf, Paris, 1983) complété selon l'historien allemand Schumann : « le Bouddha historique » (Sully, Vannes 1999) p182 (Digha Nikaya : 16,1,6) par le fait que les décisions étaient prises selon le consensus silencieux : la dernière proposition non contestée était adoptée.*

[15] *Comme l'affirmait Dogen, moine fondateur du Zen Soto dans le Japon du 13° siècle dans son œuvre majeure, le Shobogenzo (traduction de Yoko Orimo, Paris, Sully, 2005) : « Étudier l'enseignement du Bouddha c'est s'étudier soi-même (...) s'étudier soi-même c'est apprendre à s'oublier soi-même », qui fait écho à la maxime des mystères de Delphes : « connais-toi toi-même et tu connaitras l'univers et les dieux », que transmit Socrate à Platon qui en fit la devise de son « Lycée ».*

Aristote, disciple de Platon, de son côté, dans « Les Politiques » s'opposait à la démocratie considérant que la masse n'a pas l'intelligence politique pour gouverner valablement. Il se fondait à la fois sur l'observation de la loi animale du plus fort (« le mâle est par nature à la femelle ce que le plus fort est au plus faible, c'est-à-dire ce que le commandant est au commandé »[16]) et sur la maîtrise des passions par la raison. Dans son chapitre sur la légitimation de l'esclavage, il justifiait la domination de ceux qui ont cette intelligence politique sur ceux qui n'ont que la force physique et chez qui la raison ne domine pas les passions. Il affirmait que les seconds (esclaves) appartiennent aux premiers (maîtres) et que les premiers gouvernent les seconds, cela étant de « l'intérêt de tous ». Bien qu'il évoque que déjà à son époque des juristes contestaient le fait que parce qu'on a la force, on puisse réduire en esclavage les plus faibles[17], Aristote y répond en disant que « la force ne va pas sans excellence »[18]. C'est-à-dire que la plus grande force est bien sûr, l'intelligence. Il justifiait ainsi la domination d'une oligarchie qui a l'intelligence politique sur la majorité qui ne l'a pas.

Il est facile néanmoins de contester ce point de vue selon lequel la force peut être le fondement du droit naturel (comme le constatait Hobbes), car si c'était le cas on arriverait à la contradiction que le hors-la-loi s'imposant par la force dans une contrée ferait... la loi ! D'autre part si le droit juste est celui issu de la force, pas besoin de faire du Droit ! La force s'impose d'elle-même naturellement... » La force ne produit aucun droit »[19]. On peut donc en conclure que le droit ne peut que s'opposer au rapport de force, à la loi animale[20].

---

[16] *Les politiques 1 ch 5.*
[17] *Ce qui est intéressant sociologiquement et sur le plan de l'histoire des idées car l'esclavage était une pratique quasi universelle dans l'antiquité.*
[18] *ib. Ch 6.*
[19] *Rousseau : Contrat Social livre 1 ch 4.*
[20] *D'autant que la force est instable : « le plus fort n'est jamais assez fort pour être toujours le maître » (Rousseau Ib. L1 ch 3.) En d'autres termes nul ne peut toujours être le plus fort, celui qui joue au plus fort finit toujours par trouver un plus fort que lui !*

Dans l'ordre économique moderne ces points de vue se retrouvent d'ailleurs entre les tendances libérales qui veulent déréglementer en laissant dominer les entreprises bien gérées et faire disparaître celles qui le sont mal, alors que les tendances interventionnistes ou collectivistes tendent à créer de la réglementation pour protéger les faibles et faire de la « répartition ».[21]

Pour autant cela ne signifie pas que la force doive être exclue du Droit. Kant, puis Rousseau lui-même disaient que la force en dernier recours était nécessaire au Droit (Rousseau Ib. livre 3 ch 1 : » moins les volontés particulières se rapportent à la volonté générale, c'est-à-dire les mœurs aux lois, plus la force réprimante doit augmenter ») ... mais en aucun cas la force ne saurait être le fondement du Droit. C'est le consensus, la volonté générale issue du vote majoritaire qui est le fondement juste du Droit. « Les lois ne sont proprement que les conditions de l'association civile. Le peuple soumis aux lois doit en être l'auteur : il n'appartient qu'à ceux qui s'associent de régler les conditions de la société. » (Ib. L2 ch 6). On constate que sur ce point, Rousseau a fondé son Contrat Social sur le modèle du contrat civil. Précisément en matière civile, ce qui justifie l'obéissance à une obligation, c'est que les contractants ont participé à son élaboration et en ont librement décidé le contenu (volonté libre et éclairée), ils se sont librement obligés : ultime liberté !

La force n'est alors que la thérapie nécessaire à la violation de la règle majoritaire qui constitue la pathologie sociale. En effet un droit sans sanction (y compris, la force, au final) ne pourrait avoir le caractère obligatoire qui le caractérise (d'après

---

[21] *Les deux approches ne sont d'ailleurs pas forcément incompatibles au moins dans le temps : il apparaît qu'en période de crise économique grave l'interventionnisme keynésien permet d'amortir le choc social par une certaine répartition ; mais en période de croissance une libéralisation est plus efficace et permet un meilleur développement (l'égoïsme inhérent au libéralisme est de facto un moteur efficace : comme le dit un proverbe israélien : « donnez un désert à un homme il en fera un jardin, louez-lui un jardin il en fera un désert » ; l'exemple des pénuries systématiques issues des sovkhozes et kolkhozes soviétiques l'a largement prouvé dans l'histoire.)*

Kant[22] et Thomas d'Aquin[23]), contrairement à la morale qui est personnelle et donc facultative (mêmes auteurs).

Montesquieu dans son « Esprit des Lois », de son côté, très axé sur la protection des libertés[24] et ce faisant, théoricien de la séparation des pouvoirs[25] (mais séparation souple et dissymétrique, l'exécutif pouvant dissoudre le législatif mais pas l'inverse) était lui aussi contre la démocratie sur un fondement similaire à celui d'Aristote (mais sans aller jusqu'à l'esclavage évidemment ![26]) : l'incompétence du peuple[27] fait qu'il ne saurait se gouverner sans prendre de mauvaises décisions.

Mais on peut lui objecter, d'une part, comment connaître l'intérêt général[28] a priori si ce n'est par des conjonctures plus ou moins rationnelles ? La complexité même de la définition de l'intérêt général montre que même la plus grande intelligence et la plus grande compétence technique sont souvent inefficaces pour connaître l'intérêt général, nonobstant ce qu'en disaient Aristote puis plus tard Montesquieu.

On peut objecter d'autre part en observant les diverses crises économiques et sociales, que les meilleurs experts ne sont pas d'accord entre eux (surtout sur des matières où la dimension scientifique n'est guère systématisable comme l'Economie) et enfin qu'aucun n'a pu sortir valablement les pays de ces crises (autrement que par les guerres – 2ᵉ guerre mondiale après la

---

[22] *Métaphysique des mœurs (introduction à la doctrine du droit §D : « le droit est l'habilité à contraindre ».*
[23] *Somme Théologique question 90 article 1).*
[24] *Définie selon lui comme « le droit de faire tout ce que les lois permettent » (Livre 11 ch 3.) « La place naturelle de la vertu est auprès de la liberté (8,3) » ; « l'arbitraire étant la cause de la corruption de la noblesse et de la monarchie » (8,5 et 6).*
[25] *L'analyse des trois pouvoirs ayant déjà été réalisée par Aristote (Politiques 4,14-16).*
[26] *« Comme tous les hommes naissent égaux, il faut dire que l'esclavage est contre nature » (15,7).*
[27] *« Le grand avantage des représentants, c'est qu'ils sont capables de discuter des affaires. Le Peuple n'y est point du tout propre, ce qui forme un des grands inconvénients de la démocratie » (Montesquieu Ib.9,6).*
[28] *Ce que Thomas d'Aquin appelait le « bien commun » dans sa Somme Théologique (question 90 article 2).*

crise de 29 – ou écroulements sociétaux – Révolutions suivies de récupération par des opportunistes – Russie, Chine etc.).

Bien au contraire, ces oligarchies n'ont abouti qu'à des systèmes corrompus. Et cette souveraineté « nationale » (se fondant sur Montesquieu) que l'on a opposée à la souveraineté populaire (de Rousseau) n'a été qu'un leurre pour dissimuler des oligarchies gouvernant à leur profit …quel que soit le type d'oligarchie d'ailleurs (théocratique, technocratique, aristocratique, ploutocratique etc.) on retrouve toujours le même schéma. Jusqu'à la tendance monarchique que les tyrans tendent à installer y compris dans les temps modernes. (Tentatives comme par exemple pour les pays « socialistes » arabes, de Khadafi de mettre son fils comme héritier en Libye – heureusement interrompue – ; ou Bachir El Hassad en Syrie, ayant succédé à son père ; mais aussi la monarchie communiste de Corée du Nord avec les trois monarques de la famille Kim !).

Et que dire en cette période de crise financière de la dette souveraine des pays européens et en France tout particulièrement, de 2011, gérée par des politiciens (pourtant très diplômés : énarques, avocats d'affaires etc.) qui pendant des décennies ont créé du déficit pour assurer leur réélection en faisant payer par d'autres (dans l'avenir) les emprunts qu'ils faisaient pour faire des redistributions sociales démagogiques ?![29]

On pourrait par cet exemple même, montrer que le peuple, s'il a sans doute moins de compétences pointues, a du bon sens : il sait très bien qu'à trop s'endetter on finit ruiné… même la ménagère de base sait cela !

Il est probable que quand le peuple utilise la votation il a une bien plus grande sagesse que les politiciens démagogues (on remarquera que la Suisse est un des pays les moins endettés sur le plan de la dette souveraine, et que le niveau de vie du citoyen suisse est un des plus élevés au monde, alors même que la Suisse ne possède que très peu de richesses en matière première…et si ce pays est devenu un lieu de refuge des

---

[29] *Rappelons que le déficit de l'État français dans les années 70 était quasi-nul…*

banques c'est précisément grâce à la stabilité politique issue de la votation, cqfd !).

Enfin, si, comme le reconnaissait Rousseau « la volonté générale peut errer » (Ib. L2 ch 3) « elle est toujours droite » (ib.L2 ch 6) néanmoins, et après tout il appartient aux élus de l'éclairer afin que le « peuple soit suffisamment informé (ib.)». On peut donc tout à fait concevoir une complémentarité entre des élites spécialisées (académiciens, universitaires, dirigeants d'entreprise, syndicats etc. dans un Sénat par exemple) qui par des débats associés aux représentants élus de l'Assemblée, éclaireraient le peuple amené à se prononcer par une votation, comme cela d'ailleurs a été globalement le cas dans l'affaire de la votation helvétique étudiée ici (le Conseil fédéral ayant désapprouvé le projet). Enfin, et en tout état de cause, le peuple peut assumer ses erreurs et modifier ses décisions erronées. Il est plus acceptable de supporter ses erreurs… que celles des autres !

b) Sur le plan pratique la votation apparaît à l'époque moderne dans la Constitution helvétique actuelle du 18 avril 1999[30].

---

[30] Chapitre 2 Initiative et référendum
Art. 138 *Initiative populaire tendant à la révision totale de la Constitution*
100 000 citoyens et citoyennes ayant le droit de vote peuvent, dans un délai de18 mois à compter de la publication officielle de leur initiative, proposer la révision totale de la Constitution. Cette proposition est soumise au vote du peuple.
Art. 139 *Initiative populaire tendant à la révision partielle de la Constitution*
1 100 000 citoyens et citoyennes ayant le droit de vote peuvent, dans un délai de18 mois à compter de la publication officielle de leur initiative, demander la révision partielle de la Constitution. 2 Les initiatives populaires tendant à la révision partielle de la Constitution peuvent revêtir la forme d'une proposition conçue en termes généraux ou celle d'un projet rédigé. 3 Lorsqu'une initiative populaire ne respecte pas le principe de l'unité de la forme, celui de l'unité de la matière ou les règles impératives du droit international, l'Assemblée fédérale la déclare totalement ou partiellement nulle. 4 Si l'Assemblée fédérale approuve une initiative populaire conçue en termes généraux, elle élabore la révision partielle dans le sens de l'initiative et la soumet au vote du peuple et des cantons. Si elle rejette l'initiative, elle la soumet au vote du peuple, qui décide s'il faut lui donner suite. En cas d'acceptation par le peuple, l'Assemblée fédérale élabore le projet demandé par l'initiative. 5 Toute initiative revêtant la forme d'un projet rédigé est

Mais la votation se trouve déjà dans la Constitution du 19 avril 1874 (elle-même instaurée par référendum) introduisant le référendum facultatif à la demande de 30 000 citoyens.

De façon plus indirecte le principe référendaire était déjà présent dans la Constitution du 12 septembre 1848 et fut appliqué pour la première fois le 14.1.1866[31] (mais pas

---

soumise au vote du peuple et des cantons. L'Assemblée fédérale en recommande l'acceptation ou le rejet. Elle peut lui opposer un contre-projet.
Art. 139b *Procédure applicable lors du vote sur une initiative et son contre-projet*
1 Les citoyens et citoyennes ayant le droit de vote se prononcent simultanément sur l'initiative et le contre-projet. Ils peuvent approuver les deux projets à la fois. 2 Ils peuvent indiquer, en réponse à la question subsidiaire, le projet auquel ils donnent la préférence au cas où les deux seraient acceptés.3 S'agissant des modifications constitutionnelles qui ont été approuvées, si, en réponse à la question subsidiaire, l'un des projets obtient la majorité des voix des votants, et l'autre la majorité des voix des cantons, le projet qui entre en vigueur est celui qui, en réponse à la question subsidiaire, a enregistré la plus forte somme des pourcentages des voix des votants et des voix des cantons.
Art. 140 *Référendum obligatoire*
1 Sont soumises au vote du peuple et des cantons: a. les révisions de la Constitution; b. l'adhésion à des organisations de sécurité collective ou à des communautés supranationales ; c. les lois fédérales déclarées urgentes qui sont dépourvues de base constitutionnelle et dont la durée de validité dépasse une année; ces lois doivent être soumises au vote dans le délai d'un an à compter de leur adoption par l'Assemblée fédérale. 2 Sont soumis au vote du peuple : a. les initiatives populaires tendant à la révision totale de la Constitution ; b. les initiatives populaires conçues en termes généraux qui tendent à la révision partielle de la Constitution et qui ont été rejetées par l'Assemblée fédérale; c. le principe d'une révision totale de la Constitution, en cas de désaccord entre les deux conseils.
Art. 141 *Référendum facultatif*
1 Si 50 000 citoyens et citoyennes ayant le droit de vote ou huit cantons le demandent dans les 100 jours à compter de la publication officielle de l'acte, sont soumis au vote du peuple : a. les lois fédérales; b. les lois fédérales déclarées urgentes dont la durée de validité dépasse un an; c. les arrêtés fédéraux, dans la mesure où la Constitution ou la loi le prévoient ; d. les traités internationaux qui : d1. sont d'une durée indéterminée et ne sont pas dénonçables ; d2. prévoient l'adhésion à une organisation internationale ; d3. contiennent des dispositions importantes fixant des règles de droit ou dont la mise en œuvre exige l'adoption de lois fédérales.2 (...).
[31] *http://www.admin.ch/ch/f//pore/va/18660114/index.html*

d'initiative populaire claire donc on ne peut encore parler de votation).

En revanche, auparavant, on trouve la votation dans la Constitution du 5 février 1794 de Genève[32] qui établit un régime de démocratie directe. Les principes de souveraineté populaire et la séparation des pouvoirs y sont respectés. L'ensemble des habitants natifs, bourgeois et citoyens sont égaux. Ils figurent au « Registre unique des citoyens » et constituent ensemble le Conseil général chargé d'élire les membres des trois pouvoirs (législatif, exécutif et judiciaire). Chaque loi adoptée par le Conseil législatif doit être avalisée par le Conseil général : c'est le référendum obligatoire. Par ailleurs, les citoyens disposaient d'un droit d'initiative législative et constitutionnelle. Cette initiative devant être appuyée par quelques centaines de citoyens. Le Conseil législatif devait alors présenter au Conseil général un projet de loi conforme à l'opinion exprimée par les initiants. Éléments que l'on retrouve pour beaucoup d'entre eux dans la Constitution helvétique actuelle.

Mais des formes plus anciennes de votation apparaissent en Suisse sous le terme de *Landesgemeinde* qui désigne une participation du peuple qui vote et élit à main levée. Si la technique du *Landsgemeinde* en tant que telle, est introduite pour la première fois dans le canton d'Uri en 1231, c'est sous la menace d'un retour à la domination Habsbourgeoise, qui poussa les hommes libres des vallées d'Uri, de Schwytz et de Nidwald, à renouveler au début du mois d'août un pacte d'alliance juridique et défensive éternelle : ce fut la première Charte fédérale de 1291. On voit donc que le principe fédéral et le principe de la votation sont intimement liés dans cet acte fondateur … On peut dire que la Suisse est un laboratoire à la fois de l'idée fédérale et de l'idée démocratique.

---

[32] *Peut-être sous l'influence de la Constitution française de la Ire République (Constitution de 1793 qui promouvait la souveraineté populaire). Mais cette Constitution qui ne fut jamais appliquée fut inspirée elle-même sans doute de l'article 6 de la Déclaration des droits de l'homme de 1789 : « La Loi est l'expression de la volonté générale. Tous les Citoyens ont droit de concourir personnellement, ou par leurs représentants, à sa formation. »*

Sans doute peut-on y voir un héritage de ce que César décrivait dans les cités gauloises (dont les helvètes faisaient partie) où les « civitates » se réunissaient périodiquement pour décider des choix communs, pratique que l'on retrouvait également dans les coutumes germaniques (Hugues Capet et Clovis, comme Vercingétorix ont été en effet des chefs élus), mais faute de textes précis il est difficile de se faire une idée claire du fonctionnement de ces assemblées populaires.

Plus anciennement encore peut-on évoquer la réforme de Clisthène à Athènes au 6ème siècle[33]. En effet après l'éviction du tyran Hippias (soutenu par les spartiates) par le peuple d'Athènes, Clisthène, bien qu'aristocrate lui-même, pour empêcher l'instauration d'une oligarchie par Isagoras, proposa au peuple de l'associer directement au pouvoir sous le terme « isonomos ». Il instaura donc l'assemblée du peuple, l'Ecclesia, dotée de pouvoirs normateurs qui se réunissait dans l'agora où chaque citoyen pouvait voter en mettant dans une urne une pierre blanche pour le « oui » et une noire pour le « non ». Ce fut le début de la démocratie athénienne que Périclès compléta admirablement.

Le mécanisme de votation émanation directe de la souveraineté populaire (avec ses trois potentialités laissées au peuple : faire les lois et les imposer aux élus ; élire et censurer les élus[34], et pouvoir s'opposer à leurs décisions) qui est le seul outil permettant de garantir l'intérêt majoritaire, l'intérêt général, semble préexister chronologiquement au moins conceptuellement (*isonomos*), à la démo-cratie proprement dite qui vint en développant les notions d'égalité et de liberté[35].

---

[33] *Évoquée par Hérodote dans son « Enquête » et par Aristote dans les Politiques ch 21.*
[34] *Comme le référendum révocatoire de la Constitution bolivienne adoptée par le peuple le 25/1/2009 et promulguée le 7/2/2009 qui permet à 15% des électeurs de révoquer les élus (article 213).*
[35] *Mais on remarquera que ces deux principes sont sous-entendus dans celui du respect de la majorité, de l'intérêt général majoritaire. En effet dans le mécanisme de votation, chacun a la liberté de s'exprimer et chacun a un droit de vote égal à ceux des autres citoyens. Les trois notions sont donc inséparables, même si dans la démocratie moderne les notions de liberté et d'égalité ont pris des développements très importants.*

B. L'intérêt général, la liberté et l'égalité sont les trois éléments constitutifs de la démocratie

Périclès[36] (-461- -399) prononce en -431 une oraison funèbre en l'honneur des guerriers morts au combat. Il fait également l'éloge d'Athènes, de ses institutions et de ses héros. Ce texte est l'acte de naissance théorique[37] de la démocratie (étymologiquement le « peuple au pouvoir »[38]) car il fonde celle-ci sur trois concepts essentiels : l'intérêt majoritaire qui est l'essentiel de la souveraineté populaire que l'on vient d'évoquer, mais aussi la liberté (1) et l'égalité (2) principes souvent inséparables. (Ce développement de l'idéologie démocratique ne fut pas évident car des auteurs célèbres prônaient des formes oligarchiques - Platon dans la République, Aristote, Montesquieu[39] etc.).

---

[36] *texte rapporté par thucydide dans son « histoire de la guerre du péloponnese » livre II : « oraison funebre de pericles » :*
« XXXVII. - Notre constitution politique n'a rien à envier aux lois qui régissent nos voisins; loin d'imiter les autres, nous donnons l'exemple à suivre. Du fait que l'État, chez nous, est administré dans l'intérêt de la masse et non d'une minorité, notre régime a pris le nom de démocratie. En ce qui concerne les différends particuliers, l'égalité est assurée à tous par les lois; mais en ce qui concerne la participation à la vie publique, chacun obtient la considération en raison de son mérite, et la classe à laquelle il appartient importe moins que sa valeur personnelle; enfin nul n'est gêné par la pauvreté et par l'obscurité de sa condition sociale, s'il peut rendre des services à la cité. La liberté est notre règle dans le gouvernement de la république et dans nos relations quotidiennes la suspicion n'a aucune place; nous ne nous irritons pas contre le voisin, s'il agit à sa tête; enfin nous n'usons pas de ces humiliations qui, pour n'entraîner aucune perte matérielle, n'en sont pas moins douloureuses par le spectacle qu'elles donnent. La contrainte n'intervient pas dans nos relations particulières; une crainte salutaire nous retient de transgresser les lois de la république; nous obéissons toujours aux magistrats et aux lois et, parmi celles-ci, surtout à celles qui assurent la défense des opprimés et qui, tout en n'étant pas codifiées, impriment à celui qui les viole un mépris universel ».
[37] *Car la démocratie grecque ne concernait en effet qu'environ 10% de la population car en étaient exclus les esclaves, les femmes et les métèques...*
[38] δῆμος / *dêmos*, « peuple » et κράτος / *krátos*, « pouvoir ».
[39] *Qui reconnaissait quand même que « les êtres particulièrement intelligents sont bornés par leur nature et par conséquent sujets à l'erreur » (1,1) « Dans l'état de nature les hommes naissent bien dans l'égalité, mais n'y sauraient*

1. La Liberté
a. Dans l'ordre théorique

Sur le plan philosophique la liberté n'a été guère promue dans l'histoire des religions qui bien souvent, tout en promettant la libération... n'ont fait qu'enfermer les humains ! Ainsi les castes dans l'Hindouisme et les innombrables règles imposées aux membres de chaque caste[40] ; ou encore dans le Judaïsme, on citera les 613 obligations (mitzvot) de la Torah, les 70 interdits et 500 prescriptions de l'Islam[41] etc.

Néanmoins dans le monde indien, le Bouddha libéra des castes sur le plan social[42] en rendant à chacun le choix et la responsabilité de ses actes (karma) et libéra de la croyance en un Moi, amenant au libre choix d'accéder à l'Éveil en suivant le Dharma, la « Loi juste ». On peut montrer le chemin, mais il appartient à chacun de le parcourir ! L'Eveil est même assimilé à la libération[43] des attachements[44] aux émotions perturbatrices que sont l'ignorance, le désir, l'avidité, la colère, l'aversion, l'orgueil, la jalousie ainsi que la libération des actes négatifs qui

---

rester. La société la leur fait perdre et ils ne redeviennent égaux que par les lois » (8.3).

[40] *Cf. Les lois de Manou (plus ancien code de l'Inde datant d'environ 2000 ans) Éditions d'aujourd'hui – Garnier, Paris 1976.*

[41] *Bruno Etienne in « Islam les questions qui fâchent » (Bayard, Paris 2003) p 38 et 44.*

[42] cf *Schumann Ib. p. 222,224.*

[43] *(nirvana signifie extinction) Cf le Sermon de Bénarès, Mahavagga devin (cf Schumann Ib.p172,173) (ou le Maha cattarisaka sutta cité par William Hart in l'Art de vivre seuil Paris 1997 p196) où il enseigne que c'est la vue juste qui engendre la pensée juste, la parole juste, l'action juste, les moyens d'action justes, vue juste que l'on obtient par la méditation juste, la concentration juste, l'attention juste.*

[44] *Cause de la souffrance, attachements liés aux conditionnements des tendances habituelles qui constituent l'illusion d'un Moi saisi comme permanent, existant par lui-même, origine de l'égoïsme et du rejet de l'autre (ou sa prédation !). Alors que le Moi n'étant qu'une somme de 5 agrégats (corps, sensations, perceptions, réactions mentales, conscience cf. Schumann Ib. p.157) impermanents, interdépendants, soumis à la causalité, il ne peut avoir d'existence propre, séparée, substantielle, il n'est qu'une illusion (Cf Aggi vachagotta sutta cité par William Hart Ib. P49. Sur cette constatation le Bouddha fonda sa doctrine « du non soi » qui l'opposa également aux brahmanes (cf. Schumann Ib. p.162 et 288).*

en découlent comme tuer, voler, violer, s'intoxiquer, mentir, médire, bavarder...

La liberté et la responsabilité des actes de chacun est donc fondamentale dans le Bouddhisme[45], comme la liberté le sera pour Sartre et les tenants de l'existentialisme (à ceci près que dans une théorie nihiliste il n'y a pas de rétribution métaphysique aux actes et donc il y a un grand danger à n'avoir aucune limite aux actes surtout négatifs (« quand on n'a pas de limite, on dépasse les bornes » comme le disait Alphonse Allais).

Certains textes bibliques ne sont pas étrangers à cette causalité « karmique » et ne disaient pas autre chose : « On récolte ce qu'on sème »[46]. La liberté morale est donc le principe car « Le royaume de dieu est en vous »[47], et peut être atteint par la pratique de la prière solitaire (Mathieu 6/6) ; il appartient donc à chacun librement de faire le chemin ou pas.

La liberté a été envisagée sous l'aspect personnel (Âme libre pour Saint Thomas d'Aquin) ou collectif chez Montesquieu : « Comme dans un État libre, tout homme qui est censé avoir une âme libre doit être gouverné par lui-même, il faudrait que le peuple en corps eût la puissance législative » (Ib. 9,6). « La liberté dans l'ordre philosophique consiste dans l'exercice de sa volonté, ou du moins (…) de l'opinion que l'on se fait de sa volonté. La liberté politique consiste dans la sûreté, ou du moins dans l'opinion que l'on a de sa sûreté. » (Ib. 12.2).

Rousseau (dans son Contrat Social, livre 2 ch 11) affirme que « si l'on recherche en quoi consiste précisément le plus

---

[45] *Comme d'ailleurs dans nombre de versets coraniques « point de contrainte en matière de religion » (S2 v256); ou « vous êtes responsables de vous-mêmes » (S5v105) ; « vous êtes libres de croire ou de ne pas croire » (S18 v29) ; « ordonneriez-vous aux autres d'agir en bien alors que vous ne le faites pas ? » (S2 v44) cités par Al Ajami In « Que dit vraiment le Coran » SRBS Paris 2008 p.130, 131.*

[46] *Juifs : Job 4.8. : « Pour moi, je l'ai vu, ceux qui labourent l'iniquité et qui sèment l'injustice en moissonnent les fruits. »*
Proverbes 22.8 : « Celui qui sème l'iniquité moissonne l'iniquité, et la verge de sa fureur disparaît ». Galates 6.7. « Ce qu'un homme aura semé, il le moissonnera aussi ».

[47] *Luc 17.21.*

grand bien de tous, qui doit être la fin de tout système de législation on trouvera qu'il se réduit à ces deux objets principaux : la liberté et l'égalité » ; « L'homme est né libre et partout il est dans les fers. Tel se croit maître des autres, qui ne laisse pas d'être plus esclave qu'eux » (Ib livre 1 ch 1).

Pour Hegel (qui prit le contre-pied d'Aristote en fondant une nouvelle dialectique) ce sont les dualités maître-esclave, juge-condamné etc. qui génèrent l'absence de liberté : en effet dans ces dualités, le maître ne peut exister sans l'esclave, ni le juge sans le délinquant etc... et réciproquement[48]. La disparition de cette dualité est donc nécessaire pour l'accès à la Liberté : quand le $-A$ et annulé par le $+A$, on est au point 0, celui de la liberté[49].

La liberté n'est pas naturelle car les êtres sont soumis à leurs conditionnements physiques, mentaux, sociaux. Mais il est intéressant de constater que l'être humain qui a d'innombrables conditionnements est le plus libre des animaux (qui en ont moins : le protozoaire n'a que peu de conditionnements : il absorbe du liquide qu'il rejette après en avoir prélevé sa nourriture, mais quelle est sa liberté ?!).

La liberté c'est donc d'avoir conscience de nos conditionnements et d'arriver à s'en libérer, tant du point de vue individuel que social ; c'est cette liberté, cette autonomie de la volonté qui peut aller jusqu'à s'obliger soi-même, comme on l'a vu, qui fonde la responsabilité des actes que l'on trouve dans les articles 1382 et suivants du code civil, et surtout en matière contractuelle dans les articles 1101 et suivants.

Si l'on peut imaginer une liberté philosophique potentielle en tout être[50], dans l'observation des faits, elle est le résultat

---

[48] *Cette nouvelle dialectique d'Hegel intégrait le « tiers inclus » contre celle d'Aristote qui l'excluait (si A est identique à B, non A est forcément différent de B –Principe du tiers exclu, car il n'y a pas d'autre solution pour Aristote : à son époque le 0 n'avait pas été encore conçu).*
[49] *In Droit Naturel II, 55-60.*
[50] *Ou spirituelle, comme l'exposa Longchenpa (maître tibétain du 15ᵉ siècle) dans son ouvrage « La liberté naturelle de l'esprit » (traduit par P. Cornu, Seuil Paris 1994).*

d'un processus lent qui fait sortir de la servitude naturelle animale, tant individuellement que collectivement.

b. Dans l'ordre pratique et positif, la remarquable définition des Droits de l'Homme de 1789 n'a pas été égalée :

« La liberté consiste à pouvoir faire tout ce qui ne nuit pas à autrui « (A. 4)

En effet, elle ne peut être plus large puisqu'elle autorise de pouvoir faire « tout ». Sa seule limite est l'intérêt d'autrui, qui a un égal droit au bonheur et à cette même liberté d'action, jusqu'à même pouvoir en aliéner une partie en s'obligeant contractuellement. Cet article 4 fut remarquablement complété par la proposition de Cambacérès pour la rédaction de l'article 1382 du Code Civil : « Celui qui cause à autrui un préjudice est tenu de le réparer ». Malheureusement Napoléon lui préféra la rédaction actuelle qui intègre un concept flou et inopérant de « faute » (d'ailleurs battue en brèche depuis plusieurs années par la Cour de cassation qui a distingué les notions de fautes subjective et objective, condamnant les responsables dès lors qu'il y a une responsabilité basée sur une faute objective – enfants etc.).

La liberté doit forcément avoir une limitation, faute de quoi le plus fort asservirait le plus faible et aboutirait à la disparition de la liberté en faisant ressurgir la loi animale du plus fort... (Même les sociétés ultralibérales sur le plan économique comme les USA et l'UE l'ont parfaitement compris en établissant des lois anti trust, anti ententes, sanctionnant l'abus de position dominante !)

La liberté de critique (en particulier des minorités envers la majorité) est un élément essentiel de la démocratie (dès lors que la minorité respecte dans les faits, la loi majoritaire.). Si « Penser c'est dire non » comme le soutenait Alain[51], on pourrait nuancer en disant que « penser c'est pouvoir dire non ». C'est vrai tant individuellement que collectivement. Cette liberté se décline à l'heure actuelle de diverses façons et

---

[51] *Propos sur la religion LXIV.*

on distingue en particulier les libertés privées et les libertés publiques.

Plus spécifiquement en matière religieuse, la Déclaration de 1789 dans son article 10 affirme que « Nul ne doit être inquiété pour ses opinions, même religieuses, pourvu que leur manifestation ne trouble pas l'ordre public établi par la loi ».

La liberté de religion[52] qui fut mise en cause en apparence dans la votation dont il est question ici est une de ces libertés essentielles qui recouvre d'ailleurs elle-même un grand nombre de libertés.

On peut en effet distinguer diverses libertés concernées par le concept de religion, en démocratie :

a) libertés de la vie privée

De croyance (de pensée : accès à l'information publique en particulier)

De pratique (rituels, prières, méditations etc.)

Déplacements (pèlerinages etc.)

D'alimentation (OGM, hallal, cachère, végétarisme)

Liberté médicale (exemple des Témoins de Jéhovah avec la transfusion sanguine)

D'activités physiques (kalaripayat, arts martiaux, yoga, Qi Cong, Kapuera)

De mariage (homosexuel, polygamique, polyandre)

D'éduquer ses enfants selon ses croyances religieuses (mais aussi liberté des enfants à ne pas être endoctrinés par des parents fanatiques…)

Habillement (voile islamique, moniales catholiques, turban sikh, nudité des nanga sannyasin hindous etc.)

---

[52] *Également protégée par la CESDH : Article 9 « Liberté de pensée, de conscience et de religion. Toute personne a droit à la liberté de pensée, de conscience et de religion ; ce droit implique la liberté de changer de religion ou de conviction, ainsi que la liberté de manifester sa religion ou sa conviction individuellement ou collectivement, en public ou en privé, par le culte, l'enseignement, les pratiques et l'accomplissement des rites ».*

De réunion privée (amis, famille etc.).

b) libertés publiques

d'associations *(cultuelles, culturelles, sportives, politiques – partis-, professionnelles –syndicats – etc.)*

de manifester *sa religion par des rites publics*

de manifestation sur l'espace public

d'expression – prosélytisme (accès à l'information publique, éducation)

politique, quand la religion prévoit des prescriptions politiques.

Mais à côté de la liberté, l'égalité est une condition essentielle de la démocratie selon Périclès.

2. L'égalité
a. Dans l'ordre théorique

L'idée d'égalité sur le plan philosophique est une idée ancienne mais peu partagée dans l'histoire des religions. Ainsi la Torah fonde-t-elle l'esclavage sur la malédiction de Noel envers Cannan (Genèse 9.25), inégalité fondamentale.

Par ailleurs, dans le Judaïsme encore, les Juifs se présentent comme le « Peuple élu » de Dieu, devant guider l'humanité, et à l'intérieur du judaïsme même, la famille des cohénimes issue d'Aaron (de la tribu des Lévi) le frère de Moïse, devait guider les Juifs car seuls, ils pouvaient accéder au statut de Grands prêtres du temple de Jérusalem. Au contraire, les Évangiles du Christ y ont porté atteinte, en ouvrant l'accès du « Royaume de Dieu » à toutes les nations et donc promu une sorte d'égalité spirituelle (qui sera concrétisée d'ailleurs par la suppression de l'esclavage en Europe). Divers textes Evangéliques contestent la primauté des puissants, des riches etc. Ainsi dans les Béatitudes : il est dit « Heureux ceux qui sont persécutés pour la justice » (Mt 4.25.v10), les simples d'esprit (ib v3) etc. ou encore : « il est plus difficile à un riche de rentrer dans le royaume des cieux qu'à un chameau de passer par le chas d'une aiguille » (Mt 19.24) etc. Le Christ critiqua d'ailleurs vertement l'attitude des prêtres du temple, qui y entretenaient un commerce lucratif d'animaux à sacrifier, se mettant ainsi à dos les pharisiens et saducéens, qui le firent arrêter et exécuter. Enfin c'est au Christianisme que l'on doit la suppression de l'esclavage en particulier en 873, par le pape <u>Jean VIII</u> (esclavage qui subsista partout ailleurs, en particulier dans le monde musulman jusqu'au 20e siècle).

De même si dans l'Hindouisme la caste des brahmanes s'est investie du pouvoir de guider les autres castes en se mettant au sommet de la hiérarchie sociale, le Bouddha (l'Éveillé) rejeta la primauté des brahmanes en disant que n'atteint l'Éveil non le fils d'un brahmane parce qu'il est fils de brahmane, mais seulement celui qui a parcouru le chemin de la libération des attachements[53] illusoires. Le bouddhisme a poussé l'idée d'égalité très loin puisque les animaux sont considérés comme ayant la même potentialité d'atteindre l'état de Bouddha qu'un humain, d'où l'injonction non seulement de ne pas tuer d'êtres humains, mais aussi d'animaux.

Sur le plan plus socio-économique et juridique, l'égalité, dès l'Isonomos introduite par Clisthène, est apparue comme le fondement de la future démocratie athénienne: chaque citoyen ayant un égal droit d'accès à l'élaboration de la loi, chaque citoyen ayant une part égale de souveraineté.

Montesquieu disait que « la vertu dans la république (…) est l'amour de l'égalité » (ib. Avertissement). « Dans l'état de nature les hommes naissent bien dans l'égalité mais ils n'y sauraient y rester. La société la leur fait perdre et ils ne redeviennent égaux que par les lois » (Ib.8, 3).

Rousseau voit dans l'égalité la condition de la démocratie: « l'égalité parce que la liberté ne peut subsister sans elle » (Ib livre 2 ch11).

Hegel comme on l'a vu a aussi allié la liberté comme conséquence de l'égalité par la suppression de la dualité maître –esclave.

---

[53] Schumann Ib. p. 222,223.

Là encore la volonté générale ne peut être connue sans la participation au vote avec un droit égal de chaque citoyen qui dispose d'un énième de la souveraineté populaire globale.

Bien évidemment l'égalité dont il s'agit est l'égalité en Droit et non l'égalité économique comme l'aurait souhaité l'aile gauche de la Révolution française (« il ne faut ni riches ni pauvres » disait St Just dans « Fragments sur les institutions républicaines »). En effet une égalité économique imposerait un nivellement qui tuerait le mérite et donc tout dynamisme économique.

Certes les théoriciens de la croissance zéro (et a fortiori de la décroissance) ne seraient pas gênés par cette conséquence ! Dans l'absolu, surtout dans une perspective spirituelle le don altruiste, l'oubli de soi pour le bonheur des autres est un objectif sublime...mais guère réaliste, car il suppose d'avoir reconnu que le moi n'a pas d'existence propre, qu'il est une illusion ! La décroissance y est même alors un chemin spirituel ! En effet l'être spirituel renonçant, dira face à la consommation : « comment puis-je me passer de cet objet » ? Au contraire le matérialiste dira : « comment puis-je me procurer cet objet ?».

Mais les êtres « ordinaires » sont matérialistes (et majoritaires...), et il ne serait donc guère naturel que celui qui travaille beaucoup accepte de gagner la même somme que celui qui ne travaille guère, à moins d'être particulièrement altruiste, ce qui est rarement le fondement des actes humains « ordinaires ». Seuls les mystiques sont prêts à ce genre de sacrifice... L'égalitarisme économique aurait pour conséquence de porter atteinte à la liberté de celui qui veut « travailler plus pour gagner plus » !

Il n'y a donc guère que les communautés monastiques constituées où l'on trouve ce type d'égalité économique et où elle est possible, car les moines ont renoncé à toute forme d'honneurs, à toute richesse personnelle et a fortiori à toute notion d'enrichissement, et donc à toute croissance économique. Hors de ce contexte, l'égalité économique n'est donc guère viable...

Ainsi sur la base de l'exemple des moines bouddhistes qui ne peuvent posséder que leur robe et leur bol, ou des moines chrétiens qui ont fait vœux de pauvreté ou des nanga sanyassin hindous qui ont renoncé à tout, y compris au vêtement et qui ne peuvent rester plus de trois jours au même endroit ni avec les mêmes personnes... On constate que ce n'est guère que dans les sociétés religieuses régulières que l'on a pu rencontrer des systèmes idéologiquement orientés vers la croissance zéro, voire la décroissance.

Les sociétés communistes qui ont tenté de promouvoir l'égalité économique... se sont bien gardées de l'appliquer à tous et en particulier à la nomenklatura du Parti dont les membres, eux, vivaient dans des datchas... pendant que le peuple faisait la queue pour tout !

Le principe d'égalité n'est certainement pas un principe naturel dans l'ordre pratique, contrairement à ce que disait Montesquieu. Au contraire l'égalité est un principe fabriqué par la culture humaine. En effet s'il existe une certaine égalité potentielle du fait de la structure chromosomique qui fait d'un être, un humain ou non, à l'intérieur même des espèces animales, la diversité génétique est infinie tant sur le plan des génotypes que des phénotypes. Cette immense diversité fait que les uns auront telle ou telle capacité sur le plan physique. Sur le plan mental, psychologique, la question est encore plus subtile car l'éducation va jouer un rôle essentiel, comme l'ont montré les observations faites sur les enfants « sauvages » au 19e siècle, à savoir que si un enfant n'est pas mis en contact avec le langage humain (alors même qu'il a un cerveau normal) il ne pourra plus jamais acquérir ce langage avec toutes les capacités intellectuelles qui y sont liées. Donc à moins d'imaginer que les enfants soient tous éduqués dans des pensionnats publics recevant les mêmes enseignements depuis la naissance, l'égalité naturelle est impossible, et socialement, elle est utopique.

Même si l'on peut imaginer une égalité potentielle de tous les êtres sur plan philosophique, dans l'observation des faits, l'égalité ne peut qu'être juridique, issue de la volonté générale.

b. Dans l'ordre pratique, positif

L'article 1 de la Déclaration des droits de l'homme de 1789 concrétisant la loi du 4 août 1789 fonda juridiquement le principe rousseauiste selon lequel : « les hommes naissent libres et égaux en droit » ; de même l'article 6 : « La loi est l'expression de la volonté générale. Tous les citoyens ont droit de concourir personnellement ou par leurs représentants à sa formation. Elle doit être la même pour tous ».

Ils furent repris par l'Article premier de la Déclaration universelle du 10 décembre 1948 : « Tous les êtres humains naissent libres et égaux en dignité et en droits » (mais dont on doit déplorer sa portée purement symbolique).

Puis au niveau Européen, la CESDH qui affirme dans son article 14 sur l'interdiction de discrimination que « La jouissance des droits et libertés reconnus dans la présente Convention doit être assurée, sans distinction aucune, fondée notamment sur le sexe, la race, la couleur, la langue, la religion, les opinions politiques ou toutes autres opinions, l'origine nationale ou sociale, l'appartenance à une minorité nationale, la fortune, la naissance ou toute autre situation. »

En matière plus spécifiquement religieuse le droit positif impose la non-discrimination des croyants mais aussi la non-discrimination des organisations religieuses : « la République ne reconnaît ni ne subventionne aucun culte » (article 2 de la loi du 9 décembre 1905, fondant conceptuellement la laïcité, mais non respectée dans l'article 19 par exemple qui autorise des avantages fiscaux aux associations « reconnues » cultuelles).

L'article 1° de la Constitution de 1958 dispose que « La France est une République indivisible, laïque, démocratique et sociale. Elle assure l'égalité devant la loi de tous les citoyens sans distinction d'origine, de race ou de religion. Elle respecte toutes les croyances. »

La question de l'équilibre subtil entre la votation, outil de la souveraineté populaire et la démocratie selon Périclès réside dans le fait que la loi majoritaire issue de la votation pourrait parfois aboutir à l'écrasement des minorités, ce qui aboutirait à une atteinte à l'égalité et à la liberté…et donc à la démocratie !

En conclusion de cette première analyse on peut dire que l'intérêt général, la liberté et l'égalité sont idéalement respectés par la technique de votation.

Mais trop de liberté tue la liberté et l'égalité, et trop d'égalité tue la liberté et l'égalité !

Ainsi le Droit est antinaturel et ses fondements démocratiques que sont le respect de l'intérêt général, la liberté et l'égalité sont des concepts fabriqués par une civilisation développée. C'est dans l'équilibre de ces trois fondements que l'idée démocratique peut s'enraciner avec la votation pour technique.

II. Mais la votation est-elle sans limites, peut-elle restreindre une liberté comme la liberté de religion ?

Il y a un risque théorique que la votation aboutisse à la dictature majoritaire (A) qui a été concrétisée de façon illusoire par l'affaire des minarets (B).

A. Le risque de dictature de la morale majoritaire

Si la votation, technique essentielle de la démocratie, aboutit à restreindre les libertés des minorités ou le principe d'égalité, alors on arrive à une contradiction difficilement soluble où la majorité porte atteinte aux principes mêmes de la démocratie sur le plan formel.

Tocqueville dans son ouvrage sur la « Démocratie en Amérique » avait déjà dénoncé ce risque, notamment quand une majorité adhère à une morale (religieuse en particulier) et qu'elle veut l'imposer à tous, y compris aux minorités, confondant alors Morale et Droit, au motif qu'elle est majoritaire. À terme une telle atteinte pourrait menacer chaque citoyen car chaque citoyen étant unique, une unique combinaison de goûts, d'idées, de modes de vie, de croyances etc. il est forcément minoritaire en soi. Écraser les minorités, c'est risquer à terme d'écraser les individus !

Si la votation est l'unique mise en œuvre de la souveraineté populaire, la contradiction en théorie au moins, peut se manifester.

D'où la nécessité de garantir par la Constitution, une protection des libertés et de l'égalité des minorités (dès lors que celles-ci respectent la loi majoritaire bien sûr). À cette fin il faut que celle-ci pose des conditions de majorité renforcée chaque fois qu'une atteinte à la Constitution est visée par une votation (comme c'est le cas dans la Constitution suisse).

Dans une démocratie tous doivent respecter la loi majoritaire mais celle-ci doit accepter la critique minoritaire (liberté publique d'expression), et ne pas s'immiscer dans les libertés privées, la vie privée.

La morale est personnelle et facultative (même s'il peut exister une morale majoritaire) alors que le Droit est collectif et obligatoire, sanctionné ici et maintenant, positivement et non par une sanction métaphysique (enfer ou paradis après la mort, comme dans certaines morales religieuses).

Concernant l'affaire des minarets, encore faut-il se poser la question par exemple concernant une liberté, religieuse ici, des raisons du rejet par la majorité, d'une minorité religieuse !

Ainsi par exemple il est dit dans le Coran (S. 9, V5) :» A expiration des mois sacrés, tuez les polythéistes où que vous les trouviez. Saisissez-vous d'eux, assiégez-les, activez tous vos postes de gué. »[54]. De tels propos dans ce verset dit du « sabre » sont de nature à inquiéter les Suisses... et tous les démocrates du monde, même modérés !

Face à la religion musulmane on peut voir deux interprétations possibles du Coran !

Soit une interprétation juridique (imposée par les premiers Califes qui étaient des chefs d'État souhaitant fonder un État basé sur le Coran[55], ce qui s'oppose au Droit positif helvétique ;

---

[54] *Traduction du théologien Dr Al Ajami Ib. (p105).*
[55] *Instrumentalisation du Coran qui apparaît particulièrement dans le fait que le 3ᵉ calife de l'Islam, Othman, a bouleversé l'ordre des sourates du Coran (il les a rangées globalement par ordre de volume décroissant, les plus longues*

Soit une interprétation morale et spirituelle ou mystique (soufisme) qui ne fait pas concurrence au Droit positif.

Évidemment c'est la première qui s'est imposée par la force (des choses)... Or l'interprétation juridique du Coran, celle qui est malheureusement dominante dans la tradition musulmane est totalement incompatible avec l'ordre démocratique, tant sur le plan des fondements du droit (a) que de certaines règles positives (b).

---

au début [cf. Encyclopedia universalis : « Dictionnaire de l'Islam » Albin Michel, Paris 1997 p218]), ce qui bouleverse le contexte (ce n'est pas la même chose de dire « pas de contrainte en matière de religion » (S2 v256) quand on sait que le Prophète était dans sa période mecquoise, peu connu et tranquille et « il faut tuer les polythéistes partout où vous les trouverez » (S9 v5) « les incrédules (...) tuez-les partout où vous les trouverez » (S4 v89) quand il était à Médine attaqué par ceux-ci) : le contexte est indispensable pour éclairer les contradictions textuelles ! !

Les califes ont de plus rajouté les accents voyelles (l'Arabe ancien n'avait pas de signe pour les voyelles et certaines consonnes) or, si l'on prend par exemple la base consonantique SLM, si on ajoute un I au début et un A avant le M cela donne iSLaM (soumission) et si on ajoute simplement un A avant le M et avant le L cela donne SaLaM (paix) ce qui n'est pas du tout pareil... on conçoit donc très facilement que l'interprétation ainsi donnée par ce chef d'État déjà très puissant ait pu instrumentaliser le Coran à des fin politiques et juridiques... Et que déduire du fait qu'il a fait détruire toutes les anciennes versions du Coran (cf. Encyclopedia universalis : ib. p.218), si ce n'est qu'il a fait disparaître toutes les versions qui auraient pu contredire cette instrumentalisation ! ? (cf. sur ces questions : Nasr Abou Zeid 'critique du discours religieux, Actes Sud, Paris 1999) ainsi que François Zabbal, in « le Monde des religions, 20 clés pour comprendre l'islam » hors-série n°4, p. 13 et 16).

Ce « pragmatisme » politique apparaît d'ailleurs dès Mahomet à travers l'épisode des versets abrogés par Mahomet lui-même (versets dits sataniques –S.53 verset 20 au sujet des trois déesses Allat [féminin d'Allah], Al'Uzza et Manat qui disait : « Elles sont des déesses sublimes et leur intercession est certainement désirable », [cf. Mircea Eliade « Histoire des croyances et des idées religieuses » Tome 3 Payot, Paris 1983, p. 73, 78]. Ce verset autorisait une certaine forme de polythéisme pour se concilier les mecquois, avant sa reconquête de la Mecque et leur suppression après... ce qui ressemble clairement à de la real politique – et qui supprime définitivement l'idée d'un texte Coranique incréé, descendu de Dieu directement !). Néanmoins en réalité, comme on va le voir le Coran est dénué dans le texte de véritable dimension juridique.

a) En effet la Charia juridique que l'on devrait appeler plus justement Fiqh[56] est un système idéologique inégalitaire qui rejette la souveraineté du peuple au profit de la souveraineté de Dieu (ou plus précisément des ulémas... car on ne connaît de Dieu que ce que les hommes en disent : « Dieu a créé l'homme à son image et l'homme le lui a bien rendu » disait Voltaire dans son bêtisier – oligarchie théocratique associée au principe monarchique qui finit par s'imposer, bien qu'absente du Coran –).

En effet si le premier Calife Abu Bakr fut élu, le second, Umar fut désigné par lui pour ses qualités militaires. Umar bien qu'assassiné, eut le temps de nommer lui-même un collège de 6 personnes qui nommèrent Uthman (gendre de Mahomet) qui fut aussi assassiné à son tour. Les Médinois plébiscitèrent alors Ali (autre gendre de Mahomet), mais comme il fut soupçonné d'avoir participé à l'assassinat d'Uthman, une division s'opéra entre les partisans d'Ali et ceux d'un cousin d'Uthman, Mu'âwiya[57], qui, après une bataille contre les partisans d'Ali, instaura la première dynastie des Umayyades, une fois liquidés les héritiers d'Ali comme Husayn fils d'Ali, ce que les Shi'ites ne pardonneront jamais aux sunnites issus de cette dynastie... ainsi c'est finalement le principe monarchique qui s'imposa; et seuls les Karijites gardent le principe électif[58].

b) Concernant les règles positives incompatibles avec la démocratie on peut souligner d'abord qu'en réalité, le Coran contient peu de sanctions positives, juridiques : la plupart des règles sont des règles de morale[59] (sanctionnées métaphysiquement par l'enfer – ex : l'apostat : S.4 : v.115[60] –).

---

[56] *On soulignera d'ailleurs que Charia qui désigne « le chemin vers la source » est différent du terme Fiqh, terme arabe qui désigne le Droit. Cette différence linguistique justifie précisément que la Charia est un chemin composé de règles de morale alors que le Fiqh désigne l'ordre juridique. La Charia ne saurait donc être conçue comme du Droit, distinction que ne font pas les islamistes, comme l'affirme le théologien musulman Al Ajami. Ib. p. 7 et 9 note 4 : « le Droit musulman ne doit pas être confondu avec la charia »).*
[57] *Soutenu par la fille même de Mahomet, Aisha.*
[58] cf *Mircea Eliade ib. p. 86,90,91,92.*
[59] *Il est essentiel de distinguer Morale et Droit :*
Thomas d'Aquin dans sa « Somme théologique » (question 90 article 2) dit que la « loi ordonnée au bien commun » est « obligatoire » (ib. article 3) car

Il y a néanmoins quelques sanctions apparemment pénales :

Ainsi le voleur, faut-il lui couper la main (S.5 v 38)[61] (règle néanmoins difficilement applicable car si une mère vole pour nourrir son enfant doit-on lui couper la main ? Ce serait pour le moins inacceptable par rapport aux repères des sociétés démocratiques !).

Ceux qui combattent l'Islam et ceux qui commettent des violences, il faut les crucifier ou couper leurs membres[62] (l'alternative rend la règle difficilement applicable !).

On remarquera également que le verset qui suit celui du voleur évoque la miséricorde divine pour celui qui s'amende : on ne saurait en matière pénale voir une suppression de peine pour celui qui dit s'amender... on voit donc que même les règles en apparence positives et pénales en réalité sont d'une nature plus morale[63].

On peut distinguer néanmoins des règles positives qui sont liberticides (1) et d'autres discriminantes (2) :

---

la « force contraignante appartient à la société »... « par les sanctions » ; Kant dans sa « Métaphysique des mœurs » (Introduction, I.C.) dit que « le concept de droit ne concerne que la relation extérieure d'une personne à une autre » et que « le Droit est lié à l'habilité à contraindre » (I.D) ; « la législation éthique est celle qui ne peut pas être extérieure » I.III). Le Droit est donc collectif et obligatoire (sanctionné positivement) alors que la morale est personnelle et facultative (sanction métaphysique, enfer etc.).
[60] *« Quant à celui qui se sépare du Prophète après avoir clairement connu la vraie direction et qui poursuit un chemin différent de celui des croyants : nous nous détournerons de lui comme lui-même s'est détourné, nous le jetterons dans la Géhenne : quelle détestable fin ! » On pourra souligner que dans ce verset il s'agit d'une règle de morale puisque la sanction vient après la mort, pourtant nombre d'États en ont fait une règle de droit avec sanction capitale. (Coran : traduction de D. Masson, La Pléiade, NRF, Paris, 1986).*
[61] *« Tranchez la main du voleur et de la voleuse : ce sera une rétribution pour ce qu'ils ont commis et un châtiment de Dieu. Dieu est puissant et juste ».*
[62] *« Telle sera la rétribution de ceux qui font la guerre contre Dieu et contre son prophète, et de ceux qui exercent la violence sur la terre : ils seront tués et crucifiés, ou bien leur main droite et leur pied gauche seront coupés » (S5, v : 33).*
[63] *« Dieu reviendra sûrement à celui qui reviendra vers lui après sa faute et qui s'amendera –Dieu est celui qui pardonne, il est miséricordieux. » (SV v39).*

1) Comme règles liberticides on peut évoquer que la femme adultère doit être enfermée jusqu'à la mort (S.4 : v 15)[64] (mais cette prescription est difficilement applicable car fort peu précise : si la femme est violée est-elle adultère ?) ; d'autre part la femme soupçonnée d'infidélité doit être battue (S4 : 34).

On trouve également dans le Coran d'autres versets difficilement compatibles avec la liberté identifiant la démocratie à travers des atteintes à la vie privée : la femme dans le Coran n'a pas le choix de son mari[65] surtout s'il est non musulman : « *ne mariez pas vos filles à des polythéistes (..)* » (S.2 : v. 221[66]) ; mais il n'y a pas de sanction prévue, c'est donc une règle morale (mais dans beaucoup de pays musulmans, c'est une règle de droit).

Concernant le voile, la Sourate 33 verset 159 dit *« O prophète dis à tes épouses, à tes filles et aux femmes des croyants de se couvrir de leurs voiles* (djilbab, vêtement)», mais il s'agit d'une règle de morale non sanctionnée, alors que dans beaucoup de pays islamistes (Iran, Afghanistan) on frappe les femmes non ou mal voilées (du Tchador ou de la Burqa).

Concernant l'apostat, il aura l'enfer en rétribution (S.16, v 106 à 109) ; il s'agit également en réalité d'une règle de morale.

---

[64] *« Appelez quatre témoins que vous choisirez contre celles de vos femmes qui ont commis une action infâme. S'ils témoignent : enfermez les coupables jusqu'à ce que la mort les enlève ».* On ne parle pas de lapidation comme cela est parfois pratiqué (exemple au Nigéria Amina Lawal Kurami a été jugée pour « adultère » au nom de la charia. Une cour d'appel islamique dans le nord du Nigéria a confirmé, lundi 19/08/2002, la condamnation à mort par lapidation d'une jeune femme pour avoir donné naissance à un enfant hors mariage, un fait assimilé à l'adultère » Le Monde 21/08/2002 Stephen Smith). Lapidation qui n'est pas une règle coranique mais biblique du Judaïsme : Deutéronome, verset 22 :20 : « si une jeune femme n'a pas été trouvée vierge, on l'amènera à la porte de la maison de son père, les hommes de sa ville la lapideront et elle mourra » ou 22.22 (variante du Lévitique 20.10).
[65] On dit souvent que Mahomet a permis une meilleure condition aux femmes par rapport à leur situation antérieure... mais force est de constater que la première femme de Mahomet, Radija, était chef d'entreprise et qu'elle l'avait employé dans celle-ci, avant de décider de se marier avec lui... la situation de la femme préislamique n'était donc pas si détestable !
[66] Certaines traductions présentent cette obligation comme mixte (Al Ajami, ib. p 26).

2) On trouve diverses discriminations dans le Coran, qui violent le principe démocratique d'égalité :

Discrimination sexiste car outre le sort peu enviable réservé aux femmes adultères comme on l'a vu (alors que pour l'homme il n'y a pas de sanction – sauf 100 coups de fouet S24 v.2-), il faut souligner que le Coran prévoit que l'héritage de la fille est la moitié de celui d'un garçon (S4 :v.11)[67] et que la femme a un rôle d'objet sexuel par rapport à l'homme[68] (néanmoins ces règles ne sont pas assorties de sanction, elles relèvent donc de la morale et non du droit) ; la répudiation unilatérale est également à sens unique (S.2 : v 241).

Discrimination religieuse

On trouve dans la Charia des discriminations envers les non-musulmans, incompatibles avec la démocratie, à travers une discrimination fiscale envers les Chrétiens et Juifs: dhimmis : (« *Combattez-les jusqu'à ce qu'ils payent directement le tribut* » S.9 : v 29)... que dirait-on si l'on imposait une taxe spéciale aux musulmans ?

Discrimination sociale par la reconnaissance de l'esclavage :

Le plus choquant pour le principe démocratique, est que le Coran reconnaît (sans en faire l'éloge néanmoins) l'esclavage dans la sourate 2, v 178 : « *la loi du Talion vous est prescrite en*

---

[67] « *Quant à vos enfants, Dieu vous ordonne d'attribuer au garçon une part égale à celle de deux filles* » *(on remarque qu'il n'y a pas de sanction positive, il s'agit donc d'une règle de la nature d'un conseil moral). Cette discrimination est fondée sur l'idée de la sourate 4 : 34 qui dispose que* « *les hommes ont autorité sur les femmes en vertu de la préférence que Dieu leur a accordée sur elles (...). Admonestez celles dont vous craignez l'infidélité (...) frappez-les (...)* ».
On pourrait également citer les mariages forcés des mineures qui du point de vue de notre droit constitue un viol de mineures... ou encore la pratique de l'excision (qui sont des crimes sur le plan pénal en France, mais dont il faut noter que si cette pratique est traditionnelle dans certains pays musulmans, ce n'est pas un précepte coranique).

[68] « *Vos femmes sont pour vous des champs de labour, allez à votre champ, comme vous le voudrez* » *(S2 :v223)* « *Les hommes ont (...) prééminence sur elles* » *(S2 v: 228) en effet* « *si un homme répudie sa femme* » *(S2 v: 230) et même si* « *les femmes répudiées ont droit à une pension convenable* » *(S2 : v241) c'est l'homme qui la définit !*

cas de meurtre, homme libre pour homme libre, esclave pour esclave » ou quant à la valeur d'un individu au verset S.2 v 221[69]. Dans la Sourate 4 verset 36 on lit : « *soyez bons (...) envers vos esclaves ».* On y trouve aussi diverses références relatives à l'esclavage des femmes (S4 v : 3 – captives de guerre –, 36 ; S24 : v 58, prendre ses femmes esclaves S33: v 52) ou encore le mariage des esclaves à la sourate 24 v 32.

On rappellera à ce sujet que le monde musulman a pratiqué l'esclavage envers l'Afrique noire bien avant l'arrivée des Européens, et qu'il l'a pratiqué également envers les Européens puisqu'on se souvient que Cervantès l'auteur de Don Quichotte, a été capturé lors d'une razzia et vendu comme esclave sur le marché d'Alger : par chance, il réussit à s'échapper ! Enfin il existait à la Mecque un marché aux esclaves jusqu'au début du 20ᵉ siècle !

Les Préceptes issus de la tradition, la « Sunna », en particulier à la suite d'un théologien syrien Dahabi, au Moyen Âge, qui rédigea un livre entier d'interdits, entretient donc la confusion permanente entre morale et droit, et aboutit finalement à ajouter au Coran toutes sortes de sanctions pénales à ces comportements qui n'y figurent pas[70]…

À l'instar de ces règles interprétées matériellement comme du droit par les intégristes, le djihad (effort) fut interprété comme une guerre sainte contre les infidèles : on est donc passé d'une religion pacifique et mystique à l'islamisme et la guerre.

Toute la question est à ce niveau :

Soit on interprète le Coran juridiquement et l'on est dans une incompatibilité avec l'ordre public démocratique (Nombre de règles portent atteinte à l'égalité ou à la liberté comme on l'a vu).

---

[69] « *Un esclave croyant vaut mieux qu'un homme libre et polythéiste ».*
[70] *Cf. les 70 interdits de l'islam* cités par Bruno Etienne in « *Islam les questions qui fâchent* » Bayard, Paris 2003, p. 38 et s.

Soit on l'interprète moralement[71] et il n'y a pas de problème avec l'ordre public, puisqu'il s'agit d'appliquer librement des règles de comportement, dans la vie privée ;

Soit encore, on l'interprète spirituellement et il n'y a pas de problème non plus avec l'ordre public, les cinq piliers[72] de l'Islam n'étant pas en infraction avec lui. Certains mouvements soufis interprètent d'ailleurs spirituellement le Coran : là où il est dit qu'il faut couper la main du voleur, il faut comprendre « c'est le voleur en moi, (l'esprit avide) que je dois couper » ; là où il est indiqué que la femme adultère doit être enfermée jusqu'à la mort, il faut comprendre, « c'est la femme adultère en moi (l'esprit volage) que je dois enfermer jusqu'à la mort » ; « si je me détourne de Dieu (apostasie), c'est ma mort » ; quant au jihad (de jahada, effort) c'est l'effort que je dois développer pour lutter contre mes passions[73] etc.

C'est seulement l'interprétation juridique du Coran qui génère des discriminations. Il est clair que ces principes interprétés juridiquement sont une atteinte à la liberté et à l'égalité et donc à l'essence de la démocratie et l'on comprend par conséquent que le peuple helvétique voit dans un mauvais œil se répandre, via l'immigration, sur son sol, une idéologie islamiste[74] (qui veut imposer une charia juridique) totalement contraire à toutes ses valeurs collectives, et qu'il ait tenté de s'y opposer… mais de façon maladroite.

---

[71] On rappellera que morale et mœurs viennent de mores en latin qui signifie « mode de vie » : on a donc la morale de notre mode de vie et les mœurs de notre morale. Comme l'ont initié St Thomas d'Aquin dans sa « Somme théologique » puis Kant dans sa « Métaphysique des mœurs », la morale est personnelle et facultative alors que le droit est collectif et obligatoire c'est-à-dire sanctionné positivement rappelons-le.

[72] Profession de foi, 5 Prières par jour, jeûne du Ramadan, aumône, pèlerinage à la Mecque.

[73] En application de S29 v6 «quiconque fait jihad, mène combat contre sa propre âme ».

[74] Parfois déguisée sous des dehors universitaires comme Tariq Ramadan d'ascendance égyptienne mais de nationalité suisse qui prône une charia « démocratique » plus proche du mouvement des « Frères musulmans » fondé par ses ancêtres.

B. Le cas des minarets : une illusion d'optique des médias (français en particulier)

Les réactions à cette votation ont été hystériques, à tort, car le texte de la votation était mal formulé (a) et l'agitation journalistique manifestement animée par des préjugés (b).

a. Une votation mal formulée voire paradoxale

Il n'y a que deux possibilités d'interprétation du projet de votation : soit les Suisses voulaient interdire l'islamisme (1) soit ils visaient une règle d'esthétique urbanistique (2).

1) Si le but de la votation était de s'opposer à l'islamisme, alors le texte voté est inefficace car l'interdiction des minarets n'a aucun effet[75]. Il aurait mieux valu attaquer en annulation les associations et sanctionner les comportements qui incitent à la primauté de la loi religieuse (charia-fiqh) sur la loi démocratique (comme la loi de 1901 en France qui rend nul tout objet associatif contraire à la forme républicaine de gouvernement et l'article 6 du code civil qui rend nul tout contrat contraire à l'ordre public – quand ces textes sont appliqués… –).

Ce point de vue semble être celui des instigateurs de cette votation, qui légitimement combattent le fondamentalisme islamiste qui tend à vouloir imposer la Charia, comme interprétation juridique du Coran. Or comme on l'a vu, le Coran ne contient pratiquement aucune règle de droit (c'est-à-dire règle sanctionnée positivement). En effet à part quelques versets (le voleur doit se voir couper la main, la femme adultère doit être enfermée jusqu'à la mort, l'homme adultère fouetté[76] et ceux qui attaquent les musulmans crucifiés) qui contiennent des sanctions positives, il apparaît clairement que ce sont les premiers Califes, chefs d'État, qui ont promu l'interprétation juridique du Coran parmi d'autres interprétations de l'époque, rationalistes ou mystiques. Ainsi par exemple en Iran le fait

---

[75] *Interdire les mosquées aurait alors été plus efficace mais aurait heurté de plein fouet une liberté religieuse.*
[76] *S24 v2 traduction Al Ajami Ib. p.48.*

pour une femme de ne pas porter le voile ou de le porter mal est passible de coups de fouet : nulle part dans le Coran il n'est prévu de sanction pour ce fait. Les islamistes rajoutent clairement une sanction qui n'est pas dans le texte coranique...

Or si l'interprétation juridique du Coran est incompatible avec la démocratie, la pratique mystique et personnelle du Coran, celle qui se cantonne au texte n'est en rien contraire à la démocratie Il faut donc bien distinguer l'interprétation textuelle (resituée dans son contexte historique[77]) et mystique du Coran qui est compatible et qui doit être laissée libre (en application du principe de liberté publique et privée de religion) de l'interprétation juridique du Coran qui est incompatible et qu'il faut combattre. Sans parler du principe de réciprocité : les Suisses paraissent fondés à exiger que dans les pays musulmans, ils puissent bénéficier des libertés dont ceux-ci bénéficient chez eux... ce qui est loin d'être le cas comme par exemple en symétrie des minarets : peut-on construire une église à la Mecque ?

2) Soit le texte de la votation répond à l'aspiration des Suisses, mais alors si l'on s'en tient au texte, il s'agit d'un simple texte d'urbanisme qui vise à ne pas choquer l'architecture traditionnelle suisse... Et si un minaret ressemblait à un clocher... quid ? Mais cela ne semble pas être le cas, puisque le texte de la votation a été inscrit dans le paragraphe constitutionnel concernant le statut des religions... Il s'agit donc bien d'un texte « islamistophobique ».

b. Des réactions journalistiques inappropriées

D'une part, si donc la votation visée n'avait qu'un objectif urbanistique pourquoi l'agitation médiatique que l'on a évoquée en introduction ? En particulier la législation française est très tatillonne sur les questions d'urbanisme qui constituent une limitation importante du droit de propriété, en particulier dans les secteurs anciens... Pourquoi la Suisse ne pourrait-elle pas protéger

---

[77] *Comme verset du « sabre » cité plus haut qui a été écrit probablement à Médine, alors que le Prophète était attaqué par les Mecquois, la référence aux défenses étant explicite. L'extrapoler comme le font les islamistes, c'est le dénaturer !*

son environnement visuel et sa cohérence architecturale... ? Pourquoi accepter dans une architecture traditionnelle cohérente des appendices d'une culture étrangère (trois grands types de minarets sur le plan architectural sont majoritairement construits : le style turc, le style marocain et le style moghol). Sachant que le minaret n'est pas une prescription coranique mais seulement un appendice architectural local, pourquoi les Suisses devraient-ils accepter des constructions culturellement différentes ?

D'autre part, si la votation visait à s'opposer à l'islamisme pourquoi toute cette agitation ? Le principe de réciprocité en particulier, qui est totalement violé entre les pays démocratiques et les pays musulmans, justifie en soi pleinement que la Mecque de la démocratie n'accepte pas sur son sol des organisations qui violent ouvertement ses valeurs. Ceux qui crient à l'islamophobie oublient (ou ignorent) que les interprétations juridiques du Coran qui sont malheureusement majoritaires du fait des rapports de force historiques entre les courants musulmans, génèrent des discriminations et sont liberticides sur de nombreux points .Quant à ceux qui crient au racisme[78] ils oublient que l'islam est une idéologie et non une « race », concept sans fondement et totalement inapproprié ici.

La votation helvétique et le référendum révocatoire à la bolivienne, n'en restent pas moins les techniques les plus pures de la démocratie. Si la maxime « vox populi vox dei » répond bien à la notion de votation, en l'espèce, la « vox populi » apparaît supérieure à la « vox dei » !

---

[78] *On rappellera que le racisme (dont une racine intellectuelle se base sur la théorie d'Aristote sur la légitimité de l'esclavage), nécessite que l'on catégorise les gens en « races » (et il existe d'ailleurs autant de races que de critères, ce qui rend déjà le concept inopérant), puis que ces races soient classées par ordre de supériorité, puis que cette supériorité soit présentée comme héréditaire ; or même les phénotypes ne sont pas systématiquement apparents d'une génération à l'autre, cette transmission n'est donc pas fondée scientifiquement, surtout si l'on projette cette supériorité héréditaire sur des concepts particulièrement complexes comme la dimension psychologique (race mentalement supérieure), intellectuelle (race intellectuellement supérieure) ou spirituelle (race spirituellement supérieure – caste brahmanique, cohénimes etc.). Dire que les islamistes sont des dangers pour la démocratie n'a donc rien de « raciste » !*

Rapport de synthèse

La démocratie participative : un bilan mitigé

par Gilles Lebreton,
professeur de droit public à l'Université du Havre,
doyen honoraire de la Faculté des Affaires internationales

La démocratie est, comme chacun sait, le régime politique qui repose sur la souveraineté du peuple. Elle est, selon la célèbre définition d'Abraham Lincoln, « le gouvernement du peuple, par le peuple et pour le peuple ». Depuis 1945 avec la victoire des Alliés contre les puissances de l'Axe, elle connaît un succès international qui ne se dément pas. C'est ainsi qu'en 2011, le « printemps arabe » a vu plusieurs peuples, en Tunisie, en Égypte et en Libye, se réapproprier leur souveraineté en renversant les dictatures qui la leur avaient confisquée.

Pourtant, l'effectivité de la démocratie suscite des interrogations, voire un certain malaise. La démocratie directe s'avère en effet impossible à pratiquer, du moins de façon systématique. Elle semble réservée, comme le remarquait déjà Jean-Jacques Rousseau, à un « peuple de dieux ». Force a donc été de se rabattre sur la démocratie représentative. Or ce type de régime présente l'inconvénient de reposer sur ce que Bernard Manin appelle un « principe de distinction », qui consiste à dégager des élites politiques « distinctes de la masse de la population par leur statut social, leur mode de vie et leur culture »[1]. La prise de conscience par les peuples de cet inconvénient les conduit à remettre en cause les vertus du

---

[1] B. Manin, *Principes du gouvernement représentatif*, Flammarion 1996 p.125 et 299.

système représentatif. En France, un sondage CSA d'octobre 2005 révèle ainsi que 76 % des sondés déclarent « ne pas faire confiance » à leurs représentants politiques. Cette proportion monte même à 79 % pour les jeunes de 18 à 25 ans, selon un sondage IPSOS réalisé en décembre 2006[2].

La « démocratie participative » a été pensée dans une large mesure comme un remède à cette crise de la démocratie représentative. Elle est d'abord apparue en matière de protection de l'environnement, à tel point qu'on a pu la qualifier de « démocratie environnementale ». Les grands textes qui marquent en France sa montée en puissance dans ce domaine sont la loi Bouchardeau du 12 juillet 1983 relative à la démocratisation des enquêtes publiques, la loi Barnier du 2 février 1995 qui consacre expressément le principe de participation et crée la procédure du débat public, et enfin la Charte de l'environnement que la révision constitutionnelle du 1er mars 2005 « adosse » à la Constitution, Charte qui s'inspire largement de la Convention d'Aarhus du 25 juin 1998.

Mais très rapidement, la démocratie participative a cessé de se cantonner à la protection de l'environnement pour essaimer partout et devenir un principe d'application générale. Cette généralisation a été annoncée par le discours d'Orléans prononcé, le 3 mai 2001, par le président de la République Jacques Chirac, puis systématisée par la candidate socialiste aux élections présidentielles de 2007, Ségolène Royal, avant d'être préparée par le rapport du 29 octobre 2007 du comité Balladur[3], et enfin consacrée par la révision constitutionnelle du 23 juillet 2008.

Principe à géométrie variable, la démocratie participative vise toujours à renforcer le rôle des citoyens ou des administrés face aux représentants politiques ou à l'administration, mais elle peut emprunter pour y parvenir des chemins plus ou moins audacieux (ou prudents), qui vont du simple droit d'accéder à

---

[2] Chiffres cités par M-F. Delhoste, « Démocratie participative : de l'échec de l'organisation étatique à l'avenir du projet citoyen », *RFDA* 2007.1066.
[3] Rapport intitulé *Une Vème République plus démocratique*, et proposant des éléments de démocratie participative dans la rubrique « Des droits nouveaux pour les citoyens » (p.68).

l'information et d'exprimer un point de vue sur un projet de décision, au pouvoir de prendre la décision à la place des autorités, en passant par la possibilité d'influencer la décision en intervenant dès le début du processus décisionnel. Le rapport public 2011 du Conseil d'État, qui est consacré à la démocratie participative[4], constate cette diversité et indique brièvement une piste de réflexion pour l'éclairer. Il cite en effet Pierre Rosanvallon selon qui il y aurait « deux façons de concevoir la démocratie participative » qui coexistent en droit français. L'une l'analyserait comme « une forme de correction de la démocratie représentative par la mise en œuvre de processus de démocratie directe » ; l'autre la verrait autrement, comme « un processus d'implication, d'intéressement des citoyens à la chose publique », comme une « démocratie interactive qui oblige en permanence le pouvoir à s'expliquer, à rendre des comptes et à s'informer »[5].

Des points communs existent évidemment entre les deux conceptions. C'est ainsi que dans chacune des deux, la démocratie participative permet, comme l'explique Luis Inacio Lucena Adams, d'associer à l'« approche techniciste » de la prise de décision à laquelle cèdent volontiers l'administration et les représentants politiques, « une vision plus pragmatique et centrée sur les besoins sociaux »[6]. Mais de profondes différences séparent néanmoins les deux conceptions. Alors que la première vise à restituer au peuple une partie du pouvoir de décision, dans une perspective décisionniste qui évoque Carl Schmitt, la seconde se borne en effet à sacraliser la vision procédurale de la démocratie de Jürgen Habermas. Car selon celui-ci, comme le rappelle Jacques Chevallier, la démocratie implique « la confrontation permanente des opinions » afin que les citoyens « puissent se concevoir à tout moment comme les auteurs du droit auquel ils sont soumis » ; « et cela passe nécessairement par des processus de discussion et de

---

[4] CÉ, Rapport public 2011, *Consulter autrement, participer effectivement*, La documentation française 2011.
[5] CÉ, Rapport préc. p.16.
[6] L. I. Lucena Adams, « Consultation publique : aspects légaux et pratiques de l'expérience brésilienne », en annexe du rapport préc. du CÉ, p.174.

délibération par lesquels la norme juridique progressivement se construit »[7].

Une chose est sûre : aucune de ces deux conceptions ne convient à la Chine. Car pour qu'un pays puisse se réclamer de la démocratie participative, encore faut-il qu'il soit une démocratie, ce qui n'est pas le cas de cet État dans lequel on ne trouve, selon l'excellente expression d'Ellen Lemesle, qu'une sorte de « participation sans démocratie ».

Pour les vraies démocraties qui ont fait l'objet de l'essentiel de nos débats, un bilan peut en revanche être fait. Or il s'avère mitigé, quelle que soit celle des deux conceptions de la démocratie participative qu'on examine : celle qui débouche sur un pouvoir de décision des citoyens (I), ou celle qui débouche sur un simple pouvoir de concertation des citoyens (II).

I. La démocratie participative débouchant sur un pouvoir de décision des citoyens

La démocratie participative qui débouche sur un pouvoir de décision des citoyens correspond à la première des deux conceptions de celle-ci dégagées par Pierre Rosanvallon, c'est-à-dire à celle qui l'analyse comme « une forme de correction de la démocratie représentative par la mise en œuvre de processus de démocratie directe ». Elle existe depuis fort longtemps, même si l'idée de la qualifier de « démocratie participative » est assez récente. Un usage beaucoup plus ancien la qualifie en effet de « démocratie semi-directe »[8]. Il semble que le terme « démocratie participative » n'ait commencé à être utilisé concurremment à cette appellation traditionnelle que lorsqu'on a pris conscience que le pouvoir de décision des citoyens pouvait être consacré tant par le droit administratif que par le droit constitutionnel.

---

[7] J. Chevallier, « Délibération et participation », en annexe du rapport préc. du CÉ, p.196.
[8] Cf. F. Rouvillois, *Droit constitutionnel*, tome 1 « Fondements et pratiques », Flammarion 2002 p.215 à 217.

En France, au niveau national, deux articles de la Constitution du 4 octobre 1958 consacrent depuis son origine l'existence de ce premier type de démocratie participative. Il s'agit des articles 11 et 89 qui instituent respectivement le référendum législatif et le référendum constituant. En pratique, force est de constater qu'ils ont été rarement utilisés : huit fois pour le premier, dont la dernière le 29 mai 2005 pour rejeter le traité établissant une Constitution pour l'Europe ; et une seule fois pour le second, le 24 septembre 2000 pour approuver la transformation du septennat en quinquennat.

Face à ce maigre bilan, la révision constitutionnelle du 23 juillet 2008 s'est officiellement efforcée d'améliorer les choses en reprenant l'idée du comité Balladur d' « instaurer un droit d'initiative populaire »[9]. Mais dans la réalité, le référendum d'initiative populaire qu'elle prétend créer s'analyse plutôt, comme l'a démontré Fabien Bottini[10], comme un référendum d'initiative parlementaire, puisqu'il ne peut être organisé, selon les propres termes de l'article 11 de la Constitution issus de la révision de 2008, qu'« à l'initiative d'un cinquième des membres du Parlement, soutenue par un dixième des électeurs inscrits sur les listes électorales ». Et il s'agit en outre d'un référendum qui n'a pas réellement vocation à fonctionner, dans la mesure où cette initiative parlementaire soutenue par quelque quatre millions et demi de signatures ne débouche normalement que sur un simple débat parlementaire ; ce n'est en effet qu'à défaut d'un tel débat que le président de la République le soumet au référendum. On le voit, la discrète recommandation du comité Balladur de ne pas « étendre de manière excessive le champ de la démocratie directe »[11] a été entendue. La révision de 2008 cède en définitive ici à ce que Fabien Bottini appelle « la résistance de la démocratie représentative ».

La révision constitutionnelle du 28 mars 2003 a connu un peu plus de succès. Elle a en effet inséré dans la Constitution un

---

[9] Rapport préc. p.74.
[10] Cf. aussi G. Lebreton, « Les révisions sarkozystes de la Constitution », dans *Sarkozysme et droits fondamentaux de la personne humaine* (dir. G. Lebreton), L'Harmattan 2011 p.23 à 41, spéc. p.31 à 33.
[11] Rapport préc. p.74.

article 72-1 qui institue le référendum local. Une loi organique en a précisé les modalités d'utilisation dans un chapitre du Code général des collectivités territoriales intitulé « Participation des électeurs aux décisions locales ». Elle prévoit que c'est la collectivité territoriale concernée (région, département, commune) qui prend l'initiative de soumettre un projet de décision au référendum, sur n'importe quel sujet relevant de sa compétence. Une information doit en être faite au moins quinze jours avant le scrutin, avec publicité dans deux journaux et dossier consultable en mairie. Le résultat du scrutin a « valeur de décision » (article R 1112-2 CGCT) dès lors que la moitié au moins des électeurs inscrits y a pris part. En pratique, hélas, ce dispositif « n'a pas obtenu le succès escompté » et est même resté, d'après Olivier Gohin, « à peu près inappliqué »[12]. Cet auteur constate en effet que seules quelques communes l'ont mis en œuvre, le plus souvent sur des questions secondaires comme le déplacement du monument aux morts ou l'implantation d'éoliennes, plus rarement sur des questions engageant l'avenir de la commune comme l'adhésion à une communauté d'agglomération. Ici aussi, une certaine résistance de la démocratie représentative s'est donc manifestée.

Au Brésil, ce premier type de démocratie participative paraît beaucoup mieux accepté. Comme l'ont expliqué Filomeno Moraes et Humberto Cunha, la Constitution du 5 octobre 1988 institue en effet toute une gamme de procédés qui s'y rattachent : l'initiative populaire, le plébiscite (portant sur un projet de décision), et le référendum (portant sur une décision déjà prise). Mais ces deux auteurs avouent qu'en pratique ces procédés sont rarement utilisés. À titre d'exemple, le dernier plébiscite d'importance nationale remonte à 1993 ; il portait sur le rétablissement éventuel de la monarchie, projet finalement repoussé par les 193 millions d'électeurs. Martonio Mont'Alverne opère le même constat désabusé en ce qui concerne l'échelon communal. Là aussi, l'initiative populaire, le plébiscite et le référendum sont possibles, mais en pratique les

---

[12] O. Gohin, M. Degoffe, A. Maitrot de la Motte, C-A Dubreuil, *Droit des collectivités territoriales*, Cujas 2011 p.87.

habitants des communes et les autorités communales y recourent peu.

En Bolivie, en Équateur et au Venezuela, ce premier type de démocratie participative occupe une place symbolique encore plus importante, voire spectaculaire. Vincent Souty souligne en effet que leurs Constitutions prévoient le référendum obligatoire en matière de révision constitutionnelle, ainsi qu'un large pouvoir d'initiative populaire qui peut aller jusqu'à demander un changement de Constitution et convoquer une assemblée constituante. En outre, le « recall » est possible tant à l'encontre des parlementaires qu'à l'encontre des membres du pouvoir exécutif. En revanche, seul le Venezuela prévoit le référendum en matière législative. Cet impressionnant bilan s'explique par la référence, commune aux trois pays, à la pensée de Simon Bolivar (1783 - 1830) qui avait lui-même été influencé par la pensée de Jean-Jacques Rousseau et par le modèle démocratique de la Constitution montagnarde de 1793. En pratique, toutefois, il est difficile d'apprécier l'effectivité de ces procédés, les trois Constitutions qui les mettent en place étant toutes relativement récentes.

C'est finalement, sans surprise, vers la Suisse qu'il faut se tourner pour trouver à coup sûr un État qui pratique réellement et couramment ce premier type de démocratie participative. Pour nous en convaincre, Philippe Gast a judicieusement choisi d'évoquer la récente votation par laquelle le peuple suisse a décidé, par 57% de oui, d'insérer dans l'article 72 de la Constitution helvétique une phrase affirmant que « la construction de minarets est interdite ». Si cette décision peut choquer par son contenu, qui semble céder à la stigmatisation d'une religion, elle a le mérite d'illustrer l'impressionnante étendue de la souveraineté du peuple suisse, qui ne connaît quasiment pas de limites matérielles.

Par extension, il est enfin possible de considérer que ce premier type de démocratie participative ne concerne pas seulement la prise de décisions officielles, qu'elles soient administratives, législatives ou constitutionnelles, mais aussi, comme le suggère Gina Pompeu, la prise de décisions à l'intérieur des partis politiques, notamment en vue de sélectionner les candidats aux élections. Cette approche extensive est d'autant plus légitime que l'exemple du parti socialiste français montre qu'il est tentant et facile pour un parti hégémonique de passer d'élections primaires purement internes (celles de 2006 réservées aux adhérents) à des élections primaires quasi-officielles (celles de 2011 ouvertes à tous les sympathisants). Gina Pompeu déplore à cet égard la « démocratie centralisée et verticale » qui caractérise l'organisation et le fonctionnement des partis brésiliens, et dénonce en particulier leur choix d'un système de « conventions » fermées pour sélectionner leurs candidats aux élections. Elle estime qu'ils devraient organiser des élections primaires ouvertes à tous les adhérents pour respecter les exigences d'une démocratie interne authentiquement participative.

En revanche, nos débats ont permis de montrer que la question prioritaire de constitutionnalité (QPC), instituée par la révision constitutionnelle du 23 juillet 2008, n'est pas un procédé de démocratie participative. La démocratie participative suppose en effet l'exercice de droits collectifs appartenant au peuple en corps, alors que la QPC n'est qu'une simple « question préjudicielle de constitutionnalité à la française »[13], c'est-à-dire un droit individuel du justiciable. La même remarque doit être faite à propos de ces autres droits qui permettent à un individu en France de saisir le Conseil supérieur de la magistrature ou le Défenseur des droits, ou au Brésil de recourir à la justice électronique si bien décrite par Gustavo Feitosa Raposo.

La tendance à confondre ces droits individuels avec des procédés de démocratie participative est notamment perceptible dans le rapport du comité Balladur, qui traite indifféremment du « peuple », des « citoyens », et des « individus » comme s'il s'agissait de synonymes[14]. Elle est symptomatique d'une entreprise de privatisation des libertés politiques qui consiste à substituer à celles-ci la protection des droits fondamentaux,

---

[13] E. Sales, *La question préjudicielle de constitutionnalité en Europe*, éd. (en langue française) de l'Université de Galatasaray 2011 p.17.
[14] Rapport préc. p.68.

autrement dit à glisser de la démocratie à l'État de droit, bref à passer du peuple en corps à un peuple fragmenté en individus[15]. Il est en définitive permis d'y voir le résultat, comme le fait Antoine Siffert, d'une instrumentalisation de la démocratie participative par le libéralisme.

De ce point de vue, le second type de démocratie participative, plus inoffensif, donne moins de soucis aux thuriféraires du libéralisme…

II. La démocratie participative débouchant sur un pouvoir de concertation des citoyens

La démocratie participative qui débouche sur un pouvoir de concertation des citoyens correspond à la seconde des deux conceptions de celle-ci dégagées par Pierre Rosanvallon, c'est-à-dire à celle qui la voit comme « un processus d'implication, d'intéressement des citoyens à la chose publique », comme une « démocratie interactive qui oblige en permanence le pouvoir à s'expliquer, à rendre des concepts et à informer ». Elle ne s'apparente donc pas, contrairement au premier type de démocratie participative, à une forme de démocratie semi-directe dans la mesure où elle ne débouche pas sur un pouvoir de décision des citoyens. Elle consiste plus modestement à organiser un simple dialogue entre les citoyens ou administrés et les représentants politiques ou responsables administratifs, ces derniers restant les décideurs.

Il est permis de douter de la nature véritablement démocratique de cette prétendue démocratie participative de second type. Comme le constate Bruno Daugeron, elle répond, en effet, à l'« idée que le commandement n'est légitime que s'il est approuvé par ses destinataires »[16]. Or il s'agit d'une idée certes honorable mais qui ne se rattache que très difficilement

---

[15] Cf. G. Lebreton, « Le concept de peuple dans la Constitution du 4 octobre 1958 », dans *Le peuple et l'idée de norme* (dir. P. Mazeaud et C. Puigelier), éd. Panthéon Assas 2012.
[16] B. Daugeron, « La démocratie administrative dans la théorie du droit public : retour sur la naissance d'un concept », *RFAP* 2011, n°137-138 p.34.

au concept de démocratie, qui implique la souveraineté du peuple et non pas simplement un dialogue. Dans cette démocratie participative là, « les administrés ne sont pas le peuple, cet être juridique titulaire de la souveraineté (…). Ils ne sont jamais que les destinataires des décisions de l'administration »[17]. Il y a donc une forme de tromperie à la dénommer ainsi, qu'on peut à la limite analyser à l'instar de Michel Bruno comme un stratagème à fonction légitimatrice ayant pour « but de servir l'oligarchie élective au pouvoir ».

La forme la plus ancienne de cette démocratie participative de second type, qui a d'ailleurs ignoré son appartenance à cette catégorie de création plus récente qu'elle, est probablement le droit de pétition. Proclamé par beaucoup de Constitutions françaises, à commencer par celle de 1791, le droit de pétition n'a d'abord été consacré sous la Cinquième République que par une ordonnance du 17 novembre 1958. Deux révisions constitutionnelles l'ont ensuite inscrit dans la Constitution, aux articles 72-1 et 69 : celle du 28 mars 2003, qui permet aux électeurs de chaque collectivité territoriale de demander par pétition l'inscription à l'ordre du jour de l'assemblée délibérante de cette collectivité d'une question relevant de sa compétence ; et celle du 23 juillet 2008 qui dispose sobrement qu'au niveau national « le Conseil économique, social et environnemental peut être saisi par voie de pétition ». Armelle Renaut-Couteau nous a rappelé que l'Union européenne vient de reconnaître à son tour le droit de pétition, grâce à l'article 11 TUE issu du traité de Lisbonne du 13 décembre 2007, ainsi qu'à un récent règlement européen d'application, qui permettent à un million de citoyens, ressortissants d'au moins sept États membres, « d'inviter la Commission (…) à soumettre une proposition » au Conseil et au Parlement européen[18]. Mais comme rien n'est jamais simple avec l'Union européenne, on n'y parle pas de droit de pétition mais d'« initiative citoyenne européenne »…

---

[17] B. Daugeron, *op. cit.* p.23.
[18] Sur le droit de pétition, cf. G. Lebreton, *Libertés publiques et droits de l'Homme*, Sirey 8ème éd. 2008 p.204 et 205.

Le droit de pétition, même rebaptisé avec la sainte huile technocratique européenne, est toutefois une forme archaïque de démocratie participative, dans la mesure où il n'est guère interactif. Des formes plus élaborées de celle-ci sont heureusement apparues, notamment la « démocratie électronique » que nous a fait découvrir Gustavo Feitosa Raposo. Elle consiste à contraindre l'administration à fournir des informations sur des portails électroniques, et à permettre aux citoyens d'y interroger l'administration et de lui donner leurs suggestions et leurs avis. Au Brésil, les débuts ont toutefois été décevants. Sous la présidence Cardoso, elle n'a en effet été pratiquée que pour fournir une simple « offre de services publics à un citoyen-client ». Et les améliorations promises par le président Lula n'ont guère connu de réalisations. On en est réduit à espérer que la nouvelle présidente, Dilma Roussef, saura faire preuve de plus d'efficacité. À l'échelon local, les principales villes brésiliennes n'ont pas non plus réussi, à l'exception notable de Belo Horizonte, à développer la démocratie électronique. Leurs portails se bornent en général à assurer la promotion de leurs élus, sans offrir de possibilités de discussion avec l'administration, ni même d'accès satisfaisant aux textes municipaux. Tout au plus peut-on noter l'existence de quelques consultations populaires en ligne en vue de l'élaboration de « budgets participatifs »...

Un peu plus ancienne, la « démocratie environnementale » semble a priori être une forme plus efficace de démocratie participative. La Convention d'Aarhus du 25 juin 1998 exige notamment, dans son article 6, que les États qui l'ont ratifiée assurent une participation effective du public « tout au long du processus décisionnel en matière d'environnement », et particulièrement « au début de la procédure, c'est-à-dire lorsque toutes les options et solutions sont encore possibles et que le public peut exercer une réelle influence ». L'exemple de la France, qui l'a pourtant ratifiée, montre toutefois que l'efficacité de la démocratie environnementale n'est guère plus réelle que celle de la démocratie électronique. Son instrument majeur de participation, l'enquête publique, n'est en effet guère satisfaisant. Comme l'explique Mme Delhoste, l'enquête publique a connu une « lente agonie » en termes de crédibilité ; elle n'est plus désormais perçue que comme une « formalité coûteuse laissant les riverains indifférents »[19], dans la mesure où elle intervient toujours trop tard, sur un projet déjà « ficelé »[20] par l'administration. La loi Grenelle 2 du 12 juillet 2010 n'a apporté à ce problème que des remèdes homéopathiques en permettant l'organisation facultative d'une « concertation » préalable à l'enquête publique, soit à l'initiative de l'administration (article L121-16 du Code de l'environnement), soit sur recommandation de la Commission nationale du débat public (article L 121-9)[21]. Créée en 1995, la procédure du « débat public » est théoriquement garante d'une participation plus efficace, dans la mesure où elle fait intervenir le public en amont de l'enquête publique, au tout début de l'élaboration du projet ayant des incidences sur l'environnement. Mais elle est réservée aux grands projets d'intérêt national. En outre, la Commission nationale du débat public est libre de refuser d'organiser des débats publics. Or, en pratique, le Conseil d'État et le Comité d'examen du respect des dispositions de la Convention d'Aarhus s'inclinent devant ses refus, même lorsqu'ils paraissent très contestables comme celui de 2004 relatif au projet de construction de l'incinérateur d'ordures de Fos-sur-Mer[22]. Et même quand le débat public est organisé, il n'est pas toujours respecté : c'est ainsi que le gouvernement a annoncé en juillet 2005 un tracé de ligne de TGV quelques jours avant la clôture du débat public qui le concernait, au mépris de ce dernier[23]. Dans ces conditions, il est difficile de ne pas partager l'opinion selon laquelle, en matière

---

[19] M-F. Delhoste, *op. cit.* p.1062.
[20] A. Van Lang, *Droit de l'environnement*, PUF 3ème éd. 2011 p.256.
[21] Cf. J-C. Hélin, « La participation du public : du flou et du mou... », *AJDA* 2010.2281 ; et Y. Jégouzo, « La réforme des enquêtes publiques et la mise en œuvre du principe de participation », *AJDA* 2010.1812.
[22] Sur cette affaire, cf. J. Bétaille, « Le droit français de la participation du public face à la Convention d'Aarhus », *AJDA* 2010.2083.
[23] Cf. M-F. Delhoste, *op. cit.* p.1063. Pour des exemples plus récents d'irrespect, cf. CÉ, rapport préc. p.155.

environnementale, « la démocratie participative est un leurre »[24].

Quelques lueurs d'espoir apparaissent pourtant. Dans sa décision n° 183-184 QPC du 14 octobre 2011, le Conseil constitutionnel vient ainsi d'abroger, à compter du 1er janvier 2013, deux articles du Code de l'environnement relatifs à la procédure d'élaboration de la réglementation des installations classées, parce qu'ils n'assuraient pas, en violation de l'article 7 de la Charte de l'environnement, « la mise en œuvre du principe de participation du public à l'élaboration des décisions publiques en cause ». D'autres succès doivent également être signalés en dehors du domaine de l'environnement. Au Brésil, Martonio Mont'Alverne souligne ainsi que les communes respectent leur obligation d'organiser une réunion mensuelle pour expliquer comment elles dépensent leur argent. En Bolivie, en Équateur, au Venezuela, Vincent Souty semble aussi reconnaître une certaine efficience à l'obligation de consulter les usagers dans la gestion courante des services publics. Ce dernier exemple semble d'ailleurs inspirer la France. Yves Jégouzo a en effet proposé d'y « étendre les exigences d'information et de participation du public à d'autres domaines (que l'environnement) tels que l'organisation des services publics »[25]. Et l'article 16 de la loi du 17 mai 2011 vient de faire un pas en ce sens en permettant aux autorités administratives de décider, en vue de préparer l'édiction d'un règlement, de substituer la consultation du public sur un site internet à la saisine de la commission consultative compétente. Malgré tout, ces progrès paraissent limités, voire marginaux.

*
* *

En définitive, le bilan de la démocratie participative s'avère mitigé, voire décevant. Les quelques succès incontestables

---

[24] E. Le Cornec, cité par M-F. Delhoste, *op. cit.* p.1070.
[25] Y. Jégouzo, « Information et participation du public », *AJDA* 2006.2315.

rencontrés en pratique ne peuvent effacer l'impression globale d'échec que nous avons presque tous ressentie.

Cet échec n'est pas seulement le fruit d'une insuffisance de la réglementation juridique ou d'un manque de volonté politique. Il s'explique en profondeur par la nature profondément ambiguë du concept de « démocratie participative ». Ce concept recouvre en effet deux formes de participation qui sont presque aux antipodes l'une de l'autre : celle qui donne aux citoyens un véritable pouvoir de décision, et celle qui ne leur reconnaît qu'un simple pouvoir de concertation. Or, de ces deux formes de participation, seule la première est véritablement « démocratique » en ce qu'elle est l'expression de la souveraineté du peuple. La seconde n'est, du point de vue démocratique dont elle se réclame, qu'un leurre destiné à mieux assurer l'obéissance aux autorités. Si on veut la conserver, ce qui est concevable compte tenu des services qu'elle rend, il serait donc plus honnête de la qualifier d'« administration participative », ce qui effacerait tout signe de confusion. Mais on ne peut exclure que ce risque de confusion avec la vraie démocratie ait été volontairement assumé par les promoteurs de l'expression « démocratie participative », et que l'espoir de le voir se réaliser ait directement inspiré cette promotion. La polysémie de l'expression aurait alors pour fonction de faciliter la substitution progressive de la fausse à la vraie démocratie, rêve de bien des libéraux et des pro-européens...

Pour conjurer définitivement un tel risque, le plus simple serait de renoncer totalement au concept de « démocratie participative » en donnant de nouveaux noms aux deux réalités qu'il recouvre. À l'« administration participative », déjà suggérée s'opposerait ainsi une « démocratie d'action » désignant la forme de démocratie participative qui donne aux citoyens un véritable pouvoir de décision. Les choses étant ainsi clarifiées, plus rien ne s'opposerait ensuite à ce qu'on aborde le vrai problème de la démocratie, qui consiste à savoir si on veut oui ou non la renforcer en instituant l'initiative populaire, le recall, et d'autres procédés à inventer qui obligeraient les gouvernants à prendre des décisions qui reflètent les aspirations des gouvernés.

Table des matières

Ouverture,
Gilles Lebreton..7

Première partie
La démocratie participative dans les constitutions

La démocratie participative dans la révision
constitutionnelle française du 23 juillet 2008,
Fabien Bottini...11

La participation populaire
dans la constitution brésilienne de 1988,
Filomeno Moraes..33

La participation populaire dans la constitution brésilienne :
focus sur la citoyenneté culturelle,
Francisco Humberto Cunha Filho..............................49

Deuxième partie
Techniques de la démocratie participative

Gouvernement électronique et cyberdémocratie
dans la gestion publique brésilienne,
Gustavo Raposo Pereira Feitosa................................67

Fédéralisme brésilien et pouvoir local (référendum
et participation active dans les processus
décisionnels municipaux),
Martonio Mont'Alverne Barreto Lima..................109

La soumission des projets de loi et de règlement
à l'opinion publique en Chine,
Ellen Lemesle..................125

Troisième partie
Interrogations sur l'effectivité de la démocratie participative

La démocratie interne dans les partis politiques brésiliens,
Gina Marcilio Vidal Pompeu..................145

Libéralisme et démocratie participative,
Antoine Siffert..................183

L'ambiguïté de la démocratie participative
dans le droit de l'Union européenne,
Michel Bruno..................193

La votation helvétique à travers l'affaire des minarets,
Philippe Gast..................213

Rapport de synthèse

La démocratie participative : un bilan mitigé,
Gilles Lebreton..................253

Politique
aux éditions L'Harmattan

Dernières parutions

DEMAIN L'OCCIDENT ! – Essai
Valdman Edouard
Si l'Occident veut poursuivre sa course, dans un monde à présent multipolaire, il lui faut trouver de nouvelles formes d'expression. Il doit unir le puritanisme américain, créateur du libre-échange et du marché, à une Europe fédérée qui a su préserver en son sein l'héritage de la création, de la beauté et de la gratuité. Il doit aussi accueillir la Loi juive, à même de regagner son rôle de tronc spirituel commun. Quelle forme originale prendra cette alliance si elle se réalise ?
(15.50 euros, 152 p.)ISBN : 978-2-336-00919-3, ISBN EBOOK : 978-2-296-51557-4

CAMPAGNE (LA) PRÉSIDENTIELLE DE 2012 – Votez pour moi !
Sous la direction de Dominique Labbé et Denis Monière
2 241 messages, c'est le volume de la communication des cinq principaux candidats à la présidentielle de 2012. Ce livre en présente les caractéristiques grâce à l'analyse de contenu et à la lexicométrie : orientation de la communication, mise en valeur de soi et critiques des autres, thématiques et style des candidats. L'importance de la négativité dans les campagnes récentes est ainsi mise en valeur, confirmant la prédominance de la polémique et du dénigrement sur le contenu positif dans la communication politique.
(Coll. Logiques politiques, 19.00 euros, 182 p.)
ISBN : 978-2-336-00671-0, ISBN EBOOK : 978-2-296-53029-4

VILLE (LA) DURABLE APRÈS LE GRENELLE DE L'ENVIRONNEMENT
Sous la direction de Jean-Luc Pissaloux et Gérald Orange
Cet ouvrage traite explicitement de la ville durable : conséquences du Grenelle de l'environnement sur les administrations locales, nouvelles sources de financement, construction d'indicateurs, écoquartiers, biodiversité, risques environnementaux... sans oublier de nouveaux outils en gestation comme les quotas individuels de carbone.
(Coll. Grale, 27.00 euros, 262 p.)
ISBN : 978-2-336-29035-5, ISBN EBOOK : 978-2-296-51710-3

RÉVOLUTION (LA) IMPOSSIBLE – Mes années avec Socialisme ou Barbarie
De Diesbach Sébastien
Fin des années 40 : deux blocs se partagent le monde, mais une bande de jeunes refuse ce choix : être du bord des bureaucrates à l'Est ou des capitalistes à l'Ouest. L'ouvrage raconte l'histoire de ces iconoclastes et de leur organisation, dont l'auteur fit partie, *Socialisme ou Barbarie*. C'est aussi l'histoire de l'auteur, déchiré entre la fidélité à ses camarades et l'attraction

des nouveaux courants culturels, comme le jazz, l'alpinisme, la littérature américaine, ou encore le nouveau cinéma.
(Coll. Questions contemporaines, 25.00 euros, 248 p.)
ISBN : 978-2-343-00071-8, ISBN EBOOK : 978-2-296-53013-3

TRIPLES A DE LA BIO-ÉCONOMIE
Efficacité, sobriété et diversité de la croissance verte
Le CLUB des Bio-économistes, ouvrage coordonné par Claude Roy
Dans cinquante ans tout au plus, ce qui fonde notre civilisation et notre confort sera menacé de rareté (eau, alimentation, énergie...) ou de dérèglement (climat). Or face à ces menaces, les ressources renouvelables de la terre, des forêts, et les hommes qui les cultivent et les valorisent, détiennent une part cruciale des réponses. Comment ? Ces réflexions nous livrent un exceptionnel concentré de développement durable, riche de données et de synthèses, pour voir loin et large, et pour assumer l'avenir avec cohérence.
(Coll. Développement durable, 30.50 euros, 294 p.)
ISBN : 978-2-296-99739-4, ISBN EBOOK : 978-2-296-51161-3

RENOUVEAU DU NUCLÉAIRE APRÈS FUKUSHIMA
Monfort Julie, Du Castel Viviane
L'énergie nucléaire, controversée suite à l'accident de la centrale nucléaire de Fukushima, revient sur le devant de la scène, tant ses avantages supplantent les risques potentiels. La raréfaction des hydrocarbures, les incertitudes géopolitiques, la volatilité des prix amènent une conjoncture qui favorise l'énergie nucléaire à usage civil.
(Coll. Géoéconomie et Géofinance, 22.00 euros, 224 p.)
ISBN : 978-2-296-99797-4, ISBN EBOOK : 978-2-296-51185-9

ÉTAT-PROVIDENCE ET LES JEUNES
Chevalier Tom - Préface de Bruno Palier
La jeunesse est de plus en plus présente au cœur des préoccupations publiques. En témoignent l'insistance du président François Hollande à se présenter comme le président de la jeunesse et sa proposition d'une allocation d'autonomie. Cet ouvrage compare les deux périodes où la question de la mise en place de cette allocation a été discutée, et explique comment la politique familiale a été privilégiée, aux dépens de ce type de prestation favorisant l'indépendance des jeunes.
(Coll. Inter-National, 19.00 euros, 194 p.)
ISBN : 978-2-296-99741-7, ISBN EBOOK : 978-2-296-51137-8

SAUVER LA SÉCURITÉ SOCIALE – Question de générations
Peraldi Olivier, Jeger François
Près de 70 ans après sa naissance, faut-il sauver la Sécu ? Retraites de plus en plus coûteuses, car de plus en plus longues, nouvelles pathologies, mais aussi nouveaux enjeux tels le renoncement aux soins et la pénurie des médecins... La Sécurité sociale concentre toutes les interrogations sur le modèle de société laissé aux générations suivantes, semant le doute chez les jeunes quant à la solidarité intergénérationnelle.
(15.50 euros, 148 p.)
ISBN : 978-2-336-00184-5, ISBN EBOOK : 978-2-296-51089-0

MONTÉE DE L'EXTRÊME DROITE EN FRANCE – Le cas du département de la Somme (CD inclus)
Nkunzumwami Emmanuel
Le présent ouvrage présente et analyse les évolutions de la sociologie électorale en France au cours du quinquennat de Nicolas Sarkozy. L'auteur apporte ici un éclairage sur les évolutions comparées des formations politiques engagées sur le terrain des batailles électorales. Le lecteur pourra ainsi suivre les évolutions du paysage électoral dans les communes, les cantons et les circonscriptions, ainsi que l'implantation de plus en plus forte de l'extrême droite dans le département de la Somme.
(31.00 euros, 264 p.)
ISBN : 978-2-336-00576-8, ISBN EBOOK : 978-2-296-51106-4

BELLES-MÈRES (LES) ET LA POLITIQUE
Réguer-Petit Manon - Préface de Florence Haegel
Plus d'un million d'enfants mineurs vivent aujourd'hui dans une famille recomposée. Mêlant des approches quantitatives et qualitatives, ce livre explore pour la première fois l'impact de la beau-parentalité sur les systèmes de valeurs des femmes et le rôle des belles-mères dans la transmission de valeurs et de préférences politiques.
(Coll. Inter-National, 19.00 euros, 188 p.)
ISBN : 978-2-336-00330-6, ISBN EBOOK : 978-2-296-51096-8

CHUTE (LA) DE LA SARKOZYE – Chronique de la fin d'un quinquennat
Debbasch Charles
Avec ce livre, Charles Debbasch achève l'analyse de la société française et internationale durant le mandat de Nicolas Sarkozy. Il livre ses réflexions sur les mutations de la France dans la période charnière marquée par la campagne présidentielle et l'échec de Sarkozy : cette chronique aidera à mieux comprendre les lignes de force de la France contemporaine.
(33.00 euros, 328 p.)
ISBN : 978-2-296-99743-1, ISBN EBOOK : 978-2-296-51111-8

QUE RESTE-T-IL DU SOCIALISME ?
Tarondeau Jean-Claude
Cet ouvrage retrace l'histoire de l'utopie qui, au XIXe siècle, donne naissance au socialisme et décrit les principales expériences qui ont été menées en son nom. Les expériences socialistes limitées comme celle des Acadiens ont disparu rapidement, les plus grandes ont engendré des dictatures qui se sont effondrées comme en URSS ou qui ont renoncé au socialisme comme en Chine. Il montre enfin comment le socialisme d'aujourd'hui s'adapte aux réalités et rejette les utopies qui l'ont fait naître.
(Coll. Questions contemporaines, 18.50 euros, 190 p.)
ISBN : 978-2-336-00547-8, ISBN EBOOK : 978-2-296-50753-1

INTERNATIONALE (L') DE L'INTELLIGENCE
Pour une mondialisation éclairée !
Guyot Gilles - Préface de Francine Demichel
«Si l'on veut que la mondialisation ne soit pas pilotée selon les impératifs financiers, il est temps que se développe l'internationalisation des savoirs.»

L'«internationale de l'intelligence» est la solution aux dérives actuelles de la mondialisation et l'enseignement supérieur français, très dynamique dans ce domaine, a une carte à jouer pour le plus grand bien de notre pays.
(22.00 euros, 232 p.) ISBN : 978-2-336-00557-7, ISBN EBOOK : 978-2-296-50757-9

DOUZE (LES) TRAVAUX D'HERCULE DU NOUVEAU PRÉSIDENT
Sous la direction de Hubert Lévy-Lambert et Laurent Daniel
Ce livre explique les enjeux qui sous-tendent les décisions politiques attendues du nouveau Président. Il est orienté vers la recherche d'une réduction rapide du déficit public et du déficit extérieur. Les lecteurs y trouveront matière à réflexion sur certains choix stratégiques comme le recrutement de nouveaux fonctionnaires, le retour de la retraite à 60 ans, l'encadrement des loyers ou l'abandon de la TVA «sociale». La plupart des auteurs sont membres de «X Sursaut», regroupant plusieurs centaines de polytechniciens.
(Coll. Questions contemporaines, 24.00 euros, 234 p.)
ISBN : 978-2-296-99503-1, ISBN EBOOK : 978-2-296-50726-5

CADRE (LE) JURIDIQUE DE LA CAMPAGNE PRÉSIDENTIELLE
Sous la direction de Jordane Arlettaz et Séverine Nicot
Les campagnes présidentielles font-elles l'objet d'un traitement juridique particulier, en réponse à l'enjeu politique et citoyen des élections qu'elles précèdent ? Le cadre normatif est-il adapté aux campagnes présidentielles ? Le droit de la campagne est-il un droit dérogatoire ? Le candidat est-il un sujet de droit comme les autres ?
(Coll. Questions contemporaines, 18.00 euros, 178 p.)
ISBN : 978-2-296-96303-0, ISBN EBOOK : 978-2-296-50766-1

UN HOMME ÉLÉGANT – Quarante mois auprès de Jacques Chirac
Lugan Benoît
Entre 1998 et 2001, Benoît Lugan fut l'un des aides de camp du Président de la République Jacques Chirac. Alors au contact permanent de celui-ci, il a pu en observer les principaux traits de caractère. Rigoureux et inquiet, attentif et courtois, pudique et généreux, courageux et sensuel, doué d'un remarquable sens tactique et d'une prodigieuse mémoire, et enfin tout à la fois fataliste et opiniâtre : ainsi est décrit, au travers de nombreux événements vécus, le tempérament de l'ancien chef de l'État.
(13.50 euros, 118 p.) ISBN : 978-2-296-96301-6, ISBN EBOOK : 978-2-296-50641-1

RÉCONCILIER DÉMOCRATIE ET GESTION
Brilman Jean
Sur la base d'une vulgarisation synthétique de sources incontestables (rapports de la Cour des comptes, de l'Inspection des finances, du FMI, etc.) l'auteur met en évidence les dérives économiques et sociologiques de la démocratie contemporaine à l'origine de la dette française. L'étroit chemin qui permettrait de stabiliser la dette sans trop dégrader la croissance passe par un assouplissement monétaire et une politique économique visant à restaurer la compétitivité, une réduction du nombre excessif des collectivités publiques.
(Coll. Questions contemporaines, 26.00 euros, 252 p.)
ISBN : 978-2-296-99715-8, ISBN EBOOK : 978-2-296-50668-8

L'HARMATTAN, ITALIA
Via Degli Artisti 15; 10124 Torino

L'HARMATTAN HONGRIE
Könyvesbolt ; Kossuth L. u. 14-16
1053 Budapest

ESPACE L'HARMATTAN KINSHASA
Faculté des Sciences sociales,
politiques et administratives
BP243, KIN XI
Université de Kinshasa

L'HARMATTAN CONGO
67, av. E. P. Lumumba
Bât. – Congo Pharmacie (Bib. Nat.)
BP2874 Brazzaville
harmattan.congo@yahoo.fr

L'HARMATTAN GUINÉE
Almamya Rue KA 028, en face du restaurant Le Cèdre
OKB agency BP 3470 Conakry
(00224) 60 20 85 08
harmattanguinee@yahoo.fr

L'HARMATTAN CAMEROUN
BP 11486
Face à la SNI, immeuble Don Bosco
Yaoundé
(00237) 99 76 61 66
harmattancam@yahoo.fr

L'HARMATTAN CÔTE D'IVOIRE
Résidence Karl / cité des arts
Abidjan-Cocody 03 BP 1588 Abidjan 03
(00225) 05 77 87 31
etien_nda@yahoo.fr

L'HARMATTAN MAURITANIE
Espace El Kettab du livre francophone
N° 472 avenue du Palais des Congrès
BP 316 Nouakchott
(00222) 63 25 980

L'HARMATTAN SÉNÉGAL
« Villa Rose », rue de Diourbel X G, Point E
BP 45034 Dakar FANN
(00221) 33 825 98 58 / 77 242 25 08
senharmattan@gmail.com

L'HARMATTAN TOGO
1771, Bd du 13 janvier
BP 414 Lomé
Tél : 00 228 2201792
gerry@taama.net

621346 - Septembre 2015
Achevé d'imprimer par